초보 엄마 아빠의 행복하고 똑똑한

육아 백과

김유미 감수
(소아청소년과 교수/전문의)

블루래빗

머리말

힘든 임신 기간, 출산의 고통을 겪고 나서 아이를 만난 순간의 벅찬 감동을 잊지 못할 것입니다. 하지만 감동의 순간은 잠시, 육아라는 거대한 산과 맞닥뜨리게 됩니다. 연약하고 작은 몸집의 아이를 어떻게 안아야 할지도 잘 모르는 초보 양육자인데 아이는 사정을 봐주지 않는 것 같습니다.
밤새 안 자고 울며 보챌 때도 있고, 갑자기 열이 오르거나 설사가 심하여 병원으로 뛰어가야 할 때도 있거든요.

아이가 정상적으로 크고 있는데도 가끔은 다른 아이와 비교하며 '잘 크고 있는 건가?', '옹알이를 왜 안 하지?' 걱정하고, '이유식 농도는 적당한 건가?', '내가 잘하고 있는 건가?' 불안한 마음에 머릿속에는 수많은 질문이 꼬리를 물며 떠오릅니다. 그런데 핵가족 시대인 요즘에는 궁금한 것을 누구한테 물어봐야 할지 난감합니다. 급할 때는 인터넷에서 찾아보게 되지만, 정보가 넘쳐나다 보니 제대로 된 정보를 찾아내는 것도 힘든 일이지요. 기저귀를 갈거나 수유를 할 때도 스마트폰 화면을 참고하면서 해야 안심이 되지만, 한편으로는 인터넷에서 찾은 정보들이 제대로 검증된 것인지 의구심이 들기도 합니다.

이 책은 초보 양육자로서 갖는 불안감을 조금이나마 내려놓고, 좀 더 자신 있게 육아라는 현실을 헤쳐 나갈 수 있도록 돕고자 기획되었습니다. 육아에 필요한 핵심 정보와 실질적인 가이드를 제시하여 두고두고 활용할 수 있도록 하였습니다. 신생아부터 36개월까지 월령별 발달 정도와 특징, 아이를 건강하게 키울 수 있는 육아법을 풍부한 사진과 세세한 설명으로 구성하였으니, 마치 아이의 성장 앨범을 보듯 책을 읽어 주세요.
'신생아 돌보기, 수유·이유식의 기초 지식 및 질병의 예방과 관리, 안전사고 대비, 올바른 생활 습관 들이기'에 관련된 정보와 육아 관련 사전 지식을 쉽게 이해할 수 있을 것입니다.

이 책을 통해 머릿속에 끊임없이 떠오르는 '물음표'가 "이렇게 하면 되는구나!" 하는 수많은 '느낌표'로 바뀌기를 바랍니다. 육아를 하는 모든 분들을 응원합니다.

이 책의 감수를 맡아 주신 분

소아청소년과 교수/전문의
김유미

순천향대학교 의과대학 학사
울산대학교 의과대학 대학원 의학 석사
울산대학교 의과대학 대학원 의학 박사
서울아산병원 수련의
서울아산병원 소아청소년과 전공의
서울아산병원 소아내분비, 의학유전학 임상강사
부산대학교어린이병원 소아내분비, 유전분과 진료/임상교수
세종충남대학교병원 소아청소년센터 센터장, 과장 역임
현) 세종충남대학교병원 소아청소년센터 소아내분비/유전분과,
충남대학교의과대학 소아과학교실 부교수

이 책의 구성과 사용법

이 책의 구성

이 책은 일곱 파트로 구성되어 있습니다. Part 1 에는 신생아 돌보기의 기본이 되는 목욕시키기, 기저귀 갈기, 안전하게 안기 등의 내용을 담았고, Part 2 에는 월령별 성장에 따른 특징과 돌보는 방법을 담았습니다. 이 책에서 가장 많은 부분을 차지하는 Part 2 는 생후 0개월부터 36개월까지 아이들의 발달 단계별 특징을 한눈에 볼 수 있도록 다양한 사진과 설명을 제공하고 있습니다. 월령에 따른 먹이기, 재우기, 놀아 주기에 관한 가이드, 시기별 준비해야 할 놀잇감 정보와 각종 Tip은 실질적인 도움이 될 것입니다. Part 3 은 모유 수유와 분유 수유에 관련된 기본 지식, Part 4 는 이유식의 기초 지식과 단계별 추천 이유식의 레시피를 다루었습니다. Part 5~6 은 각각 예방 접종과 응급 처치, 아이가 걸리기 쉬운 질병과 적절한 간호법을 소개하고 있습니다. 마지막으로 Part 7 은 올바른 생활 습관과 훈육에 대한 내용을 담고 있습니다.

이 책의 사용법

▶ 꼭 알고 싶은 주제를 찾아 필요한 부분을 골라서 읽되, 파트 1과 2는 반드시 읽기를 권합니다.

▶ 파트 2에서 개월 수 계산은 이렇게 합니다.
- 태어난 지 30일이 지난 시점을 1개월로 합니다. 예를 들어 생후 20일 아이라면 0개월 내용을 보면 됩니다. 생후 50일 아이라면 30일에서 20일 지났으므로 1개월 20일이니 1개월 내용을 보면 됩니다.
- 이른둥이의 경우 제태 주수 35주 이상이면 만삭 출생아와 동일하게 계산하고, 제태 주수 35주 미만이면 교정 연령으로 계산합니다.
- 같은 월령이라도 발달의 개인차가 있으니 아이가 해당하는 개월 수의 앞뒤 내용을 같이 읽을 것을 권합니다. 8개월 아이의 경우 7개월, 9개월 내용을 모두 읽습니다.

▶ QR을 찍으면, 해당 육아와 관련된 정보를 제공한 기관의 홈페이지로 연결됩니다.

▶ Doctor's Guide에서는 의사의 실질적인 가이드뿐아니라, 다른 의견이 존재하는 경우도 다루고 있으니 참고해 주세요.

차례

Part 1 신생아 돌보기

- 10   신생아의 몸, 신생아의 행동
- 14   신생아 목욕시키기
- 18   기저귀 갈기
- 20   신생아 안전하게 안기
- 22   신생아 재우기
- 24   옷 입히기와 세탁하기
- 26   출생 신고서 작성하기
- 28   ◎ Q&A

Part 2 우리 아이의 성장과 돌봄

- 30   한눈에 보는 월령별 성장 발달
- 33   성장도표와 백분위수의 활용
- 34   [0~1개월] 먹고 자고 또 먹고 자고!
- 36   어떻게 먹일까? 어떻게 돌볼까?
- 38   [1~2개월] 눈맞춤을 해요
- 40   어떻게 먹일까? 어떻게 돌볼까?
- 42   [2~3개월] 고개를 잠깐 들어요
- 44   [3~4개월] 목을 혼자 가눌 수 있어요
- 46   어떻게 먹일까? 어떻게 돌볼까?
- 48   [4~5개월] 무엇이든 입으로 탐색!
- 50   [5~6개월] 뒤집기에 능숙해져요
- 52   어떻게 먹일까? 어떻게 돌볼까?
- 54   [6~7개월] 잠깐 혼자 앉을 수 있어요

56	어떻게 먹일까? 어떻게 돌볼까?
58	발달 단계별 놀이의 변화
61	◎ Q&A
62	[7~8개월] 배밀이를 시작해요
64	[8~9개월] 기어다녀요
66	어떻게 먹일까? 어떻게 돌볼까?
68	◎ Smart 육아 정보 _ 영유아 언어 발달
70	[9~10개월] 가구를 잡고 잠깐 서요
72	[10~11개월] 벽을 짚고 몇 발짝 걸어요
74	어떻게 먹일까? 어떻게 돌볼까?
76	재미있는 전통 영아 놀이
78	[11~12개월] 혼자 걷기 시작해요
81	◎ Smart 육아 정보 _ 돌잔치 준비 어떻게 할까?
82	어떻게 먹일까? 어떻게 돌볼까?
86	◎ Q&A
87	◎ Smart 육아 정보 _ 어린이집 보내기
88	[13, 14, 15개월] 계속 걸어 다녀요
92	[16, 17, 18개월] 도구를 잘 사용해요
96	어떻게 먹일까, 어떻게 돌볼까?
99	◎ Smart 육아 정보 _ 발달 단계별 또래 관계
100	◎ Q&A
101	◎ Smart 육아 정보 _ 건강하지 않은 변, 변비와 설사
102	◎ Smart 육아 정보 _ 배변 훈련 어떻게 할까?
104	[19~24개월] 운동 능력이 발달해요
108	어떻게 먹일까, 어떻게 돌볼까?
112	◎ Q&A
113	◎ Smart 육아 정보 _ 유치 관리 어떻게 할까?

차례

114	[25~36개월] 스스로 할 수 있어요
120	어떻게 먹일까, 어떻게 돌볼까?
124	◎ Q&A
124	◎ Smart 육아 정보 _ 미디어와 두뇌 발달
126	◎ Smart 육아 정보 _ 아이의 기질에 따른 육아
128	◎ 엄마의 정신 건강 _ 엄마의 건강이 아이의 건강
130	◎ Smart 육아 정보 _ 발달 단계별 놀잇감

Part 3 모유 수유·분유 수유

132	모유 수유는 이런 점이 좋아요
136	모유 먹이는 법, 모유 먹이는 자세
138	워킹맘의 모유 수유
140	◎ Q&A
142	분유 수유·혼합 수유
145	분유 타기·젖병과 젖꼭지 선택하기
148	젖떼기·밤중 수유 끊기
150	◎ Q&A

Part 4 영양 만점! 건강한 이유식과 유아식

152	이유식의 기초 지식
156	성장에 맞는 단계별 이유식 진행
158	이유식의 기본 조리법
160	[초기 이유식] 6개월
162	[중기 이유식] 7~8개월

164 　　[후기 이유식] 9~11개월
166 　　[완료기 이유식] 12~18개월
168 　　[유아식] 18개월 이후
171 　　아이 주도 이유식
172 　　◎ Q&A

Part 5 예방 접종과 응급 처치

174 　　예방 접종의 종류와 스케줄
178 　　실내 안전사고
180 　　안전사고별 응급 처치
182 　　◎ Q&A

Part 6 아기 질병과 홈케어

184 　　0~3세 아기들이 잘 걸리는 병
188 　　땀띠와 기저귀 발진, 아토피 피부염
190 　　아이가 아플 때 돌보는 방법
192 　　◎ Q&A

Part 7 튼튼하고 바르게 키우기

194 　　잘 자고 이가 튼튼한 아이로 키우기
196 　　생활 습관이 바른 아이로 키우기
198 　　아이를 제대로 칭찬하고 꾸짖기

PART 1
신생아 돌보기

갓 태어난 아기를 처음 품에 안았을 때의 감동이
아직도 생생하지만, 작고 여린 아기를 안을 때마다
덜컥 겁이 나기도 하고 당황스럽습니다.
하지만 비록 서툰 손길일지라도 아기 기저귀를 갈아 주고,
몸을 씻기고, 재우다 보면 요령도 생기고
점차 능숙해질 것입니다.

Part 1 신생아 돌보기
신생아의 몸, 신생아의 행동

출생 후 4주까지의 아기를 신생아라고 합니다. 신생아는 머리와 몸통의 비율이 1:4가 될 정도로 머리는 크고 팔다리는 짧습니다. 그 밖에 갓 태어난 아기의 몸과 행동의 특징은 무엇인지 알아봅니다.

신생아의 특징

4등신의 신체 비율로 태어납니다
머리둘레가 가슴둘레보다 크고 4등신으로 태어나지만, 12개월 이후에는 4등신에서 벗어납니다.

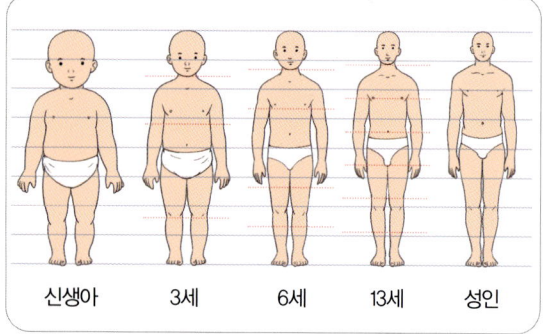

신생아　3세　6세　13세　성인

어른보다 체온이 높습니다
신생아의 고막 체온은 평균 36.7~37.5℃로 성인의 체온(36.5~37℃)보다 조금 높아요. 체온 조절 능력이 미숙해 작은 온도 변화에도 민감하기 때문에 적절한 돌봄이 필요합니다.

호흡과 맥박 수가 어른의 2배입니다
신생아는 복식 호흡을 하는데, 초기에는 호흡수가 불규칙해요. 호흡과 맥박은 어른의 2배 빠르기로, 1분에 30~60회의 호흡수, 120~160회의 맥박 수를 나타내요.

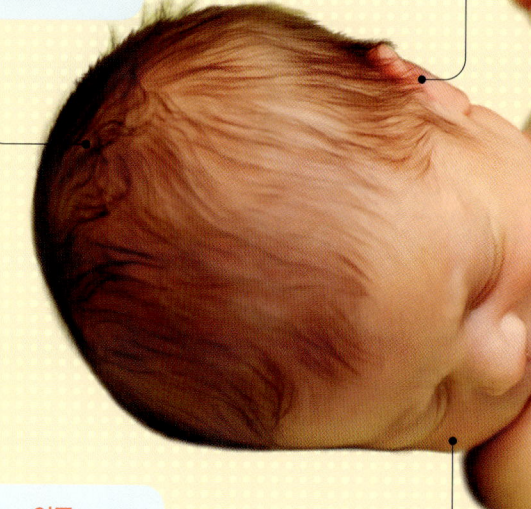

귀
생후 일주일까지 귓구멍에 귀지가 가득 차 있어요. 중이 부분에 양수가 남아 있어 처음에는 작은 소리를 잘 듣지 못하고 큰 소리에만 반응하다가, 일주일쯤 지나면 양수가 흡수되면서 작은 소리에도 반응하기 시작해요.

머리
머리 모양은 좁고 길며 찌그러진 경우가 많아요. 태어날 때 엄마의 산도를 빠져나오면서 변형되었기 때문이지요. 머리 가운데 부분은 말랑말랑해요.

얼굴
울긋불긋한 피부에, 코는 납작하고 눈은 부은 것처럼 보이며 볼은 통통해요.

팔, 손
팔에 힘을 주고 주먹을 쥐고 있다가 깊은 잠에 빠지면 주먹을 펴요. 손에 물체를 대면 손을 꽉 쥐는 '원시 반사' 행동을 보여요. 손톱과 발톱이 다 자란 상태로 태어나요.

배꼽과 탯줄

태어나기 전까지 엄마와 아기의 혈액은 태반을 통해 순환하다가 출생 후부터 아기의 몸에서만 순환하게 돼요. 탯줄은 태아와 엄마의 태반을 연결하던 관으로, 생후 2~4주 안에 자연스럽게 떨어져요. 배꼽은 탯줄이 떨어지면서 남은 흔적으로, 생후 일주일 정도는 배꼽에서 진물이 날 수 있으니 소독이 필요해요.

등

등 쪽에 잔털이 나 있으며, 아기를 바닥에 엎어 놓으면 팔다리를 구부린 자세를 해요.

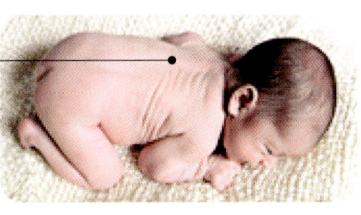

몸통

배가 볼록하게 부풀어 있으며 복식 호흡을 해요.

발

발바닥은 평평하고 주름이 많아요. 발바닥 가운데 오목한 부분은 걷기 시작해야 생겨나요. 어른처럼 발바닥이 오목하다면 신경이나 근육에 문제가 있을 수 있어요.

몽고점

엉덩이 부분에 나타나는 푸르스름한 점으로, 흔적만 있는 아기도 있고, 진한 정도가 다 달라요. 크기도 2~10cm로 개인차가 커서 간혹 등까지 넓게 퍼져 있는 아기도 있어요.

생식기

남아의 고환이 부어 보이거나, 여아의 대음순이 크게 보일 수 있는데, 시간이 지나면 자연스럽게 가라앉아요.

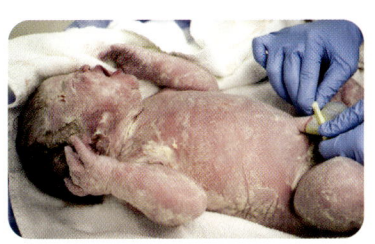

다리

다리는 M자형으로 구부러져 있고 두 다리를 벌리고 있어요. 자고 있을 때를 제외하면 다리를 곧게 잡아당겨도 다시 구부린 자세로 돌아가는데, 엄마 뱃속에서 웅크린 자세에 익숙하기 때문이에요.

피부

피부는 쪼글쪼글하며 태내의 태아를 보호해 주던 '태지'라는 하얀 막으로 덮여 있어요. 몸 전체는 불그스름하지만, 손과 발은 푸르스름한 빛을 띠어요.

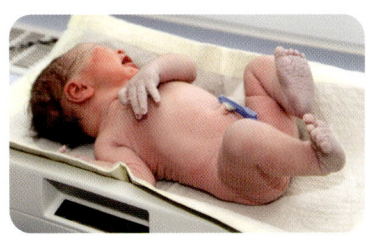

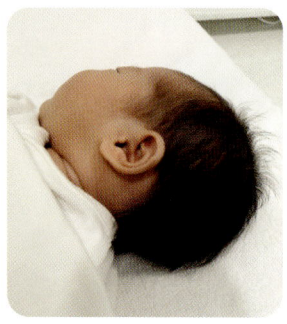

각 부위별 특징

머리카락
머리카락이 풍성하게 태어나는 아기도 있지만, 적게 태어나는 아기도 있어요. 두 돌 무렵에는 대체로 머리카락이 다 난답니다.

대천문
사람의 머리뼈는 여러 개의 뼈가 모여 이루어져 있습니다. 신생아의 머리는 단단하지 않고 말랑말랑한데, 머리뼈가 완전히 결합되지 않아 틈이 남아 있기 때문입니다. 이 틈을 '천문(숨구멍)'이라고 하는데, 정수리 앞쪽의 마름모꼴 부분을 '대천문', 뒷부분을 '소천문'이라고 합니다. 개인차가 있지만 대천문은 생후 12~18개월에 닫히고, 소천문은 6~8주에 닫힙니다.

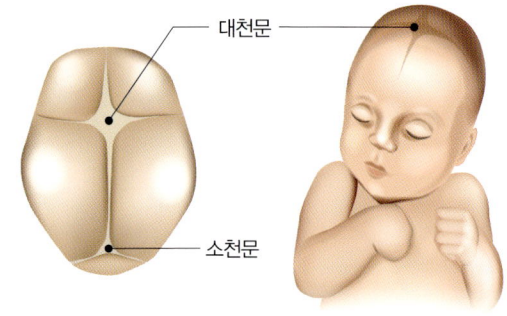

손톱과 발톱
엄마 뱃속에서도 손발톱은 자라서 손톱이 제법 길 수도 있습니다. 얇고 약하지만 아기 스스로 얼굴에 상처를 낼 수 있으니 신생아용 손톱깎기로 제때 잘라 줘야 합니다.

신생아의 감각 발달

코와 후각
신생아의 코는 납작하지만, 성장하면서 콧대가 점점 오똑해져요. 콧구멍이 매우 작고, 코로만 호흡하기 때문에 코가 막히면 숨소리가 거칠어집니다. 먼지나 털 등에 의해서도 코가 막힐 수 있으니 잘 살펴봐야 합니다.

신생아는 엄마 젖 냄새와 다른 사람의 젖 냄새를 구분할 수 있습니다. 신생아는 태어날 때부터 충분히 발달한 후각을 가지고 있어서 나쁜 냄새를 맡으면 찡그리고, 좋은 냄새를 맡으면 표정이 온화해진답니다.

눈과 시각
눈의 크기가 작고, 간혹 한쪽 눈만 뜨기도 하며, 눈을 느리게 깜빡여요. 신생아는 시력이 낮고 망막 구조가 불완전하며 시신경이 덜 발달된 상태로 태어나는데, 다른 물체보다 사람 얼굴을 더 좋아합니다.

촉각
태어난 직후부터 통증에 민감하며 부드러운 손길을 좋아합니다.

귀와 청각
양쪽 귀는 대칭이 아니고 모양도 다르지만 점차 제모양을 찾습니다. 청각은 출생 직후에도 정상 범위의 청력을 보이며, 다만 중이에 양수가 남아 일시적으로 작은 소리에 둔감할 수 있으나, 일주일쯤 지나면 괜찮아집니다.

입과 미각
입 주변에 물집이 생기기도 하지만 손대지 않아도 자연스럽게 없어집니다. 입 근처에 손을 대면 얼굴을 돌리며 빨려고 하는데, 이는 '원시 반사'의 하나입니다.

아기는 입과 혀의 감각이 발달한 채 태어납니다. 미각은 생후 2주일 동안 빠르게 발달합니다. 달착지근한 맛을 좋아하지만 쓴맛, 신맛도 느낄 수 있습니다.

신생아의 생리적 특징

하루의 대부분을 잠을 자며 보냅니다

신생아는 하루에 18시간 정도 잠을 자는데, 자다가 배가 고프거나 기저귀 등의 불편함이 있을 때 깨어납니다. 생후 24개월이 되면 수면 시간은 12시간 정도로 줄어듭니다.

2~3일간 태변이 지속됩니다

생후 24시간이 지나면 검고 진득한 태변을 보는데 2~3일간 지속됩니다. 태변은 태중에서 먹은 양수의 찌꺼기가 장내에 쌓였다가 배출된 것입니다. 모유나 분유를 먹으면서 점차 정상적인 변을 보는데, 모유를 먹는 아기는 묽은 변을, 분유를 먹는 아기는 좀 더 딱딱한 변을 봅니다. 소변을 보는 횟수는 하루 3~10회 정도, 소변의 양도 하루 100~300cc로 신생아마다 차이가 있습니다.

검고 진득한 태변(왼쪽)과 모유를 먹는 아기의 변(오른쪽)

TIP 신생아가 하루 종일 우는 이유와 대처법

신생아는 울음/산통이 생후 약 6주경에 가장 심하며, 대부분의 증상은 3~6개월 사이에 호전됩니다. 생후 1~2주까지 하루 평균 2시간, 최대 5시간을 우는데, 울음을 통해 세상과 소통하는 것입니다. 자극에 대한 반응이나 배고픔, 불쾌함 등의 감정, 욕구를 울음으로 표현합니다.

- 배고프거나 목이 마를 때 ➡ 가장 많이 우는 이유로, 모유나 분유를 먹이거나 끓여서 식힌 물을 먹인다.
- 기저귀에 대소변을 본 뒤 불편할 때 ➡ 기저귀를 갈아 준다.
- 모유·분유를 먹고 소화가 잘되지 않을 때 ➡ 트림을 시킨다.
- 몸이 아플 때 ➡ 다른 사항을 확인해도 이상이 없는데 운다면 빠르게 병원에 간다.

신생아의 대표적인 반사 행동

'반사'는 외부 자극에 무의식적이고 자동적으로 일어나는 반응으로, 신생아는 20가지 이상의 반사 기능을 가지고 태어납니다. 반사 행동은 크게 생존 반사와 원시 반사로 나뉩니다.

생존 반사 신생아의 생존과 직결되는 반사
- 빨기 반사 입에 닿는 것은 무엇이든 빨려고 해요.
- 근원 반사(찾기 반사) 입 부근을 자극하면 자극하는 방향으로 고개를 돌리는 행동으로, 모유 수유 시 젖꼭지를 찾는 행동을 도와요.
(그 밖에 눈 깜빡임·호흡·삼키기 반사 등이 있어요.)

원시 반사 일정 기간 뒤에 사라지는 비생존 반사
- 파악 반사 손에 닿는 것을 강하게 움켜쥐어요.
- 걸음마 반사 겨드랑이를 잡고 몸을 세우면 걷는 것처럼 발을 번갈아 움직여요.
- 모로 반사 누워 있는 상태에서 큰 소리가 나면 놀라거나, 머리나 몸의 위치가 갑자기 변하면 팔다리를 벌리고 무엇을 껴안듯이 오므리는 반사를 말해요. 아기가 엄마에게 매달리도록 하는 반사예요.
- 바빈스키 반사 발바닥에 자극을 주면 발가락을 부채처럼 펼쳐요.
- 당기면 서려는 반사 자는 아기의 팔을 잡고 일으키면 목을 가누지 못해도 스스로 머리를 들어 올리려 해요.

빨기 반사 / 파악 반사

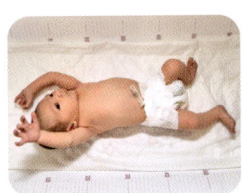 

모로 반사 / 바빈스키 반사

Part 1 신생아 돌보기
신생아 목욕시키기

신생아는 피지 분비가 왕성하여 피부에 노폐물이 많이 생깁니다. 생후 1개월까지는 감염을 예방하기 위해 매일 몸을 씻겨 줍니다. 생후 일주일 무렵까지는 배꼽이 감염될 위험이 있으므로 부분 목욕을 시키는 것이 좋습니다.

목욕 시 주의 사항

목욕시킬 장소와 목욕물의 온도를 확인합니다
신생아는 체온 조절 기능이 미숙하므로, 따뜻한 방 안에서 씻기며 목욕은 10분 이내에 끝내도록 합니다. 욕실은 미끄럽고 타일이 딱딱해서 주의가 필요합니다. 방 안의 온도는 24~26℃, 목욕물 온도는 37~38℃로 맞춥니다. 온도계가 없으면 팔꿈치를 담가 보아 물이 조금 따뜻한 정도인지 확인합니다.

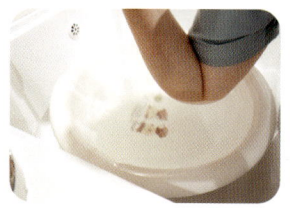

목욕물과 갈아입힐 옷을 미리 준비합니다
목욕 후에 바로 입힐 수 있도록 옷과 기저귀, 수건을 펼쳐 놓고 가제 손수건도 준비해 놓습니다. 헹굼물도 미리 준비하는데, 목욕하는 동안 식을 수 있으므로 40℃ 정도로 준비합니다.

수건을 감싼 채 다리부터 물에 담급니다
감기에 걸리지 않도록 목욕은 10분 이내로 끝내며, 맨몸이 그대로 노출되지 않도록 얇은 이불이나 수건으로 감싼 채 씻깁니다. 욕조에 아기를 넣을 때는 놀라지 않게 다리부터 넣습니다.

배꼽 소독은 옷을 입힌 상태에서 합니다
배꼽이 떨어질 때까지는 부분 목욕을 시키도록 합니다. 목욕 후에는 배꼽을 잘 말리고, 소독을 할 때는 옷을 입힌 상태에서 해야 체온이 떨어지지 않습니다.

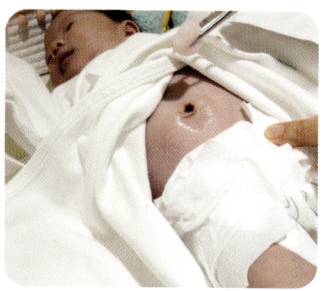

목욕 후에 따뜻한 물이나 모유를 먹입니다
아기가 한기를 느끼지 않도록 목욕을 끝내고 바로 따뜻한 물이나 모유를 먹여서 체온을 관리해 주세요.

부분 목욕시키기

배꼽이 떨어지기 전이나 아기가 열이 나면 가제 손수건에 따뜻한 물을 적셔서 몸을 닦아 줍니다. 가제 손수건은 따뜻한 물에 헹궈 가며 씁니다.

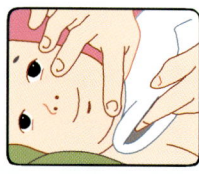

1. 아기 얼굴을 닦은 다음 턱 밑을 닦는다.

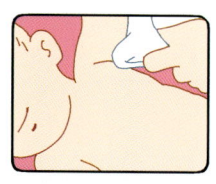

2. 겨드랑이 사이를 꼼꼼히 닦는다.

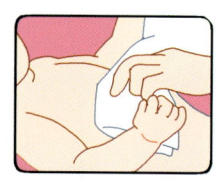

3. 가슴, 배 부분을 쓸어내리듯 닦는다.

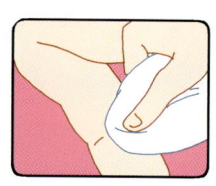

4. 아기 팔을 쭉 펴고 위에서 아래로 닦는다.

전신 목욕시키기

한 손으로 목을, 팔로는 엉덩이를 받치며 아기를 안습니다. 귓구멍에 물이 들어가지 않도록 엄지손가락으로 아기의 귀를 접어 쥐고 씻깁니다. 얼굴, 머리, 몸의 순서로 씻기는데 노폐물이 적은 곳부터 많이 쌓인 곳으로 진행한다고 생각하면 됩니다.

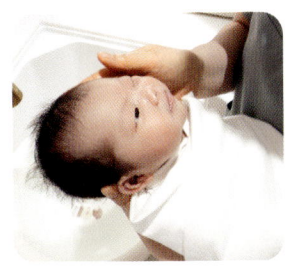 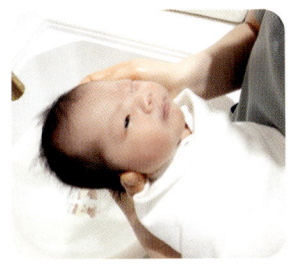

얼굴 닦기와 머리 감기기

가제 손수건에 따뜻한 물을 적셔서 눈, 코, 입, 귀의 순서로 얼굴을 닦습니다. 머리를 감길 때는 손에서 거품을 만들어, 머리카락을 뒤로 쓰다듬으며 마사지하듯 감깁니다. 얼굴에는 비누를 사용하지 않는 것이 좋으며, 머리는 순한 아기 비누나 유아용 샴푸로 감깁니다.

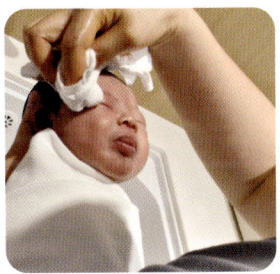 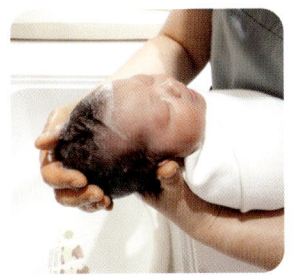

몸통·팔다리 씻기기

몸을 덮은 수건을 조금씩 내리면서 목, 겨드랑이, 배, 팔·손, 다리·발의 순서로 닦습니다. 잘록하거나 주름진 부분은 손가락을 넣어 닦으며 손가락, 발가락은 하나씩 씻깁니다.

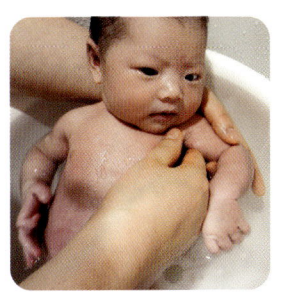

등, 엉덩이 씻기기

한쪽 손을 아기의 겨드랑이 밑에 넣고 손목에 아기의 턱을 올려놓듯이 안은 다음, 등과 뒷목을 위에서 아래로 쓸어내리듯 씻깁니다.

 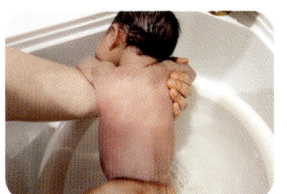

엉덩이는 톡톡 두드리듯 닦고, 엉덩이 사이를 약간 벌려서 항문 주변을 꼼꼼히 닦아 줍니다.

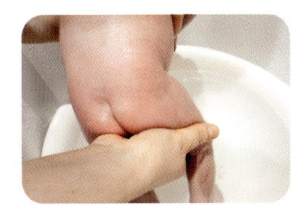

따뜻한 물을 끼얹어 헹구기

헹굼물을 위에서 아래로 흐르도록 천천히 끼얹습니다.

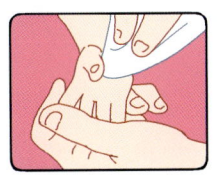 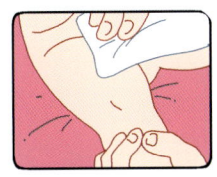 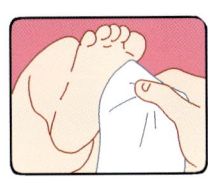 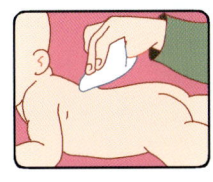 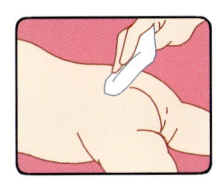

5. 손등을 닦고 손가락 사이도 꼼꼼히 닦는다.

6. 무릎을 닦고 무릎 뒤의 접힌 부분도 닦는다.

7. 발가락과 발가락 사이, 발바닥도 닦는다.

8. 아기 등 부분을 위에서 아래로 닦는다.

9. 엉덩이를 두드리듯 닦고, 항문도 잘 닦는다.

목욕 후 손질하기

수건으로 닦기
아기 몸을 수건으로 재빨리 감싸고 가볍게 두드리듯 물기를 닦습니다. 팔과 다리는 주무르듯 수건으로 만져 주고, 손가락은 펴서 하나씩 꼼꼼히 닦아 줍니다. 목주름, 겨드랑이 등 피부가 접히는 부분도 잘 말려 줍니다.

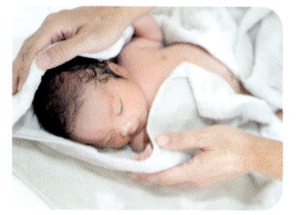 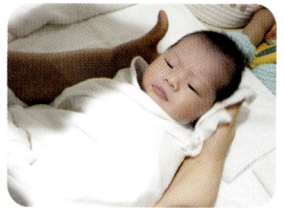

보습제 바르기
보습제를 발라 피부의 수분을 촉촉하게 유지시켜 줍니다. 보습제가 고루 흡수되도록 얼굴과 몸 전체에 가볍게 두드리듯 펴 바릅니다.

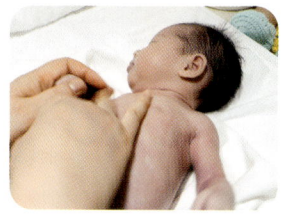

옷 입히기
앞트임이 있는 배내옷을 입힙니다. 아기 팔을 조심스럽게 소매에 끼우고, 몸을 압박하지 않도록 느슨하게 옷을 여미며 끈을 매어 줍니다.

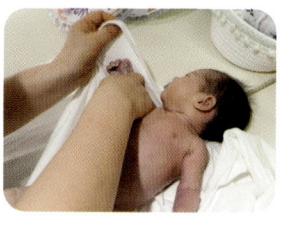 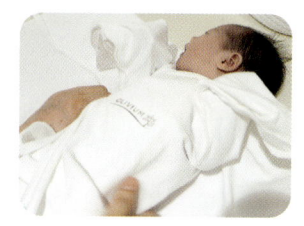

머리와 엉덩이 말리기
아직 덜 마른 머리카락과 엉덩이를 잘 말려 주세요. 엉덩이와 성기는 손으로 바람을 일으켜서 말려 주면 좋습니다. **특히 기저귀 발진이 있는 아기는 이곳을 잘 말려 주도록 합니다.**

> 목욕하고, 머리까지 다 마르니 개운해요!

TIP 아기 성기 씻기기

남아 씻기기

1. 위에서 아래 방향으로 음경을 닦고, 고환을 들어서 아랫부분도 잘 닦아요.
2. 허벅지와 다리 사이에 접힌 곳은 이물질이 끼기 쉬우므로, 손가락으로 살살 닦아 주어요.
3. 위에서 아래로 물을 끼얹어 깨끗이 헹궈요.
4. 가제 손수건으로 살살 쓸어내리면서 물기를 잘 닦고, 성기와 허벅지 사이도 꼼꼼히 닦아 주어요.

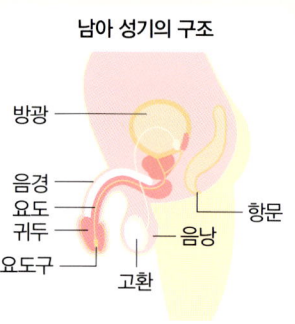

남아 성기의 구조 — 방광, 음경, 요도, 귀두, 요도구, 고환, 음낭, 항문

여아 씻기기

1. 외음부를 위에서 아래로 살살 닦되, 무리하게 벌리거나 외음부 안쪽까지 닦지 않아요.
2. 엉덩이와 허벅지 사이에 피부가 접힌 부위와 엉덩이를 순한 아기용 비누로 닦아 주어요.
3. 위에서 아래로 물을 끼얹어 깨끗이 헹궈요.
4. 가제 손수건으로 외음부를 살살 쓸어내리면서 물기를 잘 닦고, 성기와 허벅지 사이도 꼼꼼히 닦아 주어요.

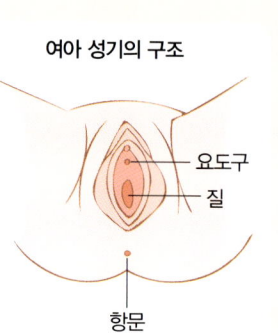

여아 성기의 구조 — 요도구, 질, 항문

배꼽 말리기와 소독하기

목욕 후에는 배꼽을 완전히 말려야 하며, 배꼽에 진물이 있는 상태라면 소독을 해 줍니다. 하지만 신생아의 배꼽을 자주 소독하는 것은 좋지 않습니다.

- **배꼽이 떨어지기 전**
  면봉에 소독용 알코올을 묻힌 뒤, 탯줄을 겸자채 들어 올리고 탯줄 아랫부분을 닦아 줍니다.

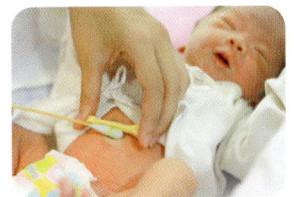

- **배꼽이 떨어진 뒤**
  소독약을 묻힌 면봉으로 배꼽 안까지 닦되, 무리해서 찌꺼기를 제거하지 않습니다. 그러고 나서 알코올을 묻힌 거즈로 배꼽 주변을 닦은 뒤, 알코올이 마를 때까지 그대로 둡니다.

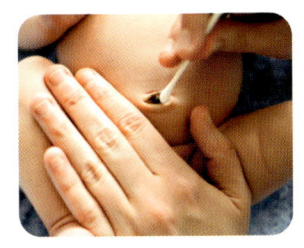

귀 닦기

미지근한 물을 적신 가제 손수건을 손가락에 감아서 귓바퀴와 뒤쪽, 외이도를 닦고, 면봉으로 귀의 입구만 닦습니다. 귓속의 귀지는 제거하지 않도록 합니다.

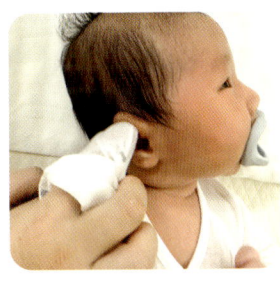 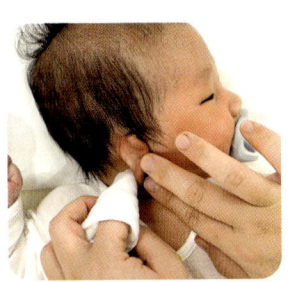
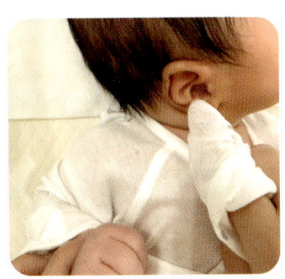 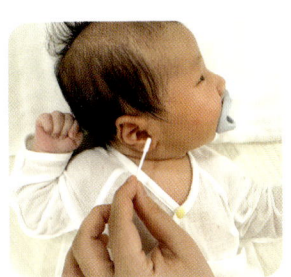

코딱지 제거하기

식염수를 묻힌 면봉으로 콧구멍 입구를 살살 닦아, 코딱지가 녹아 나오도록 합니다. 이때 면봉을 콧구멍 안에 넣지 않습니다. 코딱지가 녹아 나오면, 미지근한 물을 적신 가제 손수건으로 코딱지를 닦아 냅니다.

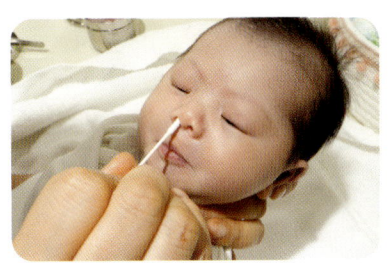

손발톱 깎기

손발톱을 자를 때는 아기 전용 손톱 가위를 이용하며, 목욕 후에 손발톱이 부드러워졌을 때나 아기가 잠든 사이에 깎으면 편합니다. 엄지와 검지로 아기의 손가락 끝 또는 발가락 끝을 잡고 모서리부터 조금씩 직선으로 자른 뒤 양끝을 다듬으면 됩니다. 손발톱 모서리는 너무 깊게 깎지 않도록 조심합니다. 전동 네일트리머를 사용해서 깎는 방법도 있습니다.

 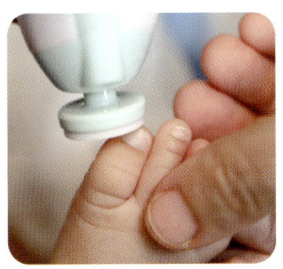

Ready! Set! Go!

신생아 돌보기 필수품에는 면봉, 물티슈, 가제 손수건, 소독용 알코올, 아기 전용 손톱 가위, 식염수 등이 있습니다. 가제 손수건을 사용할 때는 검지에 감은 뒤 손가락으로 감싸 쥐면 흘러내리지 않아요.

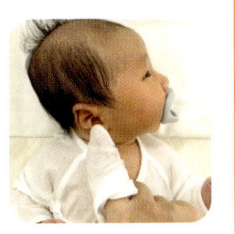

Part 1 신생아 돌보기
기저귀 갈기

하루에도 몇 번씩 갈아 주어야 하는 기저귀. 기저귀를 보면 아기의 건강 상태를 확인할 수 있습니다. 편리한 종이 기저귀와 빨아서 계속 사용할 수 있는 천 기저귀 중 알맞은 것을 선택하고, 제때 갈아서 아기의 건강을 지켜 주세요.

종이 기저귀 갈기

종이로 된 일회용 기저귀는 세탁이 필요 없기 때문에 사용하기 간편하며, 흡수성이 뛰어나서 천 기저귀처럼 자주 갈아 주지 않아도 됩니다.

1. 배설물을 깨끗이 닦아 낸다
기저귀를 푼 다음, 살이 접힌 곳이나 주름진 곳에 배설물이 남지 않도록 깨끗이 닦아 냅니다.

2. 새 기저귀를 엉덩이 밑에 깐다
습진을 방지하기 위해 엉덩이를 완전히 말린 뒤, 엉덩이를 살짝 들어 올려 새 기저귀를 엉덩이 밑에 깝니다.

3. 기저귀 높이를 조절한다
기저귀 앞부분의 끝선이 배꼽을 가리지 않게 한 번 접어 주어 높이를 조절합니다.

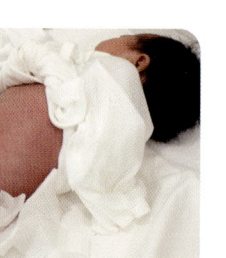
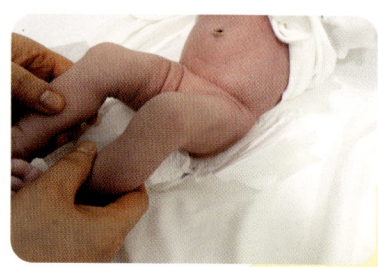
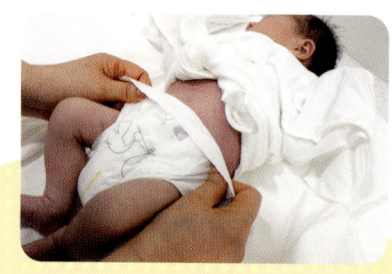

4. 테이프를 잠근다
기저귀가 한쪽으로 치우치지 않도록 좌우 균등하게 맞춰서 테이프를 잠급니다.

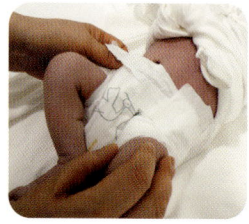

종이 기저귀 처리하기

변은 변기에 털어 버리고, 엉덩이를 닦은 물휴지는 기저귀에 같이 넣은 뒤 돌돌 말아서 양 옆의 테이프로 고정시킨 다음 버립니다.

샘 방지용 개더는 밖으로 내놓고 세워서 배설물이 새지 않도록 해요.

허리 부분에 손가락 2개가 들어갈 정도로 조절해야 조이지 않아요.

천 기저귀 갈기

순면 소재의 천 기저귀는 통기성이 좋아 아기 피부에 자극을 주지 않고, 여러 번 사용할 수 있어 경제적입니다. 하지만 자주 갈아 주어야 하고, 세탁 후 바짝 말리지 않으면 피부 발진이 생기는 단점이 있습니다. 면, 대나무, 레이온 등 다양한 소재와 모양이 있으니 꼼꼼히 비교하여 선택합니다.

1. 배설물을 닦아 낸다
기저귀 커버를 푼 뒤, 차고 있던 기저귀의 깨끗한 부분으로 피부에 묻은 똥이나 오줌을 닦아 냅니다. 더러워진 기저귀를 커버에서 떼어 냅니다.

2. 새 기저귀를 댄다
새 기저귀를 엉덩이 밑으로 밀어 넣습니다. 기저귀 중심을 아기 배꼽에 맞춘 뒤, 기저귀 끝부분이 배꼽을 덮지 않게 한 번 접어 줍니다.

> **TIP 대변 기저귀 갈 때 주의점**
>
> 기저귀를 빼내기 전에 성기에 묻어 있는 대변은 기저귀나 물티슈 등으로 대충이라도 닦아 내야 합니다. 그런 다음 기저귀를 완전히 빼낸 뒤에는 물로 씻기거나 가제 손수건 또는 물티슈로 항문과 성기를 깨끗이 닦습니다.
>
>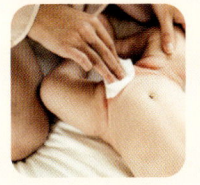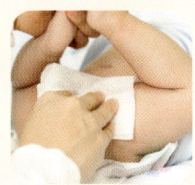
>
> 이때 남아는 물티슈로 음경 위쪽을 살살 닦은 다음 음경 뒤, 음경과 음낭 사이, 귀두의 순서로 닦습니다. 여아는 앞쪽에서 뒤쪽으로 닦으며 요도에 균이 들어가지 않도록 주의해야 합니다.

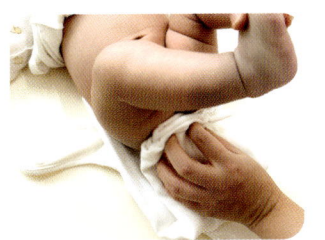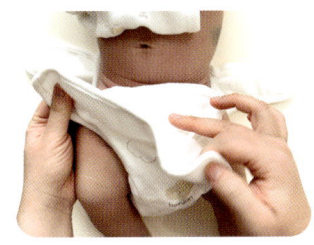

3. 기저귀 커버의 벨트를 잠근다
커버의 벨크로를 여유 있게 붙입니다. 기저귀 커버와 기저귀 사이에 손가락 2개가 들어갈 정도의 여유를 두어 조이지 않게 합니다.

4. 기저귀가 빠져나오지 않게 정리한다
기저귀가 커버 밖으로 빠져나오지 않도록 커버 안으로 집어넣어 정리합니다.

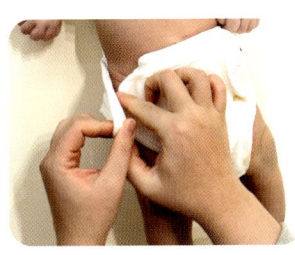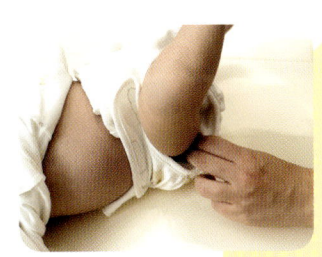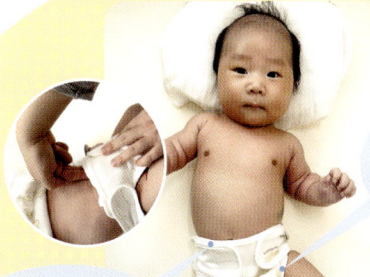

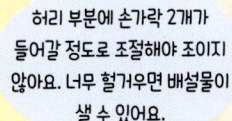
허리 부분에 손가락 2개가 들어갈 정도로 조절해야 조이지 않아요. 너무 헐거우면 배설물이 샐 수 있어요.

기저귀가 밖으로 빠져나오지 않게 커버 안쪽으로 깔끔하게 집어넣어요.

천 기저귀 처리하기

변은 변기에 버리고 묽은 변은 화장지로 닦습니다. 기저귀는 애벌로 빤 뒤, 세제를 푼 물에 1~2시간 담갔다가 세탁합니다.

Part 1 신생아 돌보기
신생아 안전하게 안기

안기는 아기 돌보기의 기본입니다. 여린 몸에 목도 못 가누는 신생아를 안는 것은 조심스럽고 떨리는 일이지만, 아기의 목과 엉덩이를 받쳐서 안는다는 원칙을 기억하고 돌보다 보면 차츰 익숙해질 거예요.

옆으로 안기

신생아 안기의 기본 자세는 옆으로 비스듬히 안는 것입니다. 수유 시 주로 이용되며, 요람식 자세도 이에 속합니다. 아기와 눈맞춤을 하여 친밀감을 형성하는 데 도움이 되는 자세입니다. 팔꿈치 안쪽에 아기의 머리와 목을 올려놓고 다리 쪽의 손으로 엉덩이를 받치면서 안는 방법입니다.

요람식 자세

넓적다리에 아기를 앉히듯 하고 옆으로 눕혀서 안는 자세입니다. 힘이 적게 들어 오랜 시간 안정적으로 자세를 취할 수 있어 가장 일반적인 수유 자세입니다. (*자세한 내용은 137쪽 참고)

옆구리에 안기

한쪽 팔로 아기의 목덜미와 등을 받치고 옆구리에 럭비공을 끼듯 아기를 안는 자세예요. 손이 자유로워 머리를 감길 때 적합합니다. 또한 모유가 많은 경우, 편평 유두인 경우, 제왕 절개를 한 경우의 수유 자세로 추천합니다.

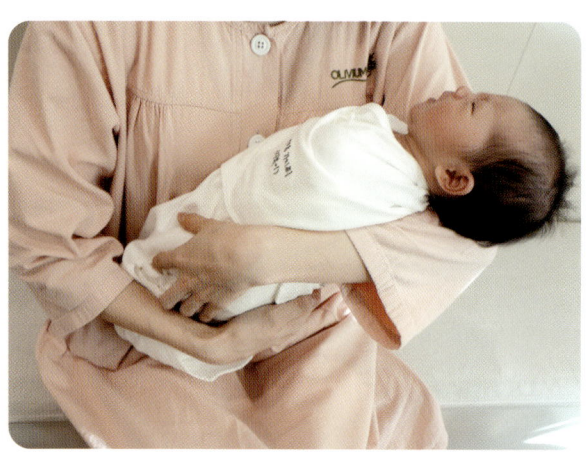

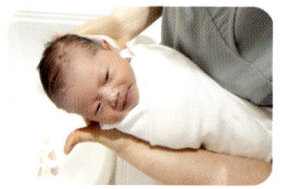 

누워 있는 아기 들어 올려서 옆으로 안으려면?

1. 한 손을 아기의 목 아래에 넣고 손바닥 전체로 목을 받쳐요.
2. 다른 한 손을 아기의 엉덩이와 허리 아래로 넣습니다. 이때 손바닥으로 엉덩이를 감싸듯 합니다.
3. 뒷머리와 엉덩이를 받치고 아기를 엄마 쪽으로 당기며 천천히 안아 올립니다.
4. 팔 전체로 아기의 머리와 몸을 지탱합니다.

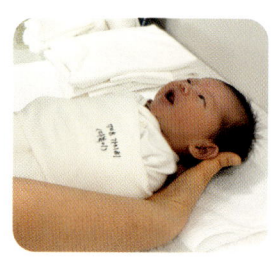 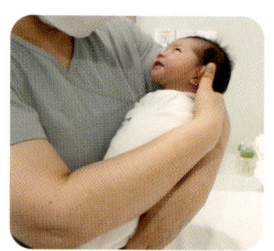

세워 안기

한 손으로는 아기의 목과 등을 받치고 다른 손으로는 엉덩이를 받치면서 아기를 세워 안는 자세입니다. 트림을 시킬 때도 이용됩니다. 아기가 목을 가눌 수 있게 되면 가능한 자세이지만, 목을 가누지 못하는 경우에도 뒷머리를 확실히 받치면서 안으면 됩니다. 아기와의 친밀감 형성에 좋은 자세로, 칭얼거리는 아기를 달랠 때 시도하면 좋습니다. 누워 있을 때와 보는 풍경이 달라져서 아기도 신선한 느낌을 받게 될 것입니다. 재우거나 달랠 때는 가볍게 토닥여 주고 아기 몸을 좌우로 가볍게 흔들어 주면 좋습니다.

누워 있는 아기를 세워 안으려면?

1. 아기와 마주 보며 몸을 가까이 붙이고 아기의 겨드랑이 밑에 손을 넣습니다.
2. 네 손가락과 손바닥 전체로 아기 등에서부터 머리 뒤쪽을 받치면서 안아 올립니다.
3. 한쪽 손을 내리며 팔에 아기의 엉덩이를 올려놓고, 다른 쪽 손으로 목과 머리를 받쳐 줍니다.

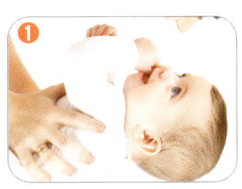

아기를 안전하게 침대에 내려놓으려면?

1. 아기를 안은 채 무릎을 굽히고 섭니다. 몸을 숙이면서 아기 엉덩이부터 침대에 내려놓습니다.
2. 아기의 몸을 천천히 눕히면서 등, 머리의 순서로 내려놓습니다.
3. 아기 엉덩이를 받치던 손을 아기의 몸 아래에서 조심스럽게 뺍니다.

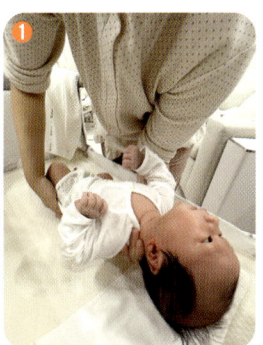
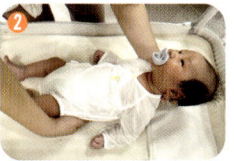
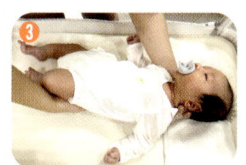

TIP 편안하게 아기를 안는 방법

양육자와 아기 둘 다 편한 자세로 안기

아기의 몸을 최대한 밀착시키면서 양육자 쪽으로 끌어당깁니다. 아기의 뒷머리와 등, 엉덩이를 받쳐 주면 안정적인 자세가 되어 양육자도 아기도 편합니다.

손목 건초염 예방법

- 손목에 불필요한 힘이 들어가지 않도록 합니다.
- 손목만으로 아기의 머리를 받치지 않도록 합니다.
- 아기의 머리를 팔꿈치 안쪽에 올려놓습니다.
- 수유 쿠션을 활용해 높이를 조절합니다.

Part 1 신생아 돌보기
신생아 재우기

신생아에게 자는 일은 먹는 일만큼 중요한 일과입니다. 아기에게 쾌적한 수면 환경을 만들어 주어 잠투정 없이 잘 수 있도록 해 주세요.

신생아의 잠

신생아는 생후 3개월까지는 15시간 이상 자며, 3세까지는 하루의 절반 이상을 자면서 보냅니다. 영유아는 얕은 잠을 자면서 꿈을 꾸는 렘수면 시간이 어른보다 훨씬 길어서, 자다가 자주 깨고 움찔거리지요. 잠을 푹 자야 신체 성장과 두뇌 발달이 활발해지고 사고력도 발달합니다. 그래서 아기에게는 잠을 푹 자는 것이 그림책 한 권을 읽는 것보다 더 나은 두뇌 활동이 된다고 하지요. 성장 호르몬의 75~80%는 숙면 중에 분비되므로, 아기가 잠을 푹 잘 잘 수 있도록 해 주세요.

수면 습관 들이기

생후 6주 이후부터 수면 습관을 들입니다
아기는 생후 6주 정도 지나면 수면과 관련된 호르몬인 멜라토닌이 적절히 작용하게 됩니다. 아기가 밤낮을 구분할 수 있게 되므로, 생후 6~8주 이후에는 수면 훈련을 시작합니다. 이 시기의 수면 훈련은 '낮은 활동하는 시간, 밤은 잠자는 시간'이라는 것을 아기에게 알려 주는 것입니다. 올바른 수면 습관을 들이기 위해 아기가 잠드는 시간과 노는 시간 사이의 간격을 파악해 두면 도움이 됩니다.

일정한 시간에 같은 행동을 반복합니다
아기를 재울 때는 같은 장소에서 비슷한 시간에 같은 행동을 반복하여, 아기 스스로 잠을 자게끔 해야 합니다. 자기 전에 목욕을 시키고, 기저귀를 확인하고, 음악을 들려주거나 자장가를 불러 주는 등의 '수면 의식'을 만들어 실행하면 좋습니다.

소음을 줄이고 커튼과 조명을 활용합니다
주변이 시끄럽거나 방 안이 너무 밝으면 숙면에 방해가 됩니다. 소음이 없는 조용한 방에서 재우고, 낮에는 커튼을 치고 밤에는 조명을 활용하여 자는 곳의 밝기를 어둡게 합니다.

끝까지 안아서 재우지 않도록 합니다
늘 안아서 재우다 보면 바닥에 내려놓는 순간 아기가 깨게 되므로, 아기를 자리에 눕혀서 스스로 잠들게 합니다. 아기가 졸려 보이면 양육자가 같이 누워서 아기를 안고 다독거리며 재워 주세요. 아기가 깊이 잠들 때까지는 곁을 떠나지 않는 것이 좋습니다.

쾌적한 잠자리 환경

아기가 자는 방은 온도와 습도가 적절히 유지되고 햇빛과 바람이 잘 들어오며 조용한 곳이 좋습니다. 단, 직사광선이나 에어컨 바람이 직접 닿는 곳은 피해야 합니다. 바깥 기온과의 차이는 5℃ 이내로, 온도는 22~24℃가 적당하며, 습도는 40~60%를 유지하는 것이 좋습니다. 습도가 낮으면 감기에 걸리기 쉬우므로 방에 젖은 수건을 널어 두거나 가습기를 이용합니다. 문을 열고 환기를 하여 공기가 잘 통하도록 합니다. 생후 1개월 후에는 어른이 쾌적하게 느끼는 환경이면 괜찮습니다.

재우는 방법

아기를 안고 재울 때는 한 손으로 아기의 목을, 다른 손으로 엉덩이를 받치고 양육자의 가슴에 아기를 밀착시킵니다. 아기는 양육자의 심장 박동 소리를 들으며 안정된 상태에서 잠을 잘 수 있습니다.

아기가 자면서 얼굴이 천장을 향하는 자세를 취할 때는 머리를 양쪽으로 번갈아 돌려 주세요. 그래야 머리 모양이 비뚤어지지 않습니다.

바로 눕혀 재우는 자세는 질식사의 위험을 줄여 줍니다. 신생아는 반드시 "바로 눕혀 재우기(supine position)"가 AAP(미국소아과학회)의 원칙이자 권장 사항입니다.

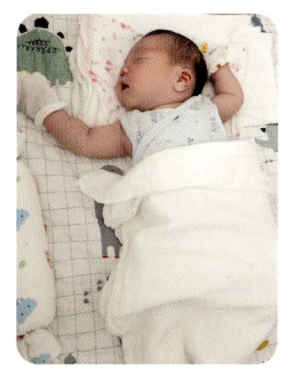

양육자가 잘 볼 수 있는 곳에서 아기를 재우는 것이 좋습니다. 아기가 자는 곳이나 침대 주변의 벽이나 선반에서 물건이 떨어질 위험은 없는지 점검하고, 너무 푹신한 침대나 이불은 피합니다. 크고 푹신한 이불과 베개는 아기의 코를 막아 숨쉬기를 방해할 수도 있습니다.

Part 1 신생아 돌보기
옷 입히기와 세탁하기

목도 가누지 못하고 꼼지락거리는 아기는 옷을 갈아입히기가 쉽지 않습니다. 아기가 편하게 느끼도록 재빨리 입히는 요령과 세탁 방법을 알아봅니다.

옷 고르기

새 옷보다는 헌 옷이 좋습니다
새 옷의 화학 물질과 각종 첨가물이 민감한 아기 피부나 눈, 호흡기 등에 자극을 줄 수 있으므로, 신생아에게는 새 옷보다 헌 옷이 더 나을 수도 있습니다. 이미 여러 번 세탁하여 유해 물질이 남아 있지 않고, 천도 처음보다 부드러워지기 때문입니다. 새 옷은 땀을 잘 흡수하는 천연 소재, 순면으로 만든 것을 고르는 게 좋습니다.

앞트임이 있는 옷을 고릅니다
아기는 몸에 비해 머리가 크기 때문에 앞트임 옷을 입히는 것이 편합니다. 가슴이나 어깨 부분에 트임이 있고 끈이나 단추로 여미는 형태의 옷을 고릅니다. 상의를 머리에 씌워서 입히는 티셔츠형은 6개월 무렵부터 입히도록 합니다.

속옷은 크게 입히지 않습니다
아기는 쑥쑥 자라기 때문에 엄마들은 조금 큰 사이즈의 옷을 입히곤 합니다. 하지만 큰 사이즈의 속옷을 입고 그 위에 겉옷을 입으면 아기가 불편하므로, 속옷은 맞는 크기로 선택해야 합니다.

옷을 갈아입혀야 할 때
목욕할 때, 땀을 흘렸을 때, 모유를 먹이거나 기저귀를 갈면서 더러워졌을 때는 옷을 갈아입혀야 합니다. 속옷과 겉옷, 두 벌을 함께 입힐 때는 속옷의 소매를 겉옷 소매에 끼워 놓으면 한 번에 입힐 수 있습니다.

솔기나 라벨이 옷 바깥쪽에 있어야 피부에 닿지 않습니다.

땀을 잘 흡수하는 천연 소재, 면 100%가 좋습니다.

앞섶을 여미는 옷을 입히면 옷 입히기가 서툴러도 걱정 없습니다.

추운 날 외출할 때나 실내 온도가 낮은데 혈액 순환이 안 되어 아기의 발이 검붉은색을 띨 때는 양말을 신깁니다.

> **TIP 새 옷을 입히기 전에**
>
> - 옷의 라벨이 안쪽에 붙어 있는 경우에는 아기 피부에 닿지 않도록 모두 잘라 냅니다. 바느질 선을 따라 남김없이 깔끔하게 제거합니다.
> - 새 옷은 깨끗이 세탁하여 입힙니다. 세제를 사용하지 않고 베이킹 소다 같은 천연 세제를 조금 넣고 삶아 빨면 더욱 좋습니다.
> - 옷을 갈아입힐 때는 실내 온도를 24~26°C 정도로 맞춥니다. 생후 4개월 정도까지의 아기는 옷을 벗기면 깜짝 놀라기도 합니다. 이때는 손이나 팔을 잠깐 동안 잡아 주면서 안심시킵니다.

옷 세탁하기

옷에 묻은 모유나 분유는 단백질 성분 때문에 열에 의해 응고되며, 세탁 후 시간이 지나면서 얼룩이 다시 보이기도 합니다. 따라서 모유나 토사물 등의 얼룩은 곧바로 제거해야 합니다. 아기 옷은 어른 옷과 분리하여 세탁하며, 솔기를 뒤집어서 먼지를 제거한 뒤 세탁합니다. 세탁기로 세탁할 때는 세탁망을 사용하면 옷이 덜 손상됩니다.

아기 옷 전용 세제나 천연 세제를 사용하며, 일반 세제를 쓸 경우 깨끗이 헹구어야 피부 자극을 예방할 수 있습니다. 요즘은 특수 소재나 고급 면사로 만든 아기 옷이 많은데, 이런 옷은 삶으면 변형되거나 옷의 수명이 단축되기 때문에 삶지 않습니다.

앞트임이 있는 옷 입히기

1. 바닥에 옷을 펼쳐 놓고 아기의 목과 옷의 목 부분의 위치를 맞추면서 아기를 옷 위에 눕혀요.

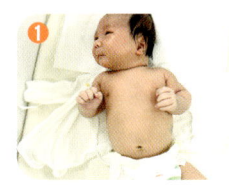

2. 소매에 양육자의 손을 끼운 뒤, 아기 손을 잡아서 넣어요. 이때 아기 손이 아니라 옷을 끌어당깁니다.

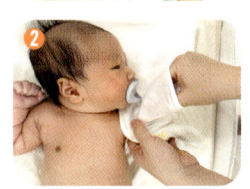

3. 안쪽에 있는 끈을 여유 있게 묶고 앞섶을 당겨서 옷을 정리한 뒤, 바깥쪽에 있는 끈도 느슨하게 묶습니다.

속옷 입히기

1. 옷자락을 말아 쥐고 목 부분을 벌려서 아기 머리를 통과시켜요.
2. 소매에 양육자의 손을 넣은 뒤, 아기 팔을 소매 안으로 넣고 옷을 끌어당기며 소매를 끼웁니다.
3. 손을 등 쪽에 넣어 속옷을 정리합니다.
4. 양육자의 손에 바지를 뒤집어 끼운 뒤, 아기 발을 잡고 바지를 올리면서 다시 뒤집어 가며 입혀요.
5. 바지를 올리면서 옷이 조이거나 눌리지 않도록 정리합니다.

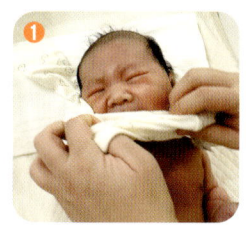 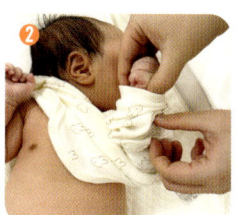
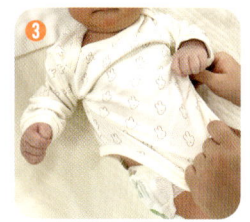 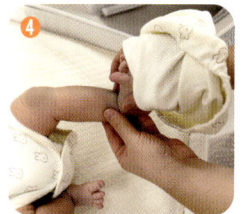

Part 1 신생아 돌보기
출생 신고서 작성하기

출생 신고는 신생아 출생 시 가족 관계 등록부 및 주민 등록에 등록하기 위하여 시·읍·면의 장에게 신고하는 민원입니다. 아기의 출생은 출생 신고서 작성이라는 절차를 통해 법적으로 인정받게 되는 것입니다. 주민 센터(동 행정 복지 센터)에 가서 작성하거나 대한민국 법원 전자소송포털(https://ecfs.scourt.go.kr) 또는 대한민국 법원 전자가족관계등록시스템(efamily.scourt.go.kr)에서 다운로드한 양식에 작성하여 우편으로 제출할 수도 있습니다. 인터넷 신고도 가능합니다.

출생 신고하는 방법

1. 신고 방법 방문 신청, 우편 제출, 인터넷 신고
- 방문 신청 장소는 출생자의 주민 등록지 관할 동 주민 센터(동 행정 복지 센터) 또는 전국 시(구)·읍·면사무소

2. 신고인 출생자의 부 또는 모(동거하는 친족 혹은 의사나 조산사의 대리 신청 가능)

3. 신청 기간 출생일로부터 1개월 이내
(기간 경과 시 최고 5만 원의 과태료 부과)

4. 방문 신고 시 제출 서류
- 출생 신고서 1부
- 출생 증명서 1부[1]
- 주민 등록증 등 신분 증명 서류[2]
- 출생자의 부 또는 모의 혼인 관계 증명서[3]
- 자녀 출생 당시 모가 한국인임을 증명하는 서면[4]
- 자녀가 복수 국적자인 경우, 취득한 국적을 소명할 수 있는 여권이나 국적 증명서
- 신고인이 성년 후견인인 경우, 후견 등기 사항 증명서

1) 출생 증명서는 의사나 조산사가 작성한 것으로 제출해야 하며, 의사나 조산사 없이 출산한 경우에는 '가정 법원 출생 확인서'와 같은 증빙 자료 제출
2) 방문 신청 시 신분 증명 서류
 - 신고인이 출석 시: 신분증
 - 제출인이 출석 시: 신고인(부모)의 신분증, 도장 및 제출인의 신분증
 - 우편 제출 시: 신고인(부모)의 신분증 사본
3), 4)는 가족 관계 등록 관서에서 전산으로 그 내용을 확인 가능한 경우 제출 생략

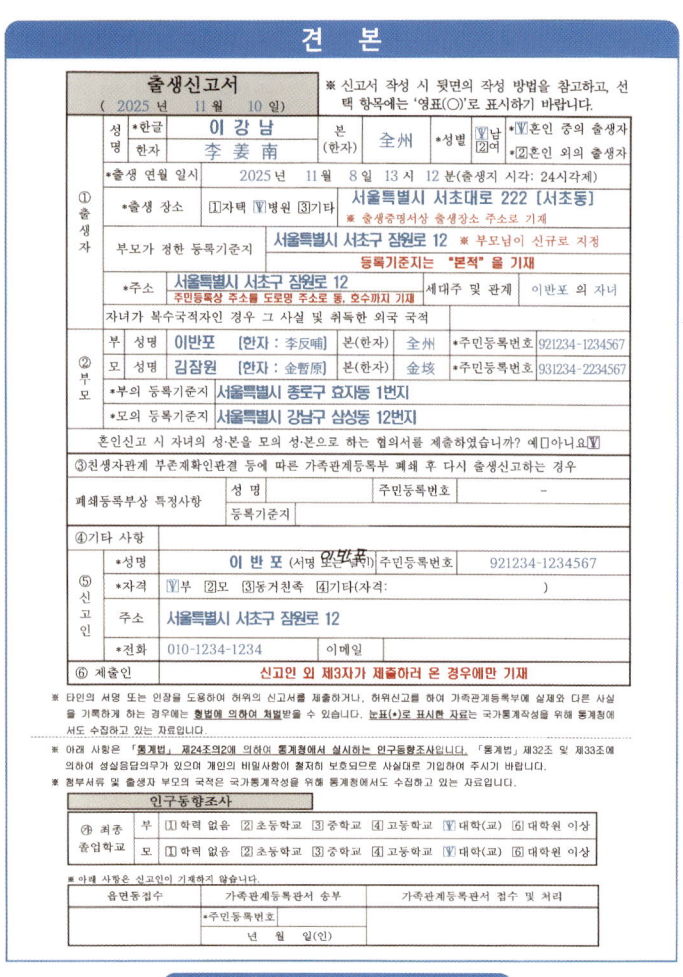

출처: 서초 구청 누리집

인터넷(전자) 신고 방법

2024년 7월 18일 이전에는 인터넷 출생 신고 참여 의료기관(병원, 조산원)에서 태어난 아기의 경우에만 인터넷 신고가 가능했습니다. 하지만 2024년 7월 19일 이후에 태어난 아기는 출생 통보제 시행에 따라, 출생 병원 등에 상관 없이 모두 대한민국 법원 전자가족관계등록시스템(efamily.scourt.go.kr)을 통한 인터넷(전자) 신고가 가능합니다.

PC와 모바일에서 모두 신고할 수 있으며 출생 증명서(의사나 조산사 작성), 인증서, 신고인이 성년 후견인인 경우는 후견 등기 사항 증명서를 준비해야 합니다.

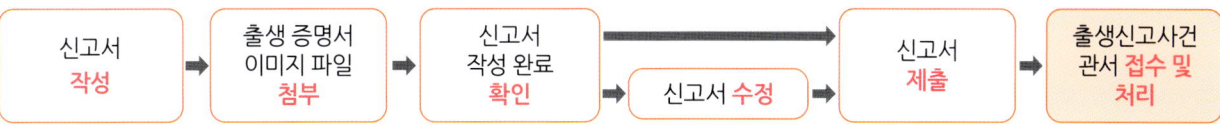

대한민국 법원 전자가족관계등록시스템
(efamily.scourt.go.kr)

PC에서 작성

 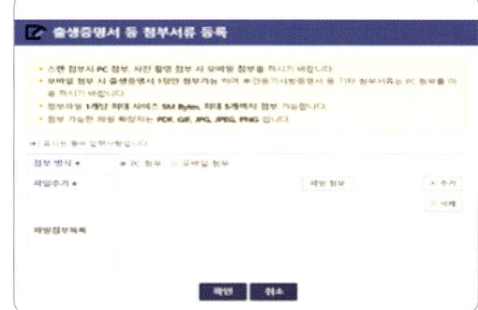

모바일에서 작성

  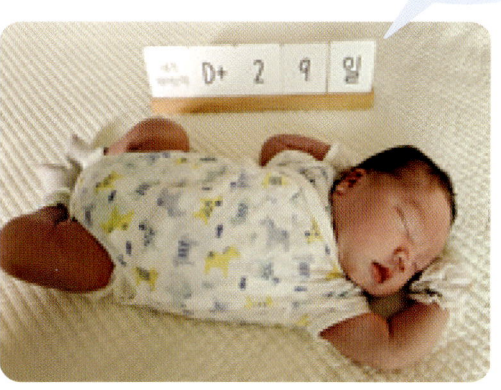 

출생 신고 잊지 마세요!
출생일로부터 1개월 이내에 해야 해요!

Part 1 신생아 돌보기
Q&A

Q 신생아 탯줄과 배꼽 관리는 어떻게 해야 할까요?

A 탯줄 관리는 소독보다는 건조를 잘하는 것이 더 중요하므로 탯줄이 떨어지기 전까지는 부분 목욕을 권합니다. 탯줄이 떨어질 때까지는 하루에 한 번씩 주변을 닦고 공기에 노출시키거나 얇은 천으로 느슨하게 덮고 잘 말려 주세요. 꼭 알코올로 소독해야 하는 것은 아닙니다. 생리 식염수나 깨끗한 물에 적신 가제 손수건으로 분비물을 깨끗이 닦고 잘 말려 주면 됩니다. 신생아의 배꼽 관리는 탯줄을 잘 말려 수분을 없앰으로써 세균이 자라지 못하게 하는 것이 주된 목적이며, 건조를 시킴과 동시에 세균을 죽이기 위해 소독약을 사용한다는 것을 염두에 두세요.

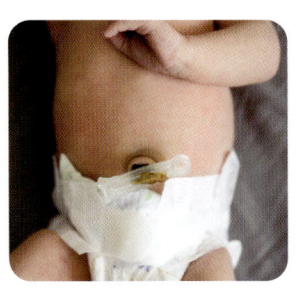

Q 아기 소변 색이 주황색을 띠는데 괜찮을까요?

A 아기의 소변도 어른의 소변처럼 노란색을 띱니다. 신생아는 신장 기능이 미숙하여 옅은 주황색이나 분홍색을 띠기도 합니다. 이는 '요산뇨'로, 몸으로 흡수되어야 할 요산이 소변으로 나오는 것입니다. 하지만 소변 색이 변하는 것 말고는 불편한 증상이 있는 것은 아닙니다. 신장의 기능이 성숙해짐에 따라 사라지게 되므로 치료가 필요하지는 않습니다. 다만 요산뇨 횟수가 늘어나거나 색이 점점 진해지거나 붉은색을 띠게 되면 병원에서 검사를 받도록 합니다.

Q 영아 돌연사 증후군을 예방하려면 어떻게 해야 할까요?

A 영아 돌연사 증후군은 생후 12개월 이전의 건강한 영아가 갑자기 사망하는 경우로, 부검이나 사후 검사, 병력 등을 검토해 보아도 원인을 찾을 수 없는 갑작스러운 죽음을 말합니다. 동양보다 서양에서 많이 발생한다고 알려져 있습니다. 하지만 최근에는 동양에서도 흔한 증후군으로 인식되는 추세이며 부검을 꺼리는 우리나라에서는 정확한 통계를 알 수 없습니다. 이를 예방하기 위해서 산모는 산전 간호를 적절히 받고, 흡연 및 약물 남용을 하지 않아야 하며, 아기는 안전한 수면 습관을 들이도록 합니다. 또한 다음 위험 요인을 감소시켜야 할 것입니다.

> ☑ **영아 돌연사 증후군 위험 인자**
> - 아기를 엎드려 재우는 습관
> - 임신 중 또는 출산 후 흡연 및 간접흡연
> - 너무 두껍거나 푹신한 침구
> - 지나치게 더운 실내 온도
> - 양육자와 같은 침대(이부자리)에서 자는 환경
> - 돌 이전 아기 침대에 두는 인형

PART 2
우리 아이의 성장과 돌봄

월령에 따른 아이의 성장 발달의 특징을 이해하고,
아이를 잘 먹이고 잘 재우고 잘 놀아 줄 수 있는
돌보기의 핵심과 노하우를 소개합니다.
육아 정보와 상식을 함께 제시하여
우리 아이가 잘 크고 있는지 조바심을 내고
다른 아이와 비교하게 되는
초보 양육자들의 걱정을 덜어 드립니다.

Part 2 우리 아이의 성장과 돌봄

한눈에 보는 월령별 성장 발달

	0~1개월	1~2개월	2~3개월	3~4개월	4~5개월
신체 · 운동 능력	· 몸무게가 일시적으로 줄었다가 다시 늘어나기도 해요. · 신생아 특유의 원시 반사 운동을 해요. · 머리를 한쪽으로 돌리고 다리를 구부린 채 누워 있어요. · 고개를 돌릴 수 없기 때문에 거의 한쪽만 바라보아요.	· 몸을 활발히 움직이며 고개를 잠깐 들어요. · 젖을 빠는 것에 익숙해져요. · 고개를 잠깐 좌우로 움직일 수 있어요. · 움켜쥐고 있던 손과 구부러졌던 팔이 조금씩 펴져요.	· 엎드려 놓으면 잠깐씩 고개를 들어 올릴 수 있어요. · 손을 입가로 가져가고 주먹을 빨기도 해요.	· 몸무게가 거의 2배가 될 정도로 자라요. · 출생 시보다 키가 10cm 넘게 자라요. · 목을 가눌 수 있고 고개를 상하좌우로 돌릴 수 있어요. · 손에 있는 물건을 혀와 잇몸으로 탐색해요. · 양손을 가운데로 모을 수 있어요.	· 다리를 펴고 있어요. · 목 가누기가 완성돼요. · 상체를 90°까지 든 자세를 유지할 수 있어요. · 스스로 손을 뻗어 물건을 쥐거나 입으로 가져와서 핥을 수 있어요. · 누워 있는 상태에서 뒤집기를 하기도 해요.
감각 및 치아	· 눈앞 15cm 정도 거리에 있는 물체를 응시할 수 있어요.	· 시력이 발달하여 20~30cm 정도 거리에 있는 사물을 따라가며 볼 수 있어요. · 시야가 분명해지며 눈맞춤을 할 수 있어요.	· 30cm 이상 떨어진 것도 볼 수 있을 정도로 시력이 발달해요.	· 소리에 예민해지고 촉각이 발달해요. · 양육자의 목소리를 알아듣기도 해요. · 움직이는 물체를 눈으로 180°까지 따라가며 볼 수 있어요.	· 시야가 넓어져요. · 오감이 발달하고 지적 호기심이 많아져요. · 소리 나는 방향으로 고개를 돌려요.
언어 및 두뇌 · 정서 · 사회성	· 울음소리로 의사소통을 해요. · 울기도 하고 어딘가를 응시하기도 하며 표정이 다양하게 변해요.	· 자면서 웃거나 눈, 코, 입 등을 쫑긋거리며 배냇짓을 해요.	· 기분이 좋을 때 특별한 소리를 내어 표현해요. · 말을 걸거나 안아 주면 "아~", "우~" 하며 모음 비슷한 소리(쿠잉)를 내며 좋아해요. · 배냇짓과는 다른 사회적인 웃음을 지을 수 있어요.	· 자주 보는 사람의 얼굴을 알아봐요. · 음악 소리에 귀를 기울여요.	· 옹알이를 하고 자음 비슷한 소리를 발음해요. · 불안, 기쁨, 슬픔, 무서움 같은 감정도 표현할 수 있고 표정이 풍부해져요. · 소리 내어 웃고 기분이 안 좋으면 울음을 터뜨리기도 해요.

5~6개월	6~7개월	7~8개월	8~9개월	9~10개월
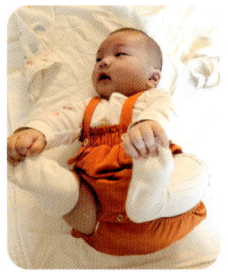				
• 성장 속도가 주춤해져요. • 뒤집기에 익숙해져요. • 뒤에서 받쳐 주면 앉을 수 있고 양육자의 무릎 위에 앉을 수 있어요. • 손힘이 강해져 물건을 꽉 쥘 수 있어요. • 발을 잡고 놀며 두 발을 자주 비벼요.	• 뒤집기를 하며 이동할 수 있어요. • 잠깐 동안 혼자 앉을 수 있어요. • 멀리 있는 물건에 손을 뻗어 가져올 수 있어요. • 눈과 손의 협응이 가능해지면서 물건을 한 손에서 다른 손으로 옮길 수 있어요.	• 배밀이를 시작해요. • 앉혀 놓으면 기대지 않고 혼자 앉을 수 있어요. • 세우면 다리를 뻗어 몸을 지탱해요. • 손가락을 한층 더 자유롭게 쓸 수 있어요. • 다른 손으로 물건을 옮겨 쥘 수 있어요.	• 기기 시작하면서 운동량이 증가해요. • 키 크는 속도가 빨라지고 몸이 더 단단해져요. • 네 발로 기기 시작해요. • 혼자 일어나 앉아요. • 혼자 앉아 몸통을 돌릴 수 있어요. • 손을 자유롭게 움직이게 되면서 양손으로 물건을 들 수 있어요.	• 가구나, 벽 등을 잡고 서 있을 수 있어요. • 하루 종일 기기, 앉기, 잡고 서기를 반복하며 근육이 단단해져요. • 발달의 개인차가 뚜렷해져요. • 손가락으로 물건을 잡을 수 있어요.
• 빠른 아이는 유치가 나기 시작하고 혀를 낼름거려요.	• 청각이 발달해서 작은 소리도 잘 들을 수 있고, 다양한 소리를 구별할 수 있어요. • 이유식을 시작하면 미각이 더욱 발달해요.	• 멀리서 텔레비전이 켜져 있으면 고개를 돌려 바라볼 수 있어요.	• 입이나 혀를 능숙하게 사용할 수 있어요.	• 소리에 민감해져서 리듬감 있는 음악에 맞춰 몸을 흔들기도 해요.
• 양육자와 노는 것을 좋아하고 단순한 까꿍 놀이를 할 수 있어요. • 양육자가 내는 소리를 흉내 내기도 해요. • 낯선 사람을 보면 불안한 표정을 짓고, 친숙한 사람에게는 방긋 웃어 보여요.	• 뇌가 발달하며 기억력이 생겨요. • 낯가림이 시작돼요. • 정서적인 욕구로 인해 우는 경우가 많아져요.	• 세 음절 이상의 모음 소리를 내요. • 자아가 싹트고 개성이 나타나요. • 낯가림이 절정에 달해요. 양육자가 안 보이면 울어요.	• 단기 기억이 발달해서 사라진 물건 찾기를 할 수 있어요. • 애착 관계가 형성되어 양육자를 졸졸 쫓아다녀요. • 말귀를 조금씩 알아듣게 돼요.	• "안 돼!"라는 말을 알아듣고 멈출 수 있어요. • 양육자의 표정이나 억양의 의미를 알아차려요. • 기억력과 모방 능력이 발달해서 어떤 동작을 보여 주면 따라 할 수 있어요.

	10~11개월	11~12개월	13, 14, 15개월	16, 17, 18개월	19~24개월	25~36개월

신체·운동 능력	• 벽을 짚고 몇 발짝 걸을 수 있어요. • 손과 무릎으로 기는 동작이 숙달돼요. • 쉴 새 없이 돌아다녀서 몸무게 느는 속도가 주춤해져요. • 소근육 발달이 더욱 활발해져요. • 엄지와 집게손가락으로 작은 물건을 집을 수 있어요. • 달라고 하면 손에 쥐고 있던 물건을 손을 펴서 놓아줘요.	• 혼자 일어서요. • 벽을 짚고 혼자 걷거나 걸음마 보조기를 잡고 혼자 걷기 시작해요. • 운동량이 늘면서 살이 빠지고 점차 근육이 붙어 단단한 체형으로 변해요. • 숟가락을 쥐고 먹거나 과자를 집어 먹을 수 있어요.	• 혼자 걸을 수 있어요. • 가구 위에 올라가기도 해요. • 손에 무언가를 쥐고 놀아요. • 빠른 아이는 물건을 굴리고 잡을 수 있어요. • 흥미 있는 물건에 다가가 탐색하면서 인지 능력이 발달하게 돼요. • 블록을 2개 정도 쌓아 올려요.	• 자연스럽게 걸을 수 있어요. • 난간을 잡고 계단을 올라가기도 해요. • 간단한 조작을 할 수 있어 낙서가 가능해져요. • 손잡이 없는 컵을 잡고 물을 마실 수 있어요. • 병을 거꾸로 하여 작은 물체를 꺼내요. • 블록을 4개 정도 쌓아 올려요.	• 운동 능력의 발달로 빠르게 걷고 뛰며 방향을 자유자재로 바꾸며 걸을 수 있어요. • 선 채로 난간을 잡고 계단을 올라가요. • 낮은 디딤판에서 뛰어내릴 수 있어요. • 양손 중 더 편한 손이 정해져요.	• 체형이 유아스러워져요. • 2세에는 난간을 잡고 혼자 계단을 내려갈 수 있고, 놀이 기구를 잘 타요. • 3세에 운동 능력이 거의 완성돼요. • 균형 감각이 발달하여 세발자전거를 탈 수 있어요. • 혼자 변기에 앉았다 일어날 수 있어요. • 손등이 위로 보이게 연필을 잡아요. • 블록을 7~8개 쌓을 수 있어요.
감각 및 치아	• 위아래에 총 4개 정도의 이가 나요.	• 청각 능력이 향상되어 어른 말을 듣고 곧잘 흉내 내요.	• 어금니가 나기 시작하는 아이도 있어요.	• 멀리 있는 물건을 볼 수 있고, TV 소리와 사람 목소리를 구분할 수 있어요. • 어금니가 나면서 씹는 힘이 강해져요.	• 멀리 있는 것을 전보다 잘 볼 수 있어요.	• 유치 20개가 거의 다 나와 있어요.
언어 및 두뇌·정서·사회성	• 자기주장이 강해져 좋고 싫은 것을 표현해요. 반항을 하기도 해요. • 인지 발달 수준이 높아져서 숨겨 둔 물건을 찾아낼 수 있어요. • 이름을 부르면 반응을 해요.	• 간단한 말을 알아듣고 의미 있는 첫말을 시작해요. • 몸짓으로 의사 표현을 할 수 있어요. • 또래나 큰 아이에게 관심을 보여요. • 독립심이 생겨요. • 기억력이 발달하고 예측이 가능해져 놀이 수준이 높아져요.	• 자신감이 높아져 스스로 하려는 시도를 하지만, 독립과 의존을 반복해요. • 소리를 지르는 등 거친 행동도 해요. • 친숙한 물건의 이름을 알아요. • 병원에 가면 과거 기억을 떠올리며 울기도 해요.	• 뜻대로 되지 않으면 떼를 써요. • 소변이 마려운 걸 느낄 정도로 뇌와 신경이 발달해요. • 10개 정도의 단어를 말해요. • 신체 부위를 1개 이상 알고 말해요.	• 어휘력이 폭발적으로 늘어 100~200개의 단어를 알아요. • 자아의식이 뚜렷해져요. • 질투, 부끄러움 같은 감정을 표현해요. • 내 것에 대한 애착과 소유 개념이 생겨요. • 가상 놀이를 할 수 있어요.	• 200~500개의 단어를 말할 수 있어요. • 이야기를 이해하고 세 단어~네 단어 문장을 말할 수 있어요. • 친구와 어울려 함께 놀 뿐만 아니라, 양보하고 게임을 할 때 차례를 지켜야 한다는 것을 알게 돼요.

Part 2 우리 아이의 성장과 돌봄
성장도표와 백분위수의 활용

Part 2에서 다루는 아이의 월령별 성장 상태는 질병관리청과 대한소아청소년과학회에서 공동으로 만든 '2017 소아 청소년 성장도표'[1]를 기준으로 합니다. 자세한 내용은 질병관리청 누리집(https://www.kdca.go.kr)을 참조하세요.

성장도표의 이해와 활용

성장도표는 우리나라 소아 청소년의 신장, 체중 등 신체계측치의 분포를 보여 주는 곡선(또는 표)으로 저신장, 저체중, 비만 등 소아 청소년의 성장 상태를 평가하는 기준으로 활용되고 있으며, 1967년부터 약 10년마다 성장도표를 제정·발표하고 있습니다. 질병관리청의 성장 상태 측정 계산기를 활용하면 우리 아이가 잘 자라고 있는지 확인할 수 있습니다.

질병관리청 성장 상태 측정 계산기 실제 화면 예시

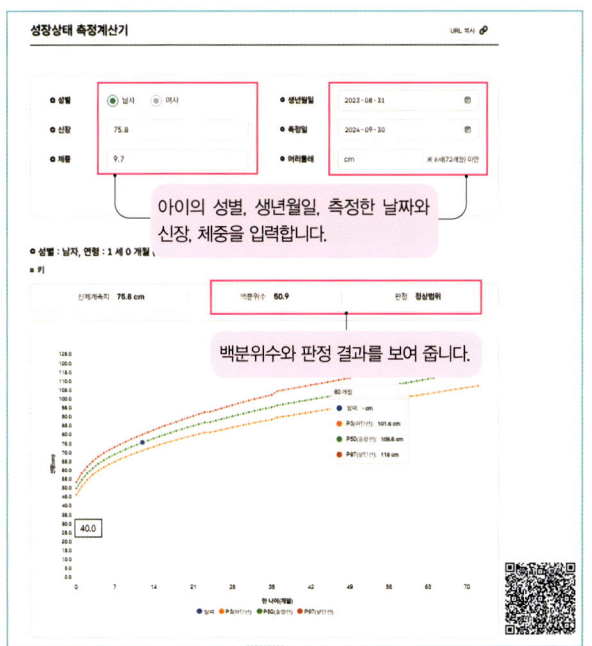

1) 2017 소아 청소년 성장도표는 3세 미만(0~35개월)은 최적의 성장 환경에서 성장한 건강한 모유 수유아만을 포함하여 산출하여 현재 개발된 성장도표 중 가장 표준에 가깝다고 평가받고 있는 WHO Growth Standards를 적용하였습니다.

백분위수의 연령별 선별 기준

	0~2세		2~18세	
	성장도표	기준	성장도표	기준
저신장	연령별 신장	3백분위수 미만	연령별 신장	3백분위수 미만
저체중	연령별 체중	5백분위수 미만	연령별 체중	5백분위수 미만
과체중	신장별 체중	97백분위수 이상	연령별 체질량 지수	85백분위수 이상, 95백분위수 미만
비만	–		연령별 체질량 지수	95백분위수 이상

백분위수 이해하기

백분위수는 같은 성별, 연령의 아이 100명을 키가 작은 순서, 체중이 적게 나가는 순서로 세웠을 때 우리 아이가 몇 번째에 해당하는지 보여 주는 수치입니다. 현재의 백분위수가 작다고 걱정할 필요는 없습니다. 백분위수가 정상 범위 안에 속하는지 살펴보고, 이전에 비해 성장 속도가 급격한 하락 없이 꾸준히 성장하는지 확인하면 됩니다. 현재 정상 범위에 속하지 않더라도 아이가 잘 자라지 못한다고 섣불리 판단하면 안 됩니다. 아이의 성장 발달은 늘 연속적으로 평가해야 한다는 것을 잊지 마세요.

3~6개월마다 측정하기

생후 24개월까지는 아이가 급격히 성장하고, 그 후 사춘기가 될 때까지는 완만하게 성장합니다. 예방 접종 검진 시 키와 체중을 재면 됩니다. 24개월 이후는 서서 키를 재며, 누워서 재는 경우 측정한 키에서 0.7cm를 뺍니다.

Part 2 우리 아이의 성장과 돌봄
0~1개월[1] 먹고 자고 또 먹고 자고!

드디어 새로운 세상을 만난 아기에게는 온통 낯선 것 투성이입니다. 엄마 뱃속에서는 탯줄을 통해 영양분과 산소를 공급 받았지만, 이제는 엄마 젖이나 분유로 영양분을 섭취하고 폐로 호흡해서 산소를 공급 받게 되지요. '신생아'로 불리는 생후 1개월까지 아기는 어떤 모습일까요?

몸무게가 일시적으로 줄었다가 다시 늘어나요

태어난 지 얼마 안 된 아기는 젖을 제대로 빨지 못하는 일이 많아요. 섭취하는 영양분보다 오줌, 땀, 변으로 배출하는 수분이 더 많아서 생후 3~4일 동안에는 몸무게가 줄기도 해요. 이는 일시적인 현상으로 7~10일쯤 후에는 회복됩니다. 아기는 생후 2개월 정도까지는 하루에 몸무게가 30~40g 정도 늡니다.

성장 기준표[2]

개월 수	남아		여아	
	키(cm)	몸무게(kg)	키(cm)	몸무게(kg)
0개월	46.3~53.0	2.6~4.2	45.6~52.2	2.3~4.0
1개월	51.1~57.9	3.6~5.5	50.0~56.9	3.3~5.2

출처: 질병관리청 2017 소아 청소년 성장도표
▶ 질병관리청 성장 상태 측정 계산기

우리 아이는요!

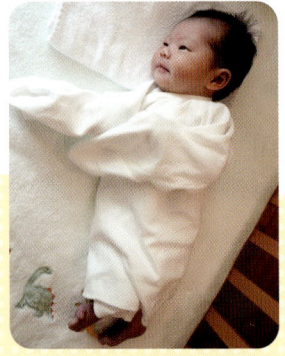
▲ 생후 15일 여아:
키 48.9cm, 몸무게 3.6kg

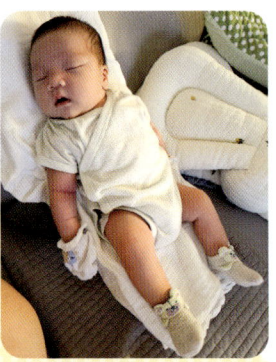
▲ 생후 24일 남아:
키 51.6cm, 몸무게 4.5kg

신생아 특유의 반사 행동을 보여요

수유 시 입 부근을 자극하면 젖꼭지를 찾는 '찾기 반사', 손가락을 아기의 손에 가져다 대면 작은 손으로 양육자의 손가락을 꼬옥 움켜쥐는 '파악 반사' 등의 '원시 반사' 행동을 합니다. 또한 깨어 있을 때 손발을 뻗거나 오므리는 행동을 하는데 이는 원시 반사 행동과 무의식중에 일어나는 일정한 리듬의 행동이 결합된 것입니다. 신생아는 동시에 양팔을 벌리거나 오른손, 오른발을 함께 뻗는 움직임은 가능하지만 왼팔만 뻗는 것 같은 부분적인 움직임은 할 수 없습니다. (*원시 반사에 대한 자세한 내용은 13쪽 참고)

울음소리로 요구 사항을 표현해요

신생아는 불쾌감을 느끼거나 요구 사항이 있으면 소리 내어 웁니다. 울음으로 '덥다, 기저귀가 젖었다, 배고프다' 등을 표현하는 것이지요. 아기는 자신의 요구 사항을 들어주는 사람을 '나를 돌봐 주는 사람'으로 인지하고 따르게 됩니다.

걱정은 No! No!

신생아의 몸무게는 개인차가 있으니 조금씩 몸무게가 늘고 있다면 크게 걱정하지 않아도 됩니다. 1개월 건강 검진을 받을 때 몸무게가 늘었는지 확인해 보세요. 만약 1주일에 70g 정도밖에 늘지 않는다면 소아과나 보건소에서 전문가와 상담하기를 권합니다.

[1] 출생 후 30일이 지난 시점을 생후 1개월이라고 합니다. 생후 25일이면 '0~1개월' 내용을, 생후 40일이면 1개월 10일이므로 '1~2개월' 내용을 봅니다.
[2] 키는 3~95백분위 수, 몸무게는 5~95백분위 수의 범위입니다.

나는 이만큼 자랐어요!

탯줄(제대) 은 생후 7~10일 이후에 자연스럽게 떨어져요.

발
발가락을 안쪽으로 오므리고 있어요.

피부
보통 생후 2~3일이면 태지가 없어지지만, 남아 있을 수도 있어요. 2~4주 정도면 자연스럽게 사라져요.

다리
다리를 기역(ㄱ)자로 구부리고 꼬물꼬물 움직여요. 원시 반사 행동으로 발을 구르기도 해요.

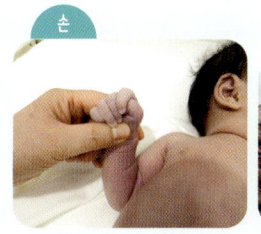

손
주먹을 쥐고 있어요.

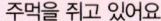

◀ 손바닥에 무언가가 닿으면 꼭 쥐는 '파악 반사' 행동을 보여요.

원시 반사 행동을 해요.

눈
고개를 자유롭게 돌릴 수 없기 때문에 한쪽을 바라보는 경우가 많아요. 눈앞 15cm 정도 거리에 있는 물체를 응시할 수 있어요.

표정

 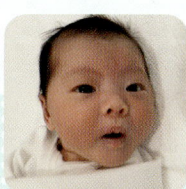
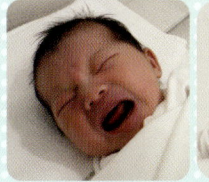 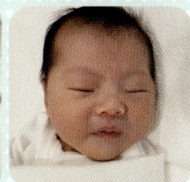

◀ 입술을 다물고 있거나 '오' 하는 모습을 보이기도 해요. 손가락을 입 근처에 대면 오물거리며 빨려고 하는 원시 반사를 보이기도 해요.

◀ 울기도 하고, 하품도 하고, 미소를 짓기도 하고, 어딘가를 응시하기도 하는 등 표정이 다양하게 변해요.

Ready! Set! Go!

- **흑백 모빌**: 아기의 시각 발달을 돕는 흑백 모빌을 준비해 아기의 눈에서 약 30cm 정도의 거리에 달아 주세요. 누워 있을 때 모빌이 너무 위나 아래에 위치하지 않도록 합니다.

- **흑백 초점책**: 아기가 고개를 돌릴 때마다 초점을 맞출 수 있도록, 아기 주변에 병풍처럼 책을 둘러 줍니다.

▲ 〈초점〉, 블루래빗

Part 2 우리 아이의 성장과 돌봄 (0~1개월)
어떻게 먹일까? 어떻게 돌볼까?

잘 먹는 아이로 키우기

태어난 아기뿐 아니라 양육자도 낯선 환경에 적응하느라 힘든 시기입니다. 특히 아기를 주로 돌보는 사람은 잠을 푹 자기 어렵습니다. 엄마 뱃속에서 먹는 시간과 자는 시간의 구분이 없었던 신생아에게 규칙적으로 먹고 자는 것을 기대할 수 없기 때문입니다. 하지만 힘들다고 수유와 수유 사이의 간격을 벌리고 1회 수유량을 늘리는 것은 바람직하지 않습니다. 건강한 수유를 위해 수유 일지 쓰기를 권장합니다. (대한모유수유의사회 '모유 수유 기록표'를 참고하세요.)

모유 수유 기록표 (대한모유수유의사회, 예시)

모유 수유 시 세계보건기구(WHO)는 생후 1개월까지는 시간에 맞춰 수유하기보다 아기가 배고픈 신호를 보일 때마다 수유하기를 권합니다.

혼합 수유 시 모유를 먹이고 보충할 필요가 있을 때 분유를 먹입니다. 모유와 분유를 계속 번갈아 먹이다 보면 모유량이 줄어드니 밤중에는 되도록 모유를 먹이는 것이 좋습니다. 밤중 수유가 어렵다면 유축을 해 놓아야 모유량이 줄어들지 않습니다. 하지만 직접 수유를 권장합니다.

분유 수유 시 하루에 먹는 총 수유량이 중요한데, 아기 몸무게 1kg당 140~160mL 정도를 먹입니다. 예를 들어 몸무게가 4kg이라면 분유 560~640mL를 먹입니다.

하루 적정 분유 수유량

월령	1회 수유량	1일 횟수	1일 총 수유량
생후 0~2주	80mL	7~8회	560~640mL 또는 몸무게×140~160mL
생후 2주~1개월	120mL	6~7회	720~840mL 또는 몸무게×140~160mL

출처: 대한소아청소년과학회

잘 자는 아이로 키우기

아기는 엄마 뱃속처럼 깜깜한 환경이 낯설지 않아요. 그래서 밤낮의 구분 없이 밤에도 낮처럼 생활하는 것이지요. 몸속의 생체 시계가 작동하지 않아서 수면 훈련은 6주 이후에 가능합니다.

깨지 않고 오래 자는 것보다 수유가 중요한 때입니다
깨지 않고 오래 자는 것보다는 먹는 것이 더 중요한 시기이므로, 아기를 수시로 깨워서 수유해야 합니다. 신생아는 자다가 강한 햇빛이나 초인종 소리에도 움찔하며 깨곤 하니 숙면을 취할 수 있는 환경을 조성해 주세요.

건강한 아이로 키우기

아기의 변 색깔이 달라진다는 것을 알아 둡니다

출생 후 1~2일째에 검고 진득한 태변을 보던 아기의 변 색깔이 달라집니다. 3~4일째에는 녹색 변을 보다가 5일 이후에는 노란색이나 녹색 변을 여러 번 봅니다. 아직은 건강한 변을 보게 하려고 엄마가 음식을 조절하거나 아기에게 유산균을 먹일 필요는 없습니다. 모유를 먹는 아기는 분유를 먹는 아기보다 무른 변을 여러 번 본다는 것도 기억해 두세요.

배꼽은 늘 깨끗하고 건조하게 유지합니다

신생아 배꼽은 제대 줄기가 쪼글쪼글해져서 떨어질 때까지 깨끗하고 건조하게 유지해야 합니다. 이를 위해서 전신 목욕보다는 부분 목욕을 권합니다.

기저귀를 채울 때는 탯줄이 노출되도록 기저귀를 탯줄 아래에 두어 탯줄이 소변에 젖는 것을 방지합니다. 기저귀 윗부분을 접거나 U자 모양으로 잘라 주면 됩니다.

만약 생후 8주가 지나도 배꼽이 떨어지지 않는다면 의사의 진료를 받도록 합니다. 또한 배꼽이 떨어진 뒤에도 지속적으로 출혈이 있거나 감염이 있다면 즉시 병원에 가야 합니다.

기저귀 발진, 습진, 땀띠가 나지 않도록 유의합니다

신생아는 하루에 소변을 10~20회, 대변을 7~8회쯤 봅니다. 자다가 먹다가 오줌·똥 누기를 반복하는 데다가 하루 종일 누워 있기 때문에 기저귀 발진, 습진이 생길 수 있습니다. 또한 땀을 많이 흘려서 땀띠가 날 수도 있으니 피부염 예방에 신경 써야 합니다.

아기가 변을 본 뒤에는 미지근한 물로 부드럽게 씻긴 다음, 마른 수건으로 톡톡 두드려 물기를 잘 닦아 주고 자연 바람으로 엉덩이를 완전히 말린 후 새 기저귀를 채워야 합니다. **또한 땀을 많이 흘리지 않도록 평상시에는 옷을 얇게 입히고, 서늘하면 더 입히는 것이 좋습니다.** 땀이 잘 나고 살이 접히는 부위인 목, 겨드랑이, 사타구니 등은 늘 보송보송한 상태를 유지하기 위해 특히 신경 써야 합니다.

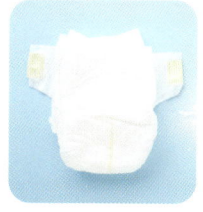 

가끔 아기 머리 위치를 바꿔 줍니다

머리뼈가 굳지 않은 아기의 머리 모양이 찌그러지지 않도록 1~2개월 동안은 머리 방향을 가끔 바꿔서 눕힙니다. 이렇게 하면 누워서만 지내는 아기의 시점도 바뀌게 됩니다. 엄마 무릎 위에도 앉히는 등 아기의 시선을 자주 바꿔 주는 것이 좋습니다.

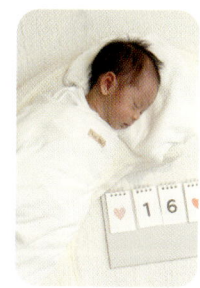

배꼽 문제로 진료가 필요한 경우

- 배꼽에 악취가 나는 노란 분비물이 있을 때
- 제대 밑부분의 피부가 붉을 때
- 제대나 근처 피부를 만지면 아기가 울 때

이 시기에 필요한 접종 및 검진

- BCG 접종 : 결핵균을 예방하기 위한 백신으로, 주사형과 도장형이 있어요.
- 1차 영유아 건강 검진 : 생후 14~35일(국민건강보험공단 홈페이지 nhis.or.kr 참조)

Part 2 우리 아이의 성장과 돌봄
1~2개월 눈맞춤을 해요

생후 1개월이 지난 아이는 이제 신생아가 아닙니다. 이 시기의 아이는 출생 시보다 몸무게가 많이 늘어서 통통하고 귀여운 아이다운 체형이 됩니다. 양육자의 목소리에 반응을 보이며 소리를 내기도 하면서 나날이 쑥쑥 자란답니다.

양육자의 얼굴, 눈, 목소리를 구별해요

이제 아이의 호흡 방법이나 영양 흡수, 체온 조절이 자연스러워집니다. 젖을 빠는 것에 익숙해져서 수유 횟수도 줄어들게 되지요. 개인차가 있지만 생후 1개월이 지나면 한 달 사이에 몸무게는 1~2kg, 키는 3~4cm 정도 크는 아이도 있습니다.

성장 기준표

개월 수	남아		여아	
	키(cm)	몸무게(kg)	키(cm)	몸무게(kg)
1개월	51.1~57.9	3.6~5.5	50.0~56.9	3.3~5.2
2개월	54.7~61.7	4.5~6.8	53.2~60.4	4.1~6.3

출처: 질병관리청 2017 소아 청소년 성장도표
▶ 질병관리청 성장 상태 측정 계산기

우리 아이는요!

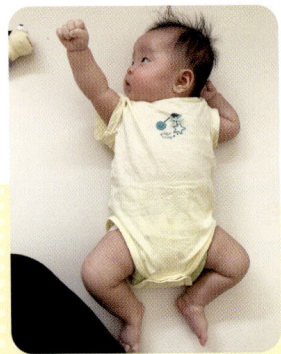

▲ 생후 36일 여아:
키 55.3cm, 몸무게 4.8kg

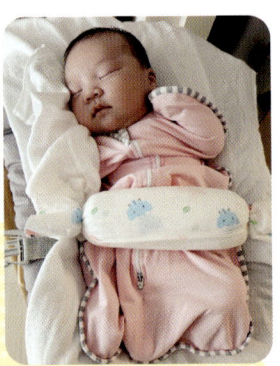

▲ 생후 44일 남아:
키 57.2cm, 몸무게 5.2kg

엎어 놓으면 턱을 들고 머리를 좌우로 돌리기도 하지만 아주 잠깐이에요. 간혹 이 모습을 보고 우리 아기는 벌써 목을 가눈다고 생각하는 초보 양육자도 있는데, 아직 목을 가눌 수 없는 상태입니다.

몸을 활발히 움직이며 힘차게 버둥거리는데 좌우의 손발을 동시에 움직입니다. 움켜쥐고 있던 손이 조금씩 펴지고, 구부러졌던 팔도 조금씩 펴집니다.

배냇짓을 해요

아기가 이따금 방긋 미소를 지으면 육아의 고단함이 사르르 녹아 사라지지요. 하지만 이 시기 아기의 미소는 감정이 담겨 있는 것이 아닌 '배냇짓'입니다. 이는 얼굴 근육 수축에 의한 생리적인 현상으로 단순 반사일 뿐, 기분이 좋아서 웃는 것은 아니랍니다.

시력이 발달하여 움직이는 것을 눈으로 쫓아요

시력이 발달하면서 눈앞에서 움직이는 것을 눈으로 쫓습니다. 시야가 넓어져서 20~30cm 떨어진 사물을 따라가며 볼 수 있습니다. 점차 원색처럼 색깔이 뚜렷한 물체를 주시합니다.

나는 이만큼 자랐어요!

머리

엎어 놓으면 턱을 들고 고개를 좌우로 돌리기도 해요.

턱을 들어요.

눈
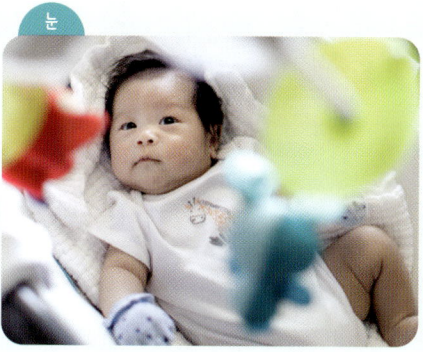
20~30cm 거리의 사물이 움직이면 눈으로 쫓아가요. 눈을 움직이면서 목을 움직이는 아이도 있어요.

표정

미소를 짓기 시작해요. 어렴풋이 보이던 시야가 분명해지며 양육자와 눈맞춤도 할 수 있어요.

손과 팔
움켜쥐고 있던 손이 조금씩 펴지고, 구부러졌던 팔도 조금씩 펴져요.

다리
무릎을 구부렸다 폈다 하며 온몸을 활발히 움직여요.

수영을 하듯 다리를 활발히 움직여요.

배꼽

◀ 탯줄이 떨어지고 서서히 아물면서 배꼽 색이 검게 변하다가 차츰 옅어져요.

Ready! Set! Go!

- **딸랑이**: 양육자가 딸랑이를 흔들어 주면서 청각을 자극해 주세요. 아이가 자라면 직접 손에 쥐고 흔들면서 눈과 손의 협응력을 키울 수 있어요. 입으로 빨고 탐색할 수 있는 안전한 재질의 딸랑이가 좋습니다.

▲ 〈딸랑딸랑, 토토〉, 블루래빗

- **컬러 모빌**: 생후 2개월까지는 흑백 모빌을, 그 이후에는 선명한 색상의 컬러 모빌을 준비하여 시각 발달을 돕습니다.

▲ 〈아기 첫 그림책&모빌〉, 블루래빗

팔·다리
◀ 한쪽 팔과 다리는 구부리고 다른 쪽은 펴고 있는 자세로 누워 있어요.

Part 2 우리 아이의 성장과 돌봄 ｜1~2개월

어떻게 먹일까? 어떻게 돌볼까?

🍼 잘 먹는 아이로 키우기

모유 수유 시, 원시 반사와 배고픈 신호를 구분합니다

아직은 빨기 반사와 찾기 반사 등의 원시 반사를 보이는 시기입니다. 아기는 입 근처에 무언가 닿으면 반사적으로 빨려고 하고, 입 근처를 자극하면 그 방향으로 고개를 돌리며 입을 벌리는 행동을 합니다. 배가 고프다는 신호가 아니니 젖을 물리지 마세요. 아이가 과식할 수 있습니다.

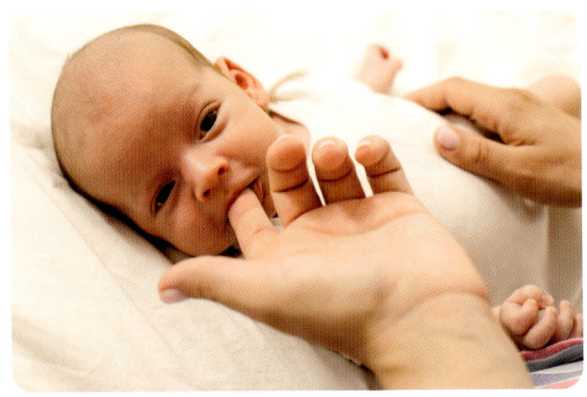

혼합 수유 시, 유두 혼동이 일어나지 않게 합니다

신생아 시기에 모유를 먹는 횟수가 줄어들거나 생후 4주 이내에 공갈 젖꼭지(일명 '쪽쪽이')를 사용하면 '유두 혼동'이 나타날 수 있습니다. 엄마 젖을 물지 않고 젖병만 찾거나, 젖병은 물지 않고 엄마 젖만 찾게 되는 것이지요. 엄마 젖만 먹으려 하는 아이의 경우, 모유량이 충분하다면 젖병을 끊습니다. 모유량이 부족하다면 젖병 대신 숟가락이나 컵, 모유 생성 유도기를 활용하세요.

아직은 밤낮 없이 수유해야 합니다

모유를 먹이는 경우는 하루 8~10회 정도 젖을 물리고, 분유를 먹이는 경우에는 아기 몸무게 1kg당 140~160mL 정도를 먹입니다. 예를 들어 몸무게가 5kg이라면 분유 700~800mL를 먹이면 됩니다.

하루 적정 분유 수유량

월령	1회 수유량	1일 횟수	1일 총 수유량
생후 1~2개월	120mL	6회	720mL 또는 몸무게×140~160mL

출처: 대한소아청소년과학회

💤 잘 자는 아이로 키우기

낮잠을 포함하여 14~17시간 재우는 것이 적당합니다. 11~13시간을 자고 나서 졸려 보이면 1~2시간 더 재우고, 18~19시간을 자고 나서 자려 하지 않으면 조금 덜 재웁니다.

하루 적정 수면 시간

10시간 이하	11~13시간	14~17시간	18~19시간	20시간 이상
좀 더 재워야 해요.	적당히 자고 있어요. 졸려 보이면 1~2시간 더 재워요.	권장하는 수면 시간 이에요.	적당히 자고 있어요. 아이가 안 자려 하면 좀 덜 재워도 돼요.	너무 많이 재우고 있어요.

🧒 건강한 아이로 키우기

열이 나지 않아도 기침을 오래 하면 진료를 받습니다

기침을 방치하면 폐렴이 될 수 있어요. 아이가 열은 안 나는데 기침을 계속하면 병원 진료를 받도록 합니다.

변 색깔을 잘 관찰합니다

흔히 건강한 아기의 똥은 예쁜 황금색이라고 하지만, 이 시기의 아이 변은 다양한 색깔을 띱니다. 노란색, 초록색, 붉은색, 검은색, 회색 계열 등 대략 다섯 가지 색깔을 띱니다. 대체로 녹색이나 노란색은 정상 변이니 당황하지 마세요. 아이의 변을 사진으로 찍어 놓았다가 병원에 갈 때 가져가면 진료에 도움이 됩니다.

다양한 아이 변 색깔

정상
- **노란색 변** 진하거나 연하거나 혹은 얼룩덜룩해도 노란색 계열이면 걱정하지 않아도 됩니다. 변에 콧물 같은 점액이 나오는 경우가 있는데, 다른 증상이 없다면 괜찮습니다.
- **초록색 변** 아이 변에서 많이 보이는 색깔로, 녹변이라 불리는데 대부분 정상 변에 속합니다. 변은 원래 초록색인데, 간에서 만들어진 '담즙'이라는 소화액이 섞이면서 노란색으로 바뀌게 됩니다. 하지만 아직 미숙한 아기 몸에서 담즙 분비가 제대로 조절되지 않아 변이 녹색을 띱니다.

의사 진료 필요
- **붉은색 변이나 검은색 변** 위장 출혈의 가능성이 있으므로 진료를 받도록 합니다.
- **노란색이 없는 회색이나 흰색 변** 담도 폐쇄를 의심할 수 있습니다. 모유나 분유가 소화되면서 담즙이 섞여야 하는데, 담즙이 분비되지 않거나 적게 분비될 경우 나타나는 증상입니다. 반드시 병원에서 진료를 받아야 합니다.

이 시기에 필요한 접종 및 검진

- B형 간염 2차 접종
- 1차 영유아 건강 검진: 생후 14~35일(국민건강보험공단 누리집 nhis.or.kr 참조)
- 고관절 탈구 가족력이 있다면 정형외과나 소아 청소년과에서 고관절 검진을 받기를 권합니다.

잘 노는 아이로 키우기
목욕과 마사지로 편안한 자극을 주며 교감합니다

오감이 발달하는 아이에게 목욕과 마사지는 일상적인 놀이가 됩니다. 아이는 목욕을 하면서 엄마 뱃속에서 경험했던 것과 비슷한 편안함을 느낄 수 있습니다.

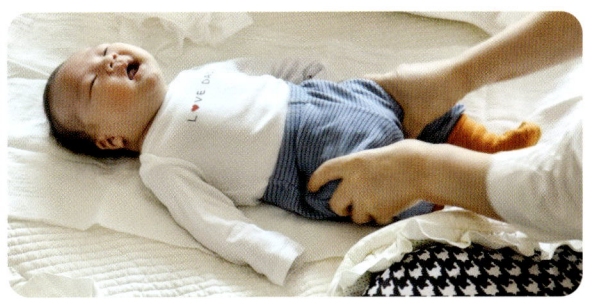

양수처럼 따뜻한 물과 양육자의 다정다감한 목소리와 부드러운 손길은 아이의 감각 자극을 돕고 안정감을 줍니다. 목욕을 하면서 아이를 가볍게 주물러 주고, 목욕이 끝난 뒤에도 아이의 팔다리, 어깨, 배, 손바닥, 발바닥을 하나하나 만져 주며 아이와 교감을 시도해 보세요.

다양한 재질의 놀잇감을 준비해 자극을 줍니다

아직은 누워서만 지내는 아이를 안고 집 안을 다니며 아이가 어떤 것에 흥미를 보이는지 찾아봅니다. 시각적인 자극을 좋아하는 아이도 있지만 청각적인 자극에 잘 반응하는 아이도 있습니다.

아이마다 선호하는 자극과 그 강도에는 개인차가 있답니다. 아이가 점차 팔다리를 잘 움직이게 되면 놀잇감을 만지며 놀게 됩니다. 입으로 물고 빨아도 안전한 재질로 만든 다양한 놀잇감을 준비해 구강기의 아이가 자유롭게 탐색할 수 있게 해 주세요.

Part 2 우리 아이의 성장과 돌봄

2~3개월 고개를 잠깐 들어요

아직 혼자 목을 가눌 수는 없지만 잠깐씩 목을 들 수는 있어요. 처음보다 아기를 돌보기가 조금씩 수월해지고, 기분이 좋을 때 '아', '우', '에' 등 모음 위주의 소리를 내기도 합니다.

자신의 뜻대로 몸을 움직이기 시작해요

조그맣던 아이가 어느새 자라, 푹신한 곳에 엎드려 놓으면 팔꿈치로 몸을 지탱하며 잠깐씩 고개를 들어 올리기도 합니다. 점차 무릎으로 몸을 지탱하는 힘이나 균형 감각이 생기게 됩니다. 기분이 좋으면, 아, 우, 에 등 모음 위주의 소리를 내는데, 아기와 소리 주고 받기도 가능합니다.

성장 기준표

개월 수	남아		여아	
	키(cm)	몸무게(kg)	키(cm)	몸무게(kg)
2개월	54.7~61.7	4.5~6.8	53.2~60.4	4.1~6.3
3개월	57.6~64.8	5.7~7.7	55.8~63.3	4.7~7.2

출처: 질병관리청 2017 소아 청소년 성장도표
▶ 질병관리청 성장 상태 측정 계산기

우리 아이는요!

▲ 생후 2개월 여아:
키 57.6cm, 몸무게 5.7kg
(으라차차! 목 가누기 연습!)

▲ 생후 2개월 남아:
키 62.1cm, 몸무게 6.6kg
(모빌 구경해요.)

손을 한참 바라보고 입으로 가져가요

손이 몸의 일부라는 것을 알게 되는 시기로, 손을 얼굴 앞으로 가져가 가만히 바라보거나 주먹을 빨기도 합니다. 또한 팔을 잘 움직이게 되면서 가슴 앞에서 양손을 비비듯 움직입니다.

기분이 좋을 때는 특별한 소리를 내요

울음소리만 내던 아이가 다른 소리를 내기 시작합니다. 기분이 좋을 때는 특별한 소리를 내어 표현하기도 합니다. 말을 걸거나 안아 주면 "아~", "오~", "우~" 등 모음과 비슷한 소리를 내며 좋아합니다. 이는 언어의 시작인 '쿠잉(cooing)'으로 양육자는 아기가 내는 소리에 호응해 주세요. 양육자의 목소리를 알고 아이도 반응을 보입니다.

사회적인 웃음을 지어요

지능이 점점 발달하고 감정과 표정도 풍부해집니다. 기분이 좋으면 '사회적인 웃음'을 짓는데, 이는 신생아 때의 배냇짓과는 다릅니다.

걱정은 No! No!

아이를 세워 안았을 때 뒷머리를 받쳐 주지 않아도 목이 흔들리지 않으면 목을 가누는 것입니다. 아이가 아직 목을 가누지는 못해도 목에 조금씩 힘을 준다면 걱정하지 않아도 됩니다. 좀 더 기다려 보세요.

나는 이만큼 자랐어요!

손

손을 얼굴 앞으로 가져가 가만히 바라보는 '핸드 리가드' 행동을 하는 등 손에 관심이 많아져요.

손에 관심을 가져요.

손

손을 입가로 자주 가져가고, 주먹을 입에 넣고 빨기도 해요.

목

아주 잠깐씩 목을 들 수 있어요.

다리
구부러져 있던 다리를 쭉 뻗기도 하고, 구부렸다 폈다 할 수 있어요.

고개

고개를 들어요!

엎드려 있을 때 몇 초 동안 고개를 들 수 있어요. 팔꿈치로 몸을 지탱하며 균형을 잡으려 노력해요.

눈

조금 멀리 떨어진 것도 볼 수 있고, 움직이는 물체를 눈으로 따라가며 볼 수 있어요.

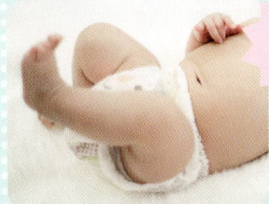

다리

뻥! 걷어차요.

◀ 이불을 가볍게 걷어차기도 하고, 기저귀를 갈 때 힘을 주기도 해요.

Ready! Set! Go!

- 아기 체육관: 아이가 누운 채로 놀면서 시각, 청각 등 감각을 키울 수 있습니다. 단계별로 활용이 가능하여, 혼자서 앉게 되면 놀잇감을 만지면서 놀 수 있고, 나중에는 잡고 서서 놀 수도 있습니다.

Part 2 우리 아이의 성장과 돌봄

3~4개월 목을 혼자 가눌 수 있어요

아이가 목을 잘 가누게 되면서 안거나 목욕시키기가 편해지는 시기입니다. 시야가 넓어진 아이는 주변의 사물에 관심을 갖게 되고 양육자의 목소리와 얼굴도 차츰 알아보게 됩니다.

목 근육의 발달로 목과 머리를 조절할 수 있어요

개인차가 있지만 생후 3개월에는 태어날 때 몸무게의 2배가 되고 키도 10cm 넘게 자라요. 이후 신체 성장이 완만해져요. 목 근육이 발달하여 목을 가눌 수 있고, 고개를 상하좌우로 돌릴 수 있어, 눈에 보이는 것들에 흥미를 가지게 되는 시기입니다. 창밖의 경치 등 다양한 것을 보여주면 좋아요. 또, 움직이는 물체를 눈으로 180°까지 따라가며 볼 수 있습니다.

성장 기준표

개월 수	남아		여아	
	키(cm)	몸무게(kg)	키(cm)	몸무게(kg)
3개월	57.6~64.8	5.7~7.7	55.8~63.3	4.7~7.2
4개월	60.0~67.3	5.8~8.4	58.0~65.7	5.2~7.9

출처: 질병관리청 2017 소아 청소년 성장도표
▶ 질병관리청 성장 상태 측정 계산기

우리 아이는요!

몸무게가 벌써 2배!
▲ 생후 3개월 여아:
키 59.8cm, 몸무게 6.3kg

목욕도 놀이처럼~!
▲ 생후 3개월 남아:
키 63.6cm, 몸무게 7.0kg

❗ 발달이 빠른 아이는 100일 전에 뒤집기를 하기도 해요. 고개를 돌리고 한쪽 다리를 밀면서 뒤집기를 시도하지요. 뒤집기와 뒤집은 상태에서 다시 뒤집는 되집기를 자유로이 하는 건 5개월 이후입니다.

혀와 잇몸으로 물건을 탐색해요

손에 쥐어 주는 물건은 모두 입으로 가져가서 빨려고 합니다. 혀와 잇몸으로 물건을 탐색하는 것이지요. 치아 발육기와 아이가 빨아도 안전한 장난감을 준비하세요.

소리에 예민해지고 촉각이 발달해요

청각이 발달하면서 소리에 민감해집니다. 큰 소리에 깜짝 놀라거나 양육자의 목소리를 알아듣기도 합니다. 음악을 들려주면 집중해서 듣기도 하고요.
손바닥의 감각도 발달하는 시기이므로 미끌미끌, 폭신폭신, 까칠까칠한 느낌 등 다양한 촉각을 경험하게 해 주세요.

간단한 감정 표현을 시작해요

양육자처럼 자주 보는 사람의 얼굴을 알아보고 목소리를 기억하면서 미소를 짓기도 합니다. 또, 몸을 뒤척거리거나 고개를 돌리는 등 간단한 몸짓으로 좋고 싫은 감정을 표현하기 시작합니다.

나는 이만큼 자랐어요!

머리

머리와 상체를 들어 올려요.
엎드려 있는 상태에서 팔꿈치로 받치고 머리와 상체를 들어 올릴 수 있어요.

입

입으로 탐색해요.
손에 쥐어 주면 혀와 잇몸으로 물건을 탐색해요.

손

양손을 가운데로 모아요.

손

▶ 장난감을 주면 움켜쥘 수 있어요.

손가락
손가락을 펴고 있으며 활발히 움직여요. 손바닥의 감각이 발달해요.

표정

까르르!
기분이 좋으면 소리 내어 웃고 양육자의 얼굴을 알아보고 웃어요.

표정

으앙!
마음에 안 드는 일이 있으면 칭얼거리거나 울음을 터뜨려요.

다리
다리를 위로 들어 올렸다가 뒤꿈치로 바닥을 치기도 해요. 하반신을 비틀기도 해요.

발
발가락을 펴고 있고, 발을 탁탁 차기도 해요.

Ready! Set! Go!

- **치아 발육기**: 이가 나기 시작할 무렵에는 잇몸이 근질거려 아이는 무엇이든 씹으려 해요. 치아 발육기는 잇몸을 부드럽게 자극해요. 치아 발육기를 손으로 잡고 입으로 가져가며 시각과 소근육의 협응력을 기를 수도 있습니다.
- **오뚝이**: 아이가 잘 볼 수 있는 곳에 세워 두고 움직여 주세요. 오뚝이의 움직임을 보고 아이가 즐거워합니다.

▲ 〈아기 오리 뮤직 오뚝이〉, 블루래빗

Part 2 우리 아이의 성장과 돌봄 [2~4개월]
어떻게 먹일까? 어떻게 돌볼까?

🍼 잘 먹는 아이로 키우기
한 번에 먹는 양이 늘고 수유 간격이 일정해집니다

생후 2~3개월이 지나면 밤에 깨지 않고 자는 시간이 길어지고, 한 번에 먹는 수유량도 점차 늘어납니다. 밤중 수유를 하지 않은 채로 아이가 자면 굳이 깨워서 먹일 필요는 없습니다. 밤에 먹지 않고 자면 아이는 낮에 자연스럽게 많이 먹게 됩니다.

하루 모유 수유 횟수

월령	1일 수유 횟수	월령	1일 수유 횟수
생후 2~3개월	8~12회	생후 3~4개월	6~10회

모유 수유아·혼합 수유아 밤중 수유를 하지 않으면 엄마 가슴에 통증이 생길 수 있습니다. 유방 울혈 등으로 진행되지 않도록 가슴이 아프면 참지 말고 유축합니다. 모유량을 늘리기 위한 목적이 아니므로, 통증이 없어질 정도로만 유축하고 냉찜질을 합니다.

분유 수유아 생후 이 시기의 아이는 보통 하루에 800~1000mL 정도의 분유를 먹습니다. 하지만 권고 수유량보다 덜 먹더라도 아이가 만족하고 몸무게가 늘어난다면 더 먹이려 하지 않아도 됩니다. 단, 하루에 700mL 미만으로 먹는다면 의사와 상담하도록 합니다.

하루 적정 분유 수유량

월령	1회 수유량 (mL)	1일 수유 횟수(회)	1일 총 수유량 (mL)
생후 2~3개월	160	6	960
생후 3~4개월	200	5	1000

출처: 대한소아청소년과학회

생후 3~4개월 이후에는 밤중 수유를 서서히 줄여 갑니다

아이는 점차 낮과 밤을 구분하게 되는데, 생후 3~4개월 이후에는 밤중에 먹지 않고 5~6시간 이상 잘 수 있습니다. 서서히 밤중 수유를 줄이기 위해 자기 전에 충분히 먹이세요. 분유 수유아는 6개월, 모유 수유아는 9개월까지 밤중 수유를 끊도록 합니다.

잘 자는 아이로 키우기

낮잠을 포함하여 14~17시간 정도 재우는 것이 적당합니다. 부모와 분리 수면을 할 계획이 있다면 지금이 적기입니다. 생후 6개월 이후에는 분리 불안이 시작되기 때문에 분리 수면을 시작하는 것이 어렵습니다.

하루 적정 수면 시간

10시간 이하	11~13시간	14~17시간	18~19시간	20시간 이상
좀 더 재워야 해요.	적당히 자고 있어요. 졸려 보이면 1~2시간 더 재워요.	권장하는 수면 시간이에요.	적당히 자고 있어요. 아이가 안 자려 하면 좀 덜 재워도 돼요.	너무 많이 재우고 있어요.

건강한 아이로 키우기
침이 많아지면서 입 주위에 발진이 생길 수 있습니다

생후 3~4개월이 지나면 침 분비가 늘면서 입과 턱, 목 주변에 '침독'이라는 발진이 생기기 쉬워요. 침독은 접촉성 피부염이므로 턱받이를 둘러 주고 자주 갈아 주어 자극이 되는 요인을 최소화시켜야 합니다. 또, 침을 자주 닦아 주고 보습제를 발라 줍니다. 염증이 심해서 붓거나, 만질 때마다 아이가 아파하거나, 상처가 나서 피가 나면 병원에서 연고를 처방 받습니다.

아이가 울면 적극적으로 반응해 줍니다

아이는 울음을 통해 욕구를 표현하고 의사 표현을 합니다. 아이가 울면 수유 시간, 기저귀 상태를 확인하고 달래 주어야 합니다. 우는 아이를 오래 방치하면 대뇌의 순조로운 발달에 좋지 않습니다. 아이가 울 때 적극 대처하여 안정감을 느낄 수 있게 해 주세요.

이 시기에 필요한 접종 및 검진

2개월
- 폐렴 구균 1차 접종: 1차 접종은 보호자가 백신 선택
- DTaP(디프테리아, 파상풍, 백일해) 백신, 폴리오(소아마비) 백신, b형 헤모필루스 인플루엔자 백신(Hib) 1차 접종
- 로타바이러스 1차 접종: 1차 접종은 주사가 아니라 먹는 백신(경구용 백신)으로, 반드시 생후 15주 전까지 마쳐야 합니다.
→ 이상은 보건소와 지정 의료 기관에서 무료 접종합니다.
  * 선택(고위험군): 수막 구균 백신 1차 접종

터미타임은 하루에 10~15분씩 3회 이상 합니다. 처음에는 양육자가 누워 있는 상태에서 가슴 위에 아이를 엎어 두고 시작하는 것이 좋습니다.

뒤집기는 아이가 근육을 쓰고 몸을 움직이는 연습을 하는 경험이 될 뿐만 아니라, 놀이도 됩니다. 발달이 빠른 아이는 백일 무렵에 뒤집기를 시작하는데, 마치 놀이를 하듯 계속 뒤집기를 시도합니다. 이때 아이의 뜻대로 되지 않을 때는 양육자가 도움을 주어도 괜찮습니다.

잘 노는 아이로 키우기

'터미타임'과 뒤집기로 힘도 기르고 놀이도 합니다

생후 3~4개월이 되어 목을 가누게 되면 아이가 깨어 있을 때 엎드린 자세로 놀게 하는 '터미타임'이 가능해요. 터미타임은 상체 근육의 힘을 길러 주며, 배앓이 방지, 시각 발달에 도움을 주고, 머리 모양 변형을 예방합니다.

❗ 터미타임(tummy time)은 'tummy(배)+time(시간)'의 합성어로, 아이가 배로 엎드려 있는 시간이라는 뜻입니다.

그림책을 읽어 주고 노래를 들려줍니다

생후 3~4개월이 되면 아이는 알록달록한 색상을 잘 볼 수 있으므로 그림책이나 딸랑이 등의 장난감은 선명한 색깔로 고르도록 합니다.

▲ 〈야옹야옹! 고양이〉, 블루래빗

▲ 터미타임 스탠드북 〈친구야, 뭐 해?〉, 블루래빗

동영상 같은 디지털 미디어는 보여 주지 않는 것이 바람직합니다. 또한 집 안에 하루 종일 텔레비전이나 라디오를 틀어 놓는 것은 아이의 청각 발달에 방해가 될 수 있습니다. 그보다는 양육자가 그림책을 읽어 주거나 노래를 불러 주는 등 목소리를 들려주세요.

Part 2 우리 아이의 성장과 돌봄

4~5개월 무엇이든 입으로 탐색!

대부분의 아이가 목을 가눌 수 있고, 자유롭게 머리를 움직입니다. 아이를 안고 서서 다른 시야를 경험하게 해 주면 좋아요. 보이는 것뿐만 아니라 들리는 모든 소리에도 흥미를 갖게 되는 시기입니다.

목 가누기가 완성되고 상체를 든 자세를 유지해요

팔이나 가슴에 조금씩 근육이 붙으면서 엎드려 눕힌 상태에서 상체를 들어 유지할 수 있게 됩니다. 목 가누기가 완성되어 시야가 넓어지면서 손을 사용해 흥미 있는 물건을 잡습니다. 이전에는 건네주는 장난감만 쥐었지만, 이제는 스스로 손을 뻗어 쥐거나 입으로 가져와 핥기도 합니다. 아이가 목을 잘 가눌 수 있으니 업고 돌보는 것이 가능해집니다.

성장 기준표

개월 수	남아		여아	
	키(cm)	몸무게(kg)	키(cm)	몸무게(kg)
4개월	60.0~67.3	5.8~8.4	58.0~65.7	5.2~7.9
5개월	61.9~69.4	6.2~9.0	59.9~67.7	5.6~8.4

출처: 질병관리청 2017 소아 청소년 성장도표
▶ 질병관리청 성장 상태 측정 계산기

우리 아이는요!

머리 들어 올리기 성공~!

▲ 생후 4개월 여아:
키 62.2cm, 몸무게 6.8kg

토끼 귀도 당겨 보고, 침도 닦자!

▲ 생후 4개월 남아:
키 64.1cm, 몸무게 7.6kg

다리와 허리의 힘도 강해져서 허리를 비틀거나 다리를 교차할 수 있고, 두 발을 모아서 들어 올릴 수 있습니다. 누워 있는 상태에서 뒤집기를 할 수 있습니다.

걱정은 No! No!

아이가 몸을 뒤집으려면 허리를 비트는 반동으로 상체를 돌려야 합니다. 타이밍에 맞게 몸의 여러 부위를 연결하여 움직여야 하는 고난도의 동작이지요. 아이들은 대개 생후 4~5개월 무렵에 뒤집기를 하게 되는데, 기질이 순하고 움직이기 싫어하는 아이나 과체중인 아이는 조금 늦을 수도 있습니다. 스스로 뒤집기는 못하더라도 목을 자유롭게 조절할 수 있고, 엎어 놓았을 때 상체를 세워 앞쪽을 바라볼 수 있다면 생후 7개월까지는 기다려 보세요.

오감이 발달하고 지적 호기심이 많아져요

시야가 넓어지고 물건을 쥘 수 있게 된 아이는 다양한 사물을 보며 즐거워하고, 일상생활의 소리에도 관심을 갖습니다. 사물을 만지고 핥으면서 오감이 발달하고 지적 호기심도 많아져요. 옹알이를 시작하고, 입술을 모아 "아푸푸" 하며 부는 시늉을 합니다. 모음뿐 아니라 입술을 사용하는 '부, 바, 파' 같은 자음 소리를 내게 될 것이지요.

감정과 표정이 풍부해져요

불쾌함, 배고픔 같은 단순한 기분뿐 아니라, 불안, 기쁨, 슬픔, 무서움 같은 미묘한 감정도 표현할 수 있고, 얼굴 표정도 풍부해집니다. 까르르 웃기도 하고, 마음에 들지 않으면 울거나 다리를 탁탁 치며 짜증을 내기도 합니다.

나는 이만큼 자랐어요!

입

침을 잘 삼키지 못해서 질질 흘려요.

제법 다양한 소리로 옹알이를 하고, 침을 많이 흘리기 시작해요.

손

손에 쥔 것을 얼굴 가까이 가져가서 빨거나 바라보면서 확인해요. 물건을 손가락 끝으로 쥐지는 못하고 손바닥 전체로 쥐어요.

팔

팔을 뻗을 수 있어요.

팔을 뻗어 앞에 있는 물건을 잡을 수 있어요.

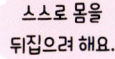
스스로 몸을 뒤집으려 해요.

엎드린 자세에서 바로 누운 자세로 뒤집기를 시작해요.

완전하지 않지만 누워 있는 상태에서 뒤집기를 할 수 있어요. 스스로 뒤집기를 자주 시도해요.

다리

겨드랑이를 잡고 세워 놓으면 다리에 힘을 주며 발바닥으로 바닥을 딛고 서 있으려고 해요.

몸통 **몸통**

상체를 90°까지 들어요.

엎드린 자세에서 손이나 손목으로 몸을 지탱하며 상체를 90°까지 들 수 있어요.

Ready! Set! Go!

- 촉감 놀이책: 만지면 바스락거리는 소리가 나며 다양한 감촉을 느낄 수 있는 헝겊책으로 오감을 발달시킵니다. 보고 만지고 깨무는 감각 자극을 통해 두뇌 발달에 도움이 됩니다.

▲ 〈안녕! 내 친구 코야〉, 블루래빗

Part 2 우리 아이의 성장과 돌봄

5~6개월 뒤집기에 능숙해져요

몸무게의 증가 속도는 주춤해지고, 아이의 움직임은 활발해집니다. 물건을 잡으려다가 몸이 뒤집어지면서 우연히 뒤집기를 하게 되는 아이도 있답니다. 몸을 움직이며 새로운 모험을 시작하는 시기입니다.

뒤집기에 능숙해지고 무릎 위에 앉을 수 있어요

성장 속도가 주춤해지는 시기로, 신생아 때보다 더디게 자라요. 양육자의 무릎 위에 앉거나 뒤에서 받쳐 주면 앉을 수 있어요. 운동 능력이 발달하여, 뒤집은 상태에서 다시 뒤집을 수 있습니다. 바로 누운 상태에서 엎드려 눕거나, 엎드려 누웠다가 바로 눕게 되면 뒤집기 완성!

❗ 뒤집기(똑바로 ➡ 엎드림)와 되집기(엎드림 ➡ 똑바로) 중에 대개 뒤집기를 먼저 하지만 되집기를 먼저 하기도 해요.

성장 기준표

개월 수	남아		여아	
	키(cm)	몸무게(kg)	키(cm)	몸무게(kg)
5개월	61.9~69.4	6.2~9.0	59.9~67.7	5.6~8.4
6개월	63.6~71.1	6.6~9.5	61.5~69.5	6.0~8.9

출처: 질병관리청 2017 소아 청소년 성장도표
▶ 질병관리청 성장 상태 측정 계산기

우리 아이는요!

장난감, 놓치지 않을 거예요.

▲ 생후 5개월 여아:
키 63.0cm, 몸무게 7.2kg

내 발 여기 있네!

▲ 생후 5개월 남아:
키 66.0cm, 몸무게 7.9kg

발에 관심이 많아져서 발을 잡고 놀아요

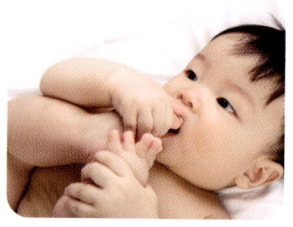

손에 두었던 관심이 발로 옮겨집니다. 손으로 발을 잡고 흔들흔들 놀거나, 몸통 쪽으로 발을 끌어당겨 발가락을 빨기도 합니다. 손을 더욱 활발히 움직이며 물건을 꽉 쥐고 놓지 않을 정도로 쥐는 힘이 강해집니다.

양육자와 노는 것을 좋아해요

옹알거리는 아이 소리를 양육자가 흉내 내면, 아이는 그 소리를 듣고 다시 흉내 내기도 합니다. 친숙한 사람에게는 방긋 웃고 낯선 사람을 보면 불안한 표정을 지어요. 양육자와 함께 노는 것을 좋아하고, 단순한 까꿍 놀이를 할 수 있어요.

안전은 Yes! Yes! 낙상 사고에 유의해요

대근육이 급속하게 발달하고 뒤집기가 능숙해지면서 아이의 행동 반경도 넓어집니다. 잠깐 한눈을 파는 새, 아이가 침대나 의자에서 떨어지는 사고가 자주 일어나는 시기입니다. 아직은 몸에 비해 머리가 커서 무게 중심이 위쪽에 쏠려 있기 때문에 낙상하면 머리가 먼저 떨어지면서 큰 부상으로 이어질 수 있습니다. 침대의 안전 가드를 항상 올리고 유아차, 의자 등에 앉힐 때는 반드시 아이 몸을 고정해 주세요.

나는 이만큼 자랐어요!

손
쥐는 힘이 강해져서 작은 물건을 손으로 꽉 쥘 수 있어요.

허리 / 받쳐 주면 앉아요.
양육자의 무릎 위에 앉을 수 있고, 뒤에서 받쳐 주면 앉을 수 있어요.

허리
범보 의자에도 잘 앉아요.

발
손으로 발을 잡고 다리를 흔들거리거나 발을 몸통 쪽으로 끌어당겨요. 관심이 손에서 발로 옮겨 갔어요.

발
두 발을 자주 비벼요.

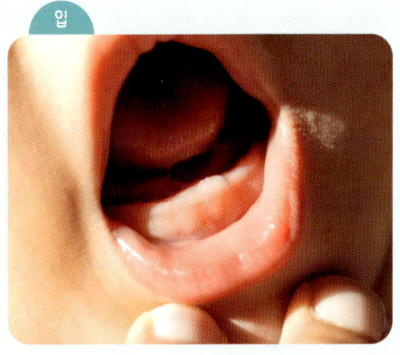

입
빠른 아이는 유치가 나기 시작하고 혀를 날름거리기도 해요.

뒤집었다, 되집었다 할 수 있어요.
뒤집어 있는 상태에서 다시 몸을 똑바로 할 수 있어요.

Ready! Set! Go!

- **범보 의자**: 생후 3~4개월 무렵부터 범보 의자에 앉히는 경우도 있지만, 아이 스스로 목을 가눌 수 있고 몸을 지탱할 수 있는 생후 5~6개월 정도에 앉히는 게 가장 좋습니다.

- **감각 발달 장난감**: 아이의 감각을 자극하고 소근육 발달 및 조작력 발달에 도움이 되는 장난감을 준비합니다. 말랑해서 떨어뜨려도 다칠 염려가 없는 재질로, 소리가 나는 것이면 더욱 좋습니다.

〈손감각 발달 토이〉, 블루래빗 ▶

Part 2 우리 아이의 성장과 돌봄 | 4~6개월

어떻게 먹일까? 어떻게 돌볼까?

🍼 잘 먹는 아이로 키우기

수유 시간은 짧아지며 빠는 힘이 세어집니다

모유 수유아 생후 4~5개월 이후 아기는 빠는 힘이 강해져서 짧은 시간 동안 많이 먹을 수 있어요. 수유 시간이 짧아지지만, 주변 사물에 관심이 많아진 아이는 수유 중에 다소 산만한 모습을 보이기도 합니다. 유치가 빨리 나는 아이도 있는데 엄마 젖을 깨물어 상처가 날 수 있어요.

하루 모유 수유 횟수

월령	1일 수유 횟수
생후 4~5개월	6~10회

혼합 수유아·분유 수유아 아이가 한 번에 먹을 수 있는 양이 늘면서 수유 시간은 짧아지게 됩니다. 수유하고 난 뒤 아이가 빈 젖병을 계속 빨고 싶어 하면 분유를 조금 더 줍니다. 대신 수유 간격을 늘려서 총 수유량은 늘지 않도록 조절해야 합니다.

하루 적정 분유 수유량

월령	1회 수유량 (mL)	1일 수유 횟수	1일 총 수유량 (mL)
생후 4~5개월	180~240	4~5	800~1000

어른 음식에 관심을 보입니다

아이가 침을 많이 흘리며 어른이 먹는 음식에 관심을 보인다면 이유식을 시작할 수 있는 시기가 다가온다는 신호입니다. 하지만 6개월에 시작하는 것을 권장합니다.

뒤집기를 하면 먹은 것을 토할 수 있습니다

아이가 뒤집기를 하는 시기에는 먹은 것을 게워 내는 일이 많아요. 뒤집기를 할 때 배가 눌리거나 활동량이 많아지면서 소화되지 않은 모유나 분유를 토하는 것입니다. 나중에 앉아서 놀게 되면 좋아지니 걱정하지 마세요.

💤 잘 자는 아이로 키우기

생후 4~5개월 이후에는 권장 수면 시간이 조금 줄어서, 낮잠을 포함하여 12~15시간 정도 재우는 것이 적당합니다.

하루 적정 수면 시간

9시간 이하	10~11시간	12~15시간	16~18시간	19시간 이상
좀 더 재워야 해요.	적당히 자고 있어요. 졸려 보이면 1~2시간 더 재워요.	권장하는 수면 시간이에요.	적당히 자고 있어요. 아이가 안 자려 하면 좀 덜 재워도 돼요.	너무 많이 재우고 있어요.

밤중에 6~7시간 이상 먹지 않고 잘 수 있게 됩니다

아이가 밤에 먹지 않고 자는 시간이 점차 늘어나요. 생후 4~5개월이 지나면 6~7시간, 5~6개월이 지나면 7~8시간 정도를 먹지 않고 잘 수 있어요. 생후 6개월이 지나면 한 번에 먹는 수유량도 늘고 이유식을 시작하므로 자연스럽게 아침까지 쭉 자게 되는 것이지요. 곧 분리 불안이 시작되니 늦어도 5~6개월에는 수면 훈련을 시작해야 합니다.

> **육아 상식**
>
> **분리 불안**
>
> 아이가 주 양육자와 떨어지기 싫어하거나 떠나지 못하게 붙잡는 것, 떨어졌을 때 불안한 모습을 보이는 것을 말해요. 보통 6~7개월 이후에 시작되고 2~3세에 심해졌다가 점차 안정됩니다. 자연스러운 애착 행동입니다.

건강한 아이로 키우기

눈 건강을 확인하고 면역력 저하에 신경 씁니다

아이가 태내에서 엄마에게서 받은 항체는 생후 5개월경이면 떨어져서 면역력이 저하되기 시작합니다. 바깥 출입이 늘면서 가족이 아닌 사람과 만나는 경우가 많아지니 감염증에 걸릴 위험이 높아집니다. 예방 접종과 위생 관리에 신경 써 주세요.

생후 4~5개월 이후에도 아이가 눈의 초점이 맞지 않거나 눈을 치켜뜨면서 노려본다면 안과 검진을 받아야 합니다.

이 시기에 필요한 접종 및 검진

4개월
- 폐렴 구균 2차 접종
- DTaP(디프테리아, 파상풍, 백일해) 백신, 폴리오(소아마비) 백신, b형 헤모필루스 인플루엔자 백신(Hib) 2차 접종
- 로타바이러스 2차 접종(1차와 같은 제조사 백신)
- 이상은 보건소와 지정 의료 기관에서 무료 접종합니다.
- 선택(고위험군): 수막 구균 백신 2차 접종(1차와 같은 제조사 백신)

4~6개월: 2차 영유아 건강 검진(nhis.or.kr 참조)

 ## 잘 노는 아이로 키우기

거울을 활용하여 거울 놀이를 합니다

생후 5~6개월 무렵의 아이는 거울 속에 비친 양육자의 모습을 유심히 보다가 점차 거울 속에 비친 자신의 모습을 신기하게 바라봅니다. 거울을 만지거나 손을 뻗기도 하지요. 아이와 함께 거울을 보며 서로의 표정이나 행동을 관찰하고 따라 하며 놀아 주세요.

까꿍 놀이로 분리 불안을 예방할 수 있습니다

까꿍 놀이는 돌 전의 아이도 즐겁게 놀 수 있는 사회적 감각 놀이입니다. 아이의 성장에 따라 다양하게 변형이 가능하여 신체 놀이로도 활용할 수 있습니다. 까꿍 놀이를 통해서 아이는 차츰 양육자와 떨어지는 연습을 시작할 수 있기 때문에 분리 불안의 예방에도 도움이 됩니다. 수건 등으로 얼굴을 가리고 "엄마(아빠) 없네!"라고 외치다가 "엄마(아빠) 여기 있네!"라며 다시 얼굴을 보여 주는 단순한 놀이부터 시작합니다.

아이와 눈을 맞추며 몸으로 놀아 줍니다

아이와 놀아 줄 때는 아이의 눈높이에 맞게 엎드리거나 바닥에 함께 앉아서 놀아 주세요. 이때 양육자가 아이의 옹알이나 웃음소리를 따라 하는 등의 리액션은 애착 형성에 도움이 됩니다. 생후 5~6개월 무렵의 아이는 비행기 태우기나 그네 타기와 같은 신체 놀이를 즐겁게 할 수 있습니다. 아이의 움직임에 맞춰 리듬감 있는 소리를 내면 아이가 즐거워할 것입니다.

Part 2 우리 아이의 성장과 돌봄
6~7개월 잠깐 혼자 앉을 수 있어요

몸을 뒤집으며 이동할 수 있게 된 아이는 더욱 새로운 것에 도전합니다. 누워만 있을 때보다 관심을 끄는 사물들이 더 많이 보이니 하고 싶은 것이 많아지거든요. 원하는 물건이 있는 곳까지 가려고 낑낑대며 애쓰는 모습이 귀엽고 기특합니다.

혼자 앉기와 배밀이를 시도해요

뒤집기에 성공한 아이는 혼자 앉기와 배밀이에 도전합니다. 허리 힘이 강해져서 바닥에 앉혀 주면 옆으로 쓰러지기도 하지만 잠깐 혼자 앉을 수 있어요. 또 배밀이를 시도하지만 대부분은 제자리에서 빙글빙글 돌기만 하지요. 누워 있을 때보다 흥미로운 것이 많이 보여서 손을 뻗어 멀리 있는 것을 잡으려 합니다. 눈과 손의 협응이 가능해져 물건을 한 손에서 다른 손으로 옮길 수 있습니다.

성장 기준표

개월 수	남아		여아	
	키(cm)	몸무게(kg)	키(cm)	몸무게(kg)
6개월	63.6~71.1	6.6~9.5	61.5~69.5	6.0~8.9
7개월	65.1~72.7	6.9~9.9	62.9~71.5	6.3~9.4

출처: 질병관리청 2017 소아 청소년 성장도표
▶ 질병관리청 성장 상태 측정 계산기

우리 아이는요!

배밀이로 도착!

▲ 생후 6개월 여아:
키 64.1cm, 몸무게 7.7kg

혼자 앉기 성공!

▲ 생후 6개월 남아:
키 67.0cm, 몸무게 8.2kg

청각과 미각이 더욱 발달해요

청각이 발달하면서 작은 소리도 잘 들을 수 있으며, 다양한 소리를 구별해서 듣게 됩니다. 텔레비전이나 태블릿 등에서 소리가 나면 쳐다보거나 그쪽으로 다가가

기도 합니다. 이유식을 시작하게 되면 미각이 더욱 발달합니다. 유치가 나는 아이는 입술을 빨고 침도 많이 흘려 발진이 나기 쉬우니 침을 자주 닦아 주세요.

낯가림이 시작돼요

뇌가 발달하고 기억력이 생기면서 양육자처럼 낯익은 사람과 낯선 사람을 구별하는 낯가림이 시작됩니다. 분리 불안을 겪는 아이도 있지요. 원하는 물건이 손에 닿지 않으면 짜증을 부리는 등 점차 생리적 욕구가 아닌 정서적 욕구로 인해 우는 경우가 많아져요. 이럴 때에는 아이의 요구를 들어주는 게 좋습니다.

안전은 Yes! Yes! 베이비 가드를 설치해요

기기나 일어서기 등의 발달은 월령 폭이 넓고 개인차가 큰 편입니다. 배밀이를 시작하고 얼마 지나지 않아 네 발로 기어다니기 시작하는 아이도 있습니다. 발달이 빠르게 진행되어 여기저기 다니는 아이를 위한 안전 대책이 필요한 시기입니다. 거실과 현관문 사이, 거실과 부엌의 경계선에 베이비 가드(아기 울타리)를 설치할 것을 권합니다.

나는 이만큼 자랐어요!

손
양손으로 잡아요.

손을 자유롭게 쓰게 되고, 양손으로 물건을 잡을 수 있어요.

손

손을 뻗어 멀리 있는 장난감을 잡을 수 있어요.

허리, 팔
매달려 있는 물건을 잡아요.

유아용 의자에 앉을 수 있어요. 매달려 있는 물체를 잡을 수도 있지요.

팔과 다리의 힘을 이용하여 배밀이를 시도해요.

배밀이를 시도하지만 앞으로 나아가지 못하고 제자리에서 빙글빙글 돌아요.

표정

낯을 가리기 시작해서 낯선 사람을 보면 어색한 표정을 지어요.

두 손으로 바닥을 짚고 몸을 지탱한 채 혼자 앉아 있을 수 있어요.

입

◀ 아랫니가 나는 아이는 입술을 빨기도 하고 침을 많이 흘려요. (대개 7개월 경 아랫니가 2개 나요.)

Ready! Set! Go!

사운드 토이 및 사운드북: 재미있는 흉내말이나 동요, 다양한 동물의 울음소리 등을 들려주어 아이의 청각 발달과 언어 발달에 도움을 줄 수 있습니다.

▲ 〈쪽쪽 사운드북〉, 블루래빗

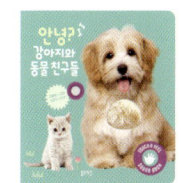

▲ 〈안녕? 강아지와 동물 친구들〉, 블루래빗

Part 2 우리 아이의 성장과 돌봄 [6~7개월]
어떻게 먹일까? 어떻게 돌볼까?

🍼 잘 먹는 아이로 키우기

이유식을 시작해도 수유는 충분히 해야 합니다

이유식을 시작하는 첫 달에는 수유량을 줄일 필요는 없습니다. 아직은 음식을 제대로 삼키지 못할 수 있지만, 새로운 음식을 경험하는 데 의미를 둡니다. 이유식은 오전에 주는 것이 낫지만, 아이의 상태에 따라 오후에 주어도 됩니다. 음식에 대한 이상 반응을 보이면 병원에 가야 하는 경우를 대비하여 오전을 추천하는 것입니다. 수유하기 30~40분 전에 아이의 컨디션이 좋을 때 이유식을 주고, 생후 9개월까지는 이유식과 수유를 붙여서 합니다.

하루 적정 수유량

	수유량 및 이유식 양
모유 수유아	모유 6~8회 + 이유식 80~90g 1회 (이유식 시작 전과 수유량이 동일합니다.)
분유 수유아	하루 800~900mL + 이유식 80~90g 1회

초기 이유식은 처음에 한두 숟가락부터 시작하여 서서히 양을 늘려 나갑니다. 생후 7개월 무렵이면 80~90g까지 늘리면 됩니다. 80~90g씩 1회를 주는 대신 30g씩 3회를 주어도 됩니다.

수유량을 늘리기 위해 이유식을 중단하면 안 됩니다

아이가 이유식을 시작하면서 모유나 분유를 덜 먹는 경우, 수유량을 늘리려고 이유식을 중단하면 안 됩니다. 이유식은 원래대로 먹이고 부족한 수유량은 분유가 함유된 간식이나 아기 치즈, 아기 요구르트 같은 유제품으로 대체해 주세요.

다양한 맛과 질감을 경험하게 해 줍니다

생후 6~7개월 이후에는 분유나 모유만으로 필요한 영양소를 채울 수 없기 때문에 단백질과 철분이 풍부한 이유식으로 이를 보충하는 것입니다. 또한 다양한 식재료의 맛과 질감을 경험하게 함으로써 성장과 두뇌 발달을 돕고 유아기의 편식도 예방할 수 있습니다.

앙! 양배추 죽은 싫어요.

😴 잘 자는 아이로 키우기

낮잠을 포함하여 12~15시간 정도 재우며, 최소 10시간 이상 재우도록 합니다.

하루 적정 수면 시간

9시간 이하	10~11시간	12~15시간	16~18시간	19시간 이상
좀 더 재워야 해요.	적당히 자고 있어요, 졸려 보이면 1~2시간 더 재워요.	권장하는 수면 시간이에요.	적당히 자고 있어요, 아이가 안 자려 하면 좀 덜 재워도 돼요.	너무 많이 재우고 있어요.

일시적으로 잠투정이 심해질 수 있습니다

생후 6~7개월 무렵이면 이가 나기 시작하고 낯가림이 시작되기도 합니다. 밤에 잘 자던 아이가 밤중에 깨서 우는 등 잠투정이 심해지기도 하지요. 아이가 밤중에 깨서 우는 원인은 밝혀지지 않았지만, 아이의 체내 시계가 하루 24시간 주기와 맞지 않기 때문이라고도 하고, 낮 동안의 기억이 밤에도 남아 있기 때문이라고도 합니다. 일시적인 현상이니 걱정하지 말고 수면 훈련은 그대로 진행하세요.

건강한 아이로 키우기
이가 나는 시기는 개인차가 큽니다
유치는 각 위치에 따라 나는 순서와 시기가 정해져 있지만, 이가 나는 시기는 개인차가 큽니다. 100일이 넘어서 이가 나기 시작하는 아이도 있고, 돌이 될 때까지 이가 하나도 나지 않는 아이도 있는데, 모두 정상입니다.

하지만 이가 너무 늦게 난다면 진료가 필요합니다. 만약 돌이 지났는데 아랫니도 나오지 않거나 한쪽 이는 나왔는데 반대편 이가 6개월 넘게 나오지 않으면 소아 치과의 진료를 받도록 합니다.

평균적으로 이가 나는 순서와 시기

앞니 생후 6~12개월경

제1 어금니 생후 14~18개월경

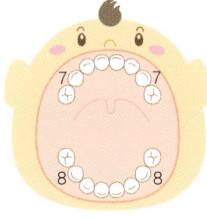
송곳니 생후 17~23개월경

제2 어금니 생후 23~31개월경

유치가 빠질 때는 먼저 나온 순서인 앞니, 어금니, 송곳니의 순으로 빠집니다. 6~7세 무렵, 영구치가 나올 때까지 충치가 생기지 않도록 잘 관리해 주세요. 유치의 충치를 치료하지 않으면 충치에 생긴 세균이나 고름이 잇몸 속으로 들어가 영구치에 영향을 줄 수 있습니다.

잘 노는 아이로 키우기
반복되는 놀이를 통해 신체 발달을 돕습니다
아이의 겨드랑이 사이에 손을 넣고 들어 올렸다가 내렸다를 반복하며 놀아 주면 아이가 즐거워합니다. 이때 아이는 다리에 힘을 주며 바닥을 디디려 하기 때문에 다리 근육이 길러집니다. 다리 힘이 더욱 세지면 아이는 자리에서 폴짝폴짝 뛰어오르기도 합니다. 이 놀이는 신체 발달을 도울 뿐만 아니라 스킨십을 통한 애착 형성에도 도움이 됩니다.

손이 닿는 위치에 장난감을 두어 아이가 잡게 합니다
아이가 잘 볼 수 있는 곳에 좋아하는 장난감을 두고, 아이 스스로 몸을 움직이며 다가가도록 해 주세요. 손을 뻗거나 몸을 뒤집으며 다가가는 아이도 있고, 발달이 빠른 아이는 배밀이를 하며 다가갈 것입니다. 움직이는 장난감이나 굴러가는 공을 활용하면 더욱 효과적입니다.

이 시기에 필요한 접종 및 검진
- ✓ 폐렴 구균 3차 접종
- ✓ DTaP(디프테리아, 파상풍, 백일해) 백신, 폴리오(소아마비) 백신, b형 헤모필루스 인플루엔자 백신(Hib) 3차 접종
- ✓ 로타바이러스 3차 접종(1, 2차와 같은 제조사 백신)
- ✓ B형 간염 3차 접종
- → 이상은 보건소와 지정 의료 기관에서 무료 접종합니다.
- ✓ 인플루엔자(독감) 1차 접종: 독감 접종 기간 확인 후 시행
- * 선택(고위험군): 수막 구균 백신 3차 접종(1, 2차와 같은 제조사 백신)

Part 2 우리 아이의 성장과 돌봄
발달 단계별 놀이의 변화

아이들은 놀이를 통해 상징을 이해하고 발달시키는데, 발달 단계에 따라 놀이 방법에 차이가 있습니다. 아이들의 사회적 놀이는 인지 능력과 깊은 관련이 있기 때문에 아이가 소꿉놀이, 병원놀이를 하며 놀 수 있는 시기가 있는 것이지요. 발달 단계에 따른 놀이는 영유아기의 감각 운동 놀이, 걸음마기의 기능적 놀이, 학령 전기의 상징 놀이로 나눌 수 있습니다.

영유아기 →	걸음마기 →	학령 전기 →
감각 운동 놀이	**기능적 놀이**	**상징 놀이**
딸랑이 흔들기, 손 뻗어 장난감 만지기 등	블록 놀이, 공 굴리기, 놀이기구 타기, 스티커 붙이기 등	병원놀이, 엄마(아빠) 흉내 내기 등

감각 운동 놀이

영유아기는 시각, 청각, 운동 감각이 급격히 발달하는 시기입니다. 누워만 있던 신생아 시기에는 주로 눈으로 탐색하다가 운동 능력이 발달함에 따라 손으로 만지고 입으로 빨면서 탐색을 하게 됩니다.

생후 6개월 이후 혼자서 앉을 수 있게 된 아이는 손이 자유로워지면서 양손을 활용하면서 놉니다. 딸랑이를 흔들어 소리를 내거나, 손을 뻗어 장난감을 만지며 놀지요.

기능적 놀이

걷고 뛸 수 있으며 손이 자유로워진 아이는 사물을 탐색하며 만지면서 놀고, 모든 것을 숙지하고 숙달하려는 욕망이 생깁니다. 기능적 놀이는 장난감이나 물건을 원래의 의도된 기능대로 아이가 가지고 노는 것을 말합니다. 예를 들어 블록은 쌓고, 공은 굴리며 노는 기능을 가진 놀잇감입니다. 이런 놀잇감을 가지고 놀면서 아이는 사물의 사용법과 조작법을 익히고 숙달해 나갑니다. 기능적 놀이는 세상이 돌아가는 원리와 이치를 깨닫는 데 도움이 되는 놀이 형태입니다.

아이들은 걸음마 시기가 되면 블록 쌓기를 활발하게 하는데 처음에는 무너뜨리는 재미에 빠지다가 점차 차곡차곡 쌓는 것에 재미를 느낍니다. 즐기는 놀이의 형태에 변화가 생기는 것이지요.

이 시기에는 쫓고 쫓기는 잡기 놀이처럼 자신의 신체 능력을 활용하고 다른 사람과의 거리 조절을 하는 놀이도 즐깁니다. 신체가 발달하고, 어떤 대상이 눈앞에서 사라지거나 감춰져도 여전히 존재한다는 것을 인지하는 대상영속성이 발달하면서, 좀 더 업그레이드된 까꿍 놀이나 숨바꼭질 같은 놀이도 할 수 있게 됩니다.

운동 능력이 발달하면서 미끄럼틀 타기에 숙달된 아이는 미끄럼틀을 거꾸로 올라가거나 거꾸로 타고 내려오는 등의 행동을 하여 부모를 놀라게 합니다. 이는 미끄럼틀을 더 잘 타고 싶은 욕망에서 새로운 시도를 하는 것이라 할 수 있습니다.

상징 놀이

언어 능력, 사고력이 발달함에 따라 아이는 상상 놀이, 언어 놀이, 상징 놀이, 가상 놀이를 하며 노는데, 발달 단계에 따라 놀이 형태가 달라집니다.

돌 무렵에는 장난감 음식을 먹는 시늉을 하거나 인형에게 우유를 먹이고, 어른처럼 신문을 보는 등 자신이 보고 경험한 것을 단순 모방하면서 놉니다.

3~4세가 되면 상징 놀이가 고도화하여 신발이나 바나나를 들고 전화 받는 흉내를 내거나 박스 안에 들어가 비행기를 탄 것처럼 상상하며 놀 수 있습니다.

아이들에게는 역할과 기능이 정해져 있는 교구나 놀잇감보다는 다양하게 활용할 수 있는 일상의 물건이 상상력과 상징성을 더욱 풍부하게 해 줍니다. 놀잇감으로 소꿉놀이를 할 때보다 보자기를 옷처럼 두르고 놀 때 상상력과 창의성이 더욱 발휘된다고 합니다.

Part 2 우리 아이의 성장과 돌봄

Q&A

Q 생후 6개월까지는 감기에 걸리지 않나요?

A 아이가 엄마 뱃속에 있을 때 엄마에게 물려받은 면역력이 6개월까지 작용하기 때문에 생후 6개월까지는 감기에 걸리지 않는다는 말이 있습니다. 하지만 엄마의 항체 덕분에 비교적 덜 걸리는 것일뿐, 신생아도 감기에 걸릴 수 있습니다. 고열과 호흡곤란, 수유 감소가 있다면 의사의 진료가 필요합니다. 평소 사람이 많은 환경처럼 감염되기 쉬운 장소는 피하는 것이 좋고, 가족이 감기에 걸리면 반드시 마스크를 쓰도록 합니다.

Q 아이가 미숙아로 태어났는데 특별히 주의해야 할 점이 있을까요?

A 출산 예정일보다 3주 이상 전에 태어난 아기들은 신체의 기능을 완전히 갖추지 못한 채로 세상에 나왔기 때문에 합병증에 걸릴 수 있습니다. 특히 호흡기가 약한 경우가 많기 때문에 RS 바이러스(호흡기 세포 융합 바이러스)에 의한 모세 기관지염 등의 호흡기 질환에 걸리지 않도록 주의해야 합니다. 아이가 미숙아로 태어났다면 RS 바이러스에 의한 중증화 예방을 위하여 항체 접종을 받도록 합니다. 아이가 운동 능력 등에서 발달이 늦더라도 너무 걱정할 필요는 없습니다. 성장 과정에서 다른 아이들과 같아지게 되기 때문입니다.

Q 아이 눈이 몰려 보이는데 사시일까요?

A 사시는 주로 안구를 움직이는 근육인 외안근의 이상으로 발생하여 두눈이 정렬되지 않고, 서로 다른 지점을 바라보는 안과 질환입니다. 하지만 신생아는 사시처럼 보이지만 실제로는 사시가 아닌 '가성 사시'인 경우가 흔합니다. 보통 생후 3~4개월까지 간헐적으로 눈맞춤이 불안정하다가 증상이 자연스럽게 사라집니다. 4개월 이후에도 증상이 계속되고, 한쪽 눈만 치우침, 빛반사 비대칭, 머리 기울임 등이 동반된다면 의사의 진료가 필요합니다.

Q 이유식을 시작하기 전에 알레르기 검사를 미리 해야 할까요?

A 알레르기를 유발하는 달걀, 우유, 대두, 메밀, 견과류 등의 식품은 생후 6개월 이후부터 먹일 것을 권장합니다. 그런데 최근 연구 결과, 알레르기 가족력이 있거나 아토피 피부염이 있는 아이가 알레르기 유발 음식을 일찍 접했을 때 알레르기 발생 빈도가 줄었다고 합니다. 알레르기 유발 음식을 늦게 접할수록 오히려 알레르기 발생 확률이 높아진다는 뜻입니다. 따라서 가족 중에 음식 알레르기가 있다 해도 일부러 달걀노른자를 늦게 먹일 필요는 없습니다. 아이의 반응을 살피며 일반적인 시기에 먹이면 됩니다. 아직 면역 반응이 완성되지 않은 아이에게 이유식 시작 전에 미리 알레르기 검사를 실시할 필요는 없습니다.

Part 2 우리 아이의 성장과 돌봄

7~8개월 배밀이를 시작해요

이제 앉혀 놓으면 혼자서도 제법 잘 앉아 있습니다. 앉아서 더 멀리 볼 수 있게 되어 흥미로운 것들이 더 많이 보입니다. 궁금한 것이 많아진 아이가 이번에는 멀리 있는 물건을 잡기 위해 어떻게 다가갈까요?

혼자 앉을 수 있고, 기려는 시도를 해요

몸무게가 안정적으로 늘고 활동량이 증가하면서 날씬해지는 아이도 있어요. 허리를 펴고 혼자 잘 앉게 되면서 아이의 시야는 상하좌우로 확대됩니다. 멀리 있는 물건에 호기심이 생긴 아이는 물건을 잡기 위해 배밀이나 기기를 시도하지만, 아직은 다리를 끌며 팔의 힘으로 나아가요.

❗ 운동 능력 발달은 머리 근처에서 시작하여 허리·다리 등 아래쪽으로 내려오고, 팔·다리의 순서로 발달해요.

성장 기준표

개월 수	남아		여아	
	키(cm)	몸무게(kg)	키(cm)	몸무게(kg)
7개월	65.1~72.7	6.9~9.9	62.9~71.1	6.3~9.4
8개월	66.5~74.2	7.2~10.3	64.3~72.6	6.5~9.7

출처: 질병관리청 2017 소아 청소년 성장도표
▶ 질병관리청 성장 상태 측정 계산기

우리 아이는요!

허리를 펴고 혼자 앉아요.
▲ 생후 7개월 여아:
키 65.6cm, 몸무게 8.2kg

장난감을 가지고 놀려고 왔어요.
▲ 생후 7개월 남아:
키 69.8cm, 몸무게 8.7kg

손가락을 한층 더 자유롭게 써요

앉을 때 팔로 바닥을 짚고 몸을 지탱하지 않아도 되니 양손이 자유로워집니다. 이전에는 물건을 움켜잡았다면, 이제는 엄지손가락과 나머지 손가락으로 물건을 집어 올릴 수 있습니다. 양육자의 행동이나 물건에 관심을 갖게 되면서 리모컨이나 전화기를 만지며 놀고 싶어 합니다.

자아와 개성이 싹터요

자아가 싹트고 저마다의 개성이 나타나는 때입니다. 자신이 원하는 대로 되지 않으면 큰 소리로 우는 아이가 있는 반면, 온화한 면을 드러내는 아이도 있습니다.
이 시기에는 낯가림이 절정에 달합니다. 낯선 사람을 보면 울기도 하고 양육자가 눈앞에서 사라지면 울면서 찾기도 합니다.

걱정은 No! No!

생후 6개월 무렵에 시작되는 낯가림이 생후 7개월이 지나면서 한층 더 심해집니다. 낯선 사람을 보기만 해도 큰 소리로 울거나 불안한 표정을 짓고 양육자에게 매달리는 행동을 보입니다. 낯가림은 자연스러운 발달 과정이며, 양육자와의 애착이 제대로 형성되었다는 신호입니다. 눈앞에서 사라져도 다시 나타난다는 것을 알게 해 주는 까꿍 놀이가 낯가림을 줄이는 데 도움이 될 것입니다.

나는 이만큼 자랐어요!

몸통

엎드린 상태에서 손으로 바닥을 짚으며 상체를 일으키고 발바닥을 세워 몸을 들어 올려요.

팔

팔을 뻗어 조금 더 멀리 있는 물건을 잡으려고 해요. 배밀이로 기어가서 잡기도 해요.

다리

다리를 깡충거려요.

몸을 잡고 세워 주면 다리의 힘으로 지탱하고 서요. 다리를 세게 차거나 깡충거리지만 혼자 서지는 못해요.

네 발로 기기 시작해요.

네 발 기기 자세를 하고, 팔의 힘으로 다리를 질질 끌면서 기기 시작해요. 네 발 기기, 배밀이와 네 발 기기를 혼합한 다양한 자세로 앞으로 나아가요.

부르면 뒤를 돌아봐요.

앉혀 놓으면 허리를 바로 세울 수 있고 혼자서 잘 앉아 있어요. 부르면 뒤를 돌아볼 수 있어요.

거울 보는 것을 좋아해요.

눈

멀리 텔레비전이 켜져 있으면 관심을 가지고 고개를 돌려 바라볼 수 있어요.

손

손바닥을 사용하지 않고 엄지손가락과 네 손가락으로 물건을 잡을 수 있어요.

Ready! Set! Go!

- 안전 거울: 거울 보는 것을 좋아하는 아이를 위해 벽에 안전 거울을 붙이고, 거울 놀이를 하며 호기심을 자극합니다.

  ▲ 〈벽에 붙이는 안전 거울〉, 블루래빗

- 모양 맞추기 퍼즐: 단순한 모양을 제자리에 맞출 수 있는 퍼즐식 놀잇감으로 모양과 색깔을 인지할 수 있는 능력을 키울 수 있어요.

  ▲ 〈재있는 모양〉, 블루래빗

Part 2 우리 아이의 성장과 돌봄
8~9개월 기어다녀요

배밀이를 하던 아이가 드디어 기어다니게 됩니다. 아이는 멀리 떨어져 있는 물건을 잡거나 움직이는 사물을 잡기 위해 안간힘을 쓰지요. 아이의 행동반경이 넓어지니 안전에 더욱 신경 써야 합니다.

오른손과 왼발을 앞으로 내밀며 길 수 있어요

기기 시작하면서 운동량이 늘어남에 따라 몸무게가 느는 속도보다 키 크는 속도가 빨라지며 몸이 좀 더 단단해지는 느낌입니다. 아기보다 유아에 좀 더 가까워진다고 할까요? 배밀이를 하며 앞으로 나아가던 아이가 오른손과 왼발을 앞으로 내밀고 그다음에는 왼손과 오른발을 앞으로 내미는 동작을 합니다. 네 발 기기의 시작이지요. 이전에는 좌우의 손과 발이 동시에 움직였지만 이제는 좌우의 운동을 나누어 할 수 있게 된 것입니다.

성장 기준표

개월 수	남아		여아	
	키(cm)	몸무게(kg)	키(cm)	몸무게(kg)
8개월	66.5~74.2	7.2~10.3	64.3~72.6	6.5~9.7
9개월	67.7~75.7	7.4~10.6	65.6~74.1	6.8~10.1

출처: 질병관리청 2017 소아 청소년 성장도표
▶ 질병관리청 성장 상태 측정 계산기

우리 아이는요!

두 손에 물건 쥐기 성공!
▲ 생후 8개월 여아:
키 67.2cm, 몸무게 8.7kg

높이! 더 높이!
▲ 생후 8개월 남아:
키 71.8 cm, 몸무게 8.9kg

안정적으로 앉게 된 아이는 이전보다 더 높은 위치에서 보게 되면서 더 멀리 있는 물건을 잡으려고 기어가기 시작합니다. 또한 식탁 위나 양육자의 얼굴이 있는 곳처럼 더 높은 곳까지 가고 싶어 합니다.

양손으로 물건을 들 수 있어요

앉기에 익숙해지면서 손을 자유롭게 움직일 수 있습니다. 양손으로 컵이나 장난감을 쥘 수 있으며, 음식을 손으로 집어 먹기도 합니다. 두 손에 물건을 쥐고 노는 아이도 있지요. 손으로 사물을 탐색하며 환경과의 상호 작용이 활발해지는 시기입니다.

단기 기억이 발달하고 말귀를 알아듣게 돼요

애착 관계가 형성되어 양육자를 쫓아다닙니다. 낯가림이 절정에 이른 아이는 양육자가 옆에 없으면 불안해하고 안아 달라고 매달립니다.
눈앞에서 사라진 것을 찾는 놀이를 즐길 정도로 단기 기억이 발달합니다. 밥 먹자고 하면 식탁까지 기어갈 정도로 말귀를 조금씩 알아들어요.

> **안전은 Yes! Yes!** 바닥에 위험한 물건을 두지 마세요!
>
> 아이가 기기 시작하면 삼키기 쉬운 작은 물건이나 전기 주전자, 다리미 등의 가전제품을 바닥에 두지 않았는지 항상 주의를 기울여야 합니다. 아이가 굴러떨어질 만한 곳은 없는지, 아이 손이 서랍이나 출입문에 끼이지 않는지 살펴보고 늘 안전에 신경 써 주세요.

나는 이만큼 자랐어요!

입

입이나 혀를 능숙하게 사용할 수 있어요.
음식을 잇몸으로 잘게 으깨서 먹을 수 있어요.

양손으로 컵이나 장난감을 들 수 있어요. ▶

손

엄지손가락과 나머지 네 손가락의 일부분으로 물건을 잡을 수 있어요.

앉아 있을 때 몸통을 옆으로 돌릴 수 있어요.

몸통

멀리 있는 물건도 잡을 수 있어요.

멀리 떨어져 있는 물건을 잡기 위해 네 발 기기를 할 수 있어요.

다리

혼자 몸을 일으켜 앉아요.

엎드려 있다가 다리에 힘을 주면서 몸을 일으켜 앉을 수 있어요.

양손을 자유롭게 쓸 수 있어요.

한 손으로 몸을 지탱하면서 다른 손으로 장난감을 쥐는 동작도 할 수 있어요.

Ready! Set! Go!

- **손잡이 있는 원목 퍼즐**: 복잡하지 않은 단순한 도형 모양의 원목 퍼즐로 소근육 발달을 돕고 눈과 손의 협응력을 기를 수 있습니다.

- **물놀이 장난감**: 아이의 활동량이 많아지면서 목욕시키기가 힘들어질 때 목욕책이나 장난감을 가지고 놀게 하면 좋습니다. 손의 힘도 기르고 인지 발달에도 도움을 줄 수 있습니다.

▲ 〈동물 인형 목욕책 세트〉, 블루래빗

Part 2 우리 아이의 성장과 돌봄 (7~9개월)
어떻게 먹일까? 어떻게 돌볼까?

잘 먹는 아이로 키우기

부족한 수유량이나 이유식 양은 간식으로 보충합니다

7~8개월 아직은 1회 이유식 양이 적기 때문에 이유식과 수유를 이어서 합니다. 이유식을 먼저 먹인 뒤 30분~1시간 뒤에 수유를 하는 것이 좋습니다. 이유식을 시작하고 나서 수유량이 줄어들었다면, 이유식은 개월 수에 맞춰 진행하고 부족한 수유량은 분유가 함유된 빵이나 과자, 아기용 치즈나 요구르트 등으로 채워 주세요.

8~9개월 점차 이유식의 비중을 높여 갑니다. 총 수유량을 맞추거나 아이 몸무게×(140~160)mL와 같은 공식에 기계적으로 맞출 필요는 없습니다. 어느 날 아이가 이유식을 적게 먹었다면 다음에 이유식을 좀 더 먹이거나 이유식을 대체할 간식을 주세요. 오트밀, 감자, 고구마 같은 곡류 간식과 고기, 채소를 보충해 주면 좋습니다.

모유 수유아 하루 적정 수유량 및 식사량

월령	모유 수유 횟수	이유식	간식
생후 7~8개월	5~7회	80~150g 2회	1회(생략 가능)
생후 8~9개월	5~6회	100~150g 2~3회	1회(생략 가능)

분유 수유아 하루 적정 수유량 및 식사량

월령	분유 수유량	이유식	간식
생후 7~8개월	600~800mL	80~150g 2회	1회(생략 가능)
생후 8~9개월	600~700mL	100~150g 2~3회	1회(생략 가능)

음식에 관심이 생기는 아이를 위한 메뉴를 개발합니다

음식에 대한 관심과 욕구가 생기고, 과자나 음식을 손으로 집어 먹을 수 있게 되므로 다양한 메뉴와 핑거 푸드를 준비합니다. 늦어도 생후 8개월에는 핑거 푸드를 스스로 잡고 먹게 하세요. 숟가락 쥐는 연습도 시작해야 합니다.

음식의 맛, 질감, 냄새를 탐색하며 감각을 자극합니다

핑거 푸드는 자른 식빵, 채소 스틱, 치즈 등을 아이가 손에 쥐고 먹을 만한 크기로 준비해서 줍니다. 아이는 핑거 푸드를 먹으며 음식의 질감, 색감, 냄새, 맛을 탐색하고 다양한 감각 자극을 경험합니다.

이유식은 되도록 정해진 시간에 맞춰서 먹입니다

한 끼에 먹는 양이 많지 않더라도 하루 두세 끼를 정해진 시간에 맞춰서 먹입니다. '7개월에는 7배 죽, 8개월에는 5배 죽'과 같이 기계적으로 질감을 맞추지 말고, 아이가 잘 먹으면 질감을 높여도 됩니다.

▶ 한우, 표고버섯, 아욱, 우엉, 애호박, 보리쌀죽으로 구성한 8개월 이유식

잘 자는 아이로 키우기

낮잠을 포함하여 12~15시간 정도 재우며, 최소 10시간 이상 재우도록 합니다.

하루 적정 수면 시간

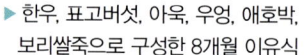

9시간 이하	10~11시간	12~15시간	16~18시간	19시간 이상
좀 더 재워야 해요.	적당히 자고 있어요, 졸려 보이면 1~2시간 더 재워요.	권장하는 수면 시간이에요.	적당히 자고 있어요, 아이가 안 자려 하면 좀 덜 재워도 돼요.	너무 많이 재우고 있어요.

밤에 우는 습관이 지속되는 아이도 있습니다

아이가 한밤중에 자다가 깨서 계속 울면 당황스럽습니다. 배가 고픈지, 목이 마른지, 기저귀가 젖었는지 확인해도 문제가 없으면 아파서 우는 것인지 불안해지지요. 하지만 양육자가 쩔쩔 매는 사이에 아이는 스르르 잠이 들곤 합니다. 자다가 깨서 우는 아이의 의식은 사실 자는 것과 거의 마찬가지라고 합니다. 이때는 확실하게 잠을 깨워서 울음을 그치게 하거나 잠깐 바람을 쐬게 하는 것이 도움이 될 수 있습니다. 이런 습관은 10개월경에 대부분 나아지지만, 감당이 안 될 정도로 운다면 소아 청소년과를 찾도록 합니다.

> **이 시기에 필요한 접종 및 검진**
>
> **7개월**
> - 인플루엔자(독감) 2차 접종: 2차 접종은 1차 접종과 4주 이상 간격을 두어야 합니다. 또한 독감 접종 기간에만 가능하니, 정해진 기간을 확인합니다.

잘 노는 아이로 키우기

다양한 경험으로 사회성을 키워 줍니다

호기심이 많아지는 아이를 위해 또래 친구를 만나게 해 줍니다. 바깥 놀이를 함께 하고, 이웃집에 놀러 가는 등 새로운 환경에서 새로운 친구를 만나면 호기심도 왕성해지고 사회성도 발달하게 될 것입니다.

잘 놀아야 전두엽이 발달합니다

생후 8개월 무렵이 되면 아이의 전두엽 활동이 증가합니다. 이때 놀이를 통한 스킨십으로 애착을 형성하는 것이 중요합니다. 양육자와의 애착은 전두엽 활동의 활성화를 촉진하며, 아이의 정서 발달과 두뇌 발달을 돕기 때문입니다.

좀 더 활동적인 놀이로 바꾸어야 할 때입니다

생후 7개월이 지나면 아이는 마음대로 움직이려 해서 아이를 눕혀 놓고 마사지나 체조를 시키는 것이 점점 어려워집니다. 움직임이 많아진 아이에 맞춰 좀 더 활동적인 놀이로 몸을 단련시켜 주세요. 실내에서는 이불 놀이를 하고, 바깥에서는 아이를 안고 미끄럼틀이나 그네를 함께 타면 좋습니다.

발달 수준에 맞는 책을 골라 놀잇감으로 활용합니다

아이에게 책은 좋은 놀잇감이자 양육자와의 상호 작용을 돕는 도구입니다. 적절한 외부 자극을 줄 수 있도록 구성된 토이북은 아이가 직접 조작하며 볼 수 있게 하고, 그림책은 양육자가 그림을 보여 주며 실감 나게 읽어 주세요.

▲ 〈코코코〉, 블루래빗

영유아 언어 발달

언어 발달은 신생아 때 시작됩니다

아이는 말을 배우기 이전부터도 울기, 소리 내기, 몸짓 등으로 의사소통을 합니다. 울음, 옹알이를 하다가 말을 하게 되고, 양육자와의 상호 작용을 통해 단어의 의미를 이해하는 과정을 거치게 됩니다. 신생아 때부터 다양한 언어 자극을 주는 것은 언어 발달뿐만 아니라 두뇌 발달에도 긍정적 영향을 끼칩니다.

월령에 따른 언어 발달 특성

월령	언어 발달 특성
출생	• 울기/음성 수용 • 모든 소리로부터의 언어를 구별
3개월	• 속삭이기
6개월	• 재잘거리기 • 모국어의 음소 인식
9개월	• 첫 단어 출현
12개월	• 간단한 말을 알아들음 • 엄마, 아빠 혹은 특정 사람이나 사물을 지칭하는 의미 있는 단어를 한두 개 말함
18개월	• 약 10개 정도의 단어를 말함 • 신체 부위를 한 개 이상 알고 말함
24개월	• 약 100~200개 정도의 단어를 이해하고 말함 • 질문에 대한 적절한 대답

언어 발달은 곧 두뇌 발달을 뜻합니다

언어는 모든 발달의 기본이 되는 중요한 영역이며, 언어 발달은 두뇌 발달에 큰 영향을 줍니다. 아이의 두뇌는 3세까지 성인 뇌 질량의 80% 정도가 될 만큼 급격히 성장합니다. 두뇌에서 말하기, 듣기와 관련된 언어 중추는 3세까지 가장 활발히 발달하며 그중에서도 첫 1년 동안 급격히 성장합니다. 어릴수록 더 많은 자극을 흡수하고 발달할 가능성이 높다는 뜻입니다. 따라서 이 시기에 양육자의 역할이 매우 중요합니다.

아이는 모방과 경험을 통해 자연스럽게 모국어를 배우게 되는데, 양육자가 다정한 목소리로 아이에게 말을 걸어 주고 아이가 내는 소리에 반응해 줌으로써 언어 발달을 도울 수 있습니다. 따뜻한 말은 그 자체로 아이에게 가장 큰 언어적 자극이 되기 때문입니다. 언어는 말소리를 통한 상호 작용의 수단이라는 점을 잊지 마세요. 언어 발달을 돕는 몇 가지 방법을 소개합니다.

상호 작용을 통한 교감

언어뿐 아니라 비언어적인 상호 작용을 하면서 정서적으로 교감하면 언어 발달이 촉진됩니다. 비언어적인 표현은 표정이나 눈빛, 목소리의 톤 등을 말합니다. 아이와 눈맞춤을 하며 말을 걸면 긍정적인 언어 자극이 됩니다.

다양한 동작과 표정 사용

구어적인 언어 발달이 이루어지기 전에 아이들은 신체 동작과 울음, 표정 등을 사용해 의사소통을 합니다. 생후 9개월 이후에는 다양한 동작을 사용하는데, 손을 흔들기도 하고 안아 달라고 팔을 뻗기도 하지요. 이런 동작의 사용은 추후 언어 발달을 예측하는 인자 중 하나일 만큼 중요합니다. 양육자가 다양한 동작과 표정을 사용하면 아이의 흥미를 유발하여 자연스럽게 언어적 표현을 익히는 데 도움이 됩니다.

리듬감, 억양을 살려 재미나게

아이와 대화할 때는 다소 과장되게 억양을 살리고 재미있는 감탄사를 활용하면 좋습니다. 특히 의성어와 의태어는 소리 자체가 재미있어서 아이들이 흥미를 느끼며 쉽게 따라 합니다. 아이가 처음 배우는 단어는 대부분 같은 음절이 반복되는 리듬감 있는 단어가 많습니다. 일상생활에서 뿡뿡, 쪼르르, 새콤달콤, 냠냠, 데굴데굴 같은 음감 있는 단어를 반복하면 훌륭한 언어 자극이 됩니다.

언어 자극은 놀이 형태로

아이에게 일방적으로 질문을 하거나 낱말을 따라 말하게 하지 말고, 아이가 좋아하는 놀이를 통해 언어 자극을 주어야 합니다. 놀이 형태일 때 아이는 효과적으로 언어를 습득합니다. 언어 발달에 도움되는 놀잇감이나 교구가 따로 있는 것은 아닙니다. 일상적인 물건을 활용하면 되고, 월령별 언어 발달 특성을 고려하여 즐겁게 상호 작용하는 것이 더욱 중요합니다.

언어 발달 특성에 따라 가능한 놀이와 활동

월령	언어 발달 특성	가능한 활동
0~3개월	• 울음으로 표현 • 쿠잉 시작	• 다양한 목소리로 말 걸기 • 까꿍 놀이
4~6개월	• 옹알이 시작 • 다양한 모음 발생	• 의성어, 의태어 놀이
7~12개월	• 대화하는 것 같은 옹알이 • 간단한 단어 말하기	• 사물 이름 말하기 • 그림 보고 사물 찾아보기
13~18개월	• 한 단어 문장의 시기 • 간단한 지시 듣고 따라 하기	• 심부름 놀이
19~24개월	• 두 단어 문장 사용 • 대명사나 동사 사용	• 신체 부위 이름 구별하기 • 동화 듣고 등장인물 흉내 내기

또래보다 말이 많이 늦으면 언어 평가 받기를 고려합니다

2세쯤 되면 언어로 소통을 하고 감정 표현을 하면서 사회성 발달과 정서 발달이 이루어집니다. 또한 언어적 개념이 생기면서 인지 발달도 이루어지지요. 이렇게 언어 발달은 다양한 영역의 발달과 연결되어 있습니다. 따라서 아이가 의사소통을 원활하게 하지 못하고 언어 발달 수준이 또래보다 늦다고 판단되는 경우에는 적절한 시기에 필요한 도움을 주어야 합니다.

☑ Check Check!
언어 평가가 필요한 경우(24개월 기준)

☐ "앉아.", "먹자." 등 한 단어로 된 지시를 이해하지 못할 때
☐ 표현 가능한 단어가 하나도 없을 때
☐ 일관된 말소리로 자신의 뜻을 표현하지 못할 때
☐ 새로운 낱말을 따라 말하려는 시도를 하지 않을 때
☐ "뭐 줄까?"라고 물었을 때 반응하지 못할 때
☐ 동작 혹은 적절한 낱말을 활용하여 싫다는 표현을 하지 못할 때

TIP 교구나 놀잇감 선택의 기준

언어 발달에 도움되는 특정한 교구나 놀잇감은 없지만, 교구나 놀잇감을 선택할 때는 아이의 발달 수준과 흥미의 정도를 고려해야 합니다. 현재 발달 수준에 비해 어려운 놀잇감은 아이가 흥미를 잃거나 스트레스를 받을 수 있습니다. 반대로 너무 쉬운 것은 아이가 지루해할 수 있습니다. 도전 과제가 없는 교구는 적절한 자극을 주기 어렵습니다. 따라서 주변에서 어른의 도움을 받고 본인의 노력을 조금 보태어 할 수 있는 놀잇감, 교구를 선택합니다. 비싸고 유행하는 놀잇감보다는 아이가 흥미를 보이는 일상적인 물건을 활용하여 즐겁게 상호 작용하면 됩니다.

Part 2 우리 아이의 성장과 돌봄

9~10개월 가구를 잡고 잠깐 서요

안정적으로 앉으며 손가락도 잘 쓰게 된 아이가 대견해 보이지만 "안 돼!"라는 말을 자주 하게 됩니다. 기기, 일어서기 등 운동 발달의 개인차가 커지는 시기이니, 다른 아이와 비교하며 조급해하지 마세요.

붙잡고 설 수 있어요

무언가를 붙잡고 잠깐 서 있을 수 있습니다. 양육자의 다리나 낮은 가구, 벽 등을 잡고 몸을 일으켜 잠깐 허리를 세우지요. 하루 종일 기기, 앉기, 잡고 서기 등을 반복하면서 근육이 단단해집니다.

성장 기준표

개월 수	남아		여아	
	키(cm)	몸무게(kg)	키(cm)	몸무게(kg)
9개월	67.7~75.7	7.4~10.6	65.6~74.1	6.8~10.1
10개월	69.0~77.0	7.7~10.9	66.8~75.5	7.0~10.4

출처: 질병관리청 2017 소아 청소년 성장도표
▶ 질병관리청 성장 상태 측정 계산기

우리 아이는요!

손가락으로 잡고 냠냠!
▲ 생후 9개월 여아:
키 71.6cm, 몸무게 9.4kg

으라차차! 일어났어요.
▲ 생후 9개월 남아:
키 74.4cm, 몸무게 9.6kg

손가락으로 물건을 잡을 수 있어요

손동작이 전보다 능숙해져서 엄지손가락과 집게손가락으로 물건을 잡을 수 있습니다. 손가락으로 사물을 콕콕 찌르기도 합니다. 두 손으로 컵을 잡고 음료를 마시는 아이도 있는데, 돌이 될 때까지 빨대 컵으로 마시는 연습을 해야 합니다.

"안 돼!"라는 말을 알아듣고 멈출 수 있어요

"안 돼!"라는 소리가 들리면 멈추거나 우는 등 양육자의 표정이나 억양의 의미를 알아차립니다. 배가 부르면 숟가락을 놓는 아이도 있지요. 기억력과 모방 능력이 발달하여 양육자를 흉내 내고 '짬짬', '곤지곤지'와 같은 손 놀이를 반복해서 보여 주면 따라 합니다. 담요를 걷어 그 속에 숨어 있는 양육자를 찾아내는 아이도 있습니다. 소리에 민감해져서 리듬감 있는 음악을 들려주면 몸을 흔들기도 합니다. 흉내 내기, 기억력 놀이, 음악에 맞춰 춤추기 등 놀이의 범위가 확대됩니다.

안전은 Yes! Yes! 위험한 물건은 미리 치웁니다

일어나서 한층 더 높은 곳을 보게 된 아이는 호기심이 더 많아집니다. 흥미 있는 물건을 향해 거침없이 다가가고 만져 보려 하지요. 가구를 붙잡고 일어서다가 가구 위의 물건이 떨어질 수 있으니 위험한 물건은 미리 치워 둡니다. 가구 모서리에는 안전 커버를 씌우고, 문과 창문 틈에 손이 끼이지 않도록 안전 장치를 해 두세요.

나는 이만큼 자랐어요!

다리

가구를 잡고 잠깐 서 있어요.

의자나 무언가를 잡고 일어나서 잠깐 서 있어요. 빠른 아이는 옆으로 조금 걸어 다니기도 해요.

서 있다가 잠깐 앉으려고 쭈그리는 자세를 할 수 있어요.

다리

앉은 상태에서 다리를 오므리고 펼 수 있어요. 때로는 앞뒤로 W자로 무릎을 굽히고 앉아요.

손

손가락으로 사물을 콕콕 찌르기도 해요.

혼자서 안정적으로 앉을 수 있어요.

손

두 손으로 컵을 잡고 음료를 마실 수 있어요.

두 손가락으로 물건을 잡을 수 있어요.

엄지손가락과 집게손가락으로 음식이나 물건을 잡을 수 있어요.

표정

"안 돼!"라고 말하면 하던 행동을 멈추거나 울어요.

Ready! Set! Go!

- 바퀴 달린 자동차 및 공: 굴러가는 장난감을 따라가는 것은 신체 발달에 도움이 됩니다. 장난감을 탐색하며 아이의 호기심도 자극할 수 있습니다.

- 악기 장난감: 소리에 민감해진 아이의 청각 자극을 도울 수 있는 악기 장난감을 준비해 주세요. 잡기 힘들거나 손에 힘을 주어야 하는 악기보다는 마라카스처럼 가벼운 악기가 좋습니다.

Part 2 우리 아이의 성장과 돌봄

10~11개월 벽을 짚고 몇 발짝 걸어요

기어다니던 아이가 소파나 낮은 가구를 붙잡고 일어나더니 발을 떼기까지 합니다. 하지만 양육자는 감격할 새도 없이 아이가 다치지 않을까 지켜보느라 바빠요. 아이가 온종일 집 안을 돌아다니며 탐색하거든요.

낮은 가구를 잡고 조금 걸어 다닐 수 있어요

목부터 시작해서 다리까지 운동 능력이 발달하면서 대부분의 아이는 낮은 가구를 잡고 안정적으로 섭니다. 벽을 짚고 몇 발짝 걷기도 하지요. 기기와 앉기를 반복하며 근육의 힘을 기르며 곧 걸음을 뗄 준비를 합니다. 손과 무릎으로 기는 동작이 숙달되고 다리와 허리에 힘이 생겨 낮은 계단을 오르거나 턱이 있는 곳을 넘어가기도 합니다.

성장 기준표

개월 수	남아		여아	
	키(cm)	몸무게(kg)	키(cm)	몸무게(kg)
10개월	69.0~77.0	7.7~10.9	66.8~75.5	7.0~10.4
11개월	70.2~78.4	7.9~11.2	68.0~76.9	7.2~10.7

출처: 질병관리청 2017 소아 청소년 성장도표
▶ 질병관리청 성장 상태 측정 계산기

우리 아이는요!

일어나서 물건을 잡고 놀아요.

▲ 생후 10개월 여아:
키 72cm, 몸무게 9.4kg

손과 무릎으로 기어요.

▲ 생후 10개월 남아:
키 75cm, 몸무게 9.6kg

소근육 발달이 더욱 활발해져요

앉아 있는 시간이 길어지면서 손을 자유롭게 쓰고 두 손의 협응력이 발달합니다. 장난감을 쥐고 앉아서 잘 놉니다. 엄지와 집게손가락으로 작은 물건이나 음식을 집을 수 있고, 버튼을 누를 수도 있습니다. 서랍을 여는 아이도 있으니 주의가 필요합니다.

자기주장이 강해지고 감정을 표현해요

자기주장이 강해져서 좋고 싫은 것을 표현합니다. 하고 싶은 행동을 제한하면 울거나 '반항'을 합니다. 기저귀 가는 것이 싫어서 도망을 가는 아이도 있지요.
말은 하지 못해도 손가락으로 가리키는 등 몸짓으로 의사 표현을 할 수 있습니다. 인지 능력이 높아지면서 이불 밑에 숨겨 둔 물건을 찾아내기도 합니다.

안전은 Yes! Yes! 안전 덮개와 안전문을 설치해요

아이가 가전제품의 버튼이나 스위치를 함부로 만지지 못하게 하고, 콘센트에는 안전 덮개를 덮어 둡니다. 아이가 집 안을 돌아다니는 것을 막을 필요는 없지만, 부엌에 혼자 들어가거나 가스레인지 근처에 가면 안 된다는 것을 단호하게 알려주세요. 계단, 현관 등에 안전문을 설치합니다.

나는 이만큼 자랐어요!

다리

▶ 가구나 벽을 짚고 옆으로 조금 걸어 다니기도 해요. 아직 똑바로 서지 못해 ㅅ(시옷) 자로 서 있고 발끝은 바깥쪽을 향해 있어요.

어깨높이에서 양손을 잡아 주면 발을 떼며 몇 발짝 움직일 수 있어요.

가구나 물건을 붙잡고 한쪽 무릎을 꿇고 일어날 수 있어요.

허리·손

집중해서 노는 시간이 늘어나고 장난감을 쥐고 잘 놀아요.

도움 없이 앉아서 놀아요.

도움 없이 앉고, 악기를 두드리며 놀기도 해요.

손

엄지손가락과 집게손가락 끝으로 작은 물건이나 음식을 집을 수 있고 버튼을 누를 수 있어요.

표정

하고 싶은 행동을 제한하거나 원하는 물건을 빼앗으면 화를 내고 우는 등 감정을 표현해요.

입

10개월 무렵까지 위아래에 총 4개 정도의 이가 나요.

Ready! Set! Go!

- 장난감 악기: 실로폰 같은 악기를 두드리고 놀면서 리듬감을 익히고 청각을 자극할 수 있습니다.

- 장난감 전화기: 버튼을 누르면 소리가 나는 전화기는 소근육 발달에 도움이 되며 집중력을 키우는 데도 좋습니다.

- 모양 끼우기: 도형을 모양별로 틀에 끼워 보는 활동을 통해 인지 발달과 소근육 발달을 도울 수 있습니다.

Part 2 우리 아이의 성장과 돌봄 (9~11개월)
어떻게 먹일까? 어떻게 돌볼까?

🍼 잘 먹는 아이로 키우기

이유식 양이 늘면서 수유량이 줄어듭니다

후기 이유식 단계이므로 수유를 붙여서 하지 않아도 됩니다. 이유식 양이 늘면서 수유량이 더 줄어, 대개 밤중 수유를 하지 않게 됩니다. 하루 세 끼의 이유식을 정해진 시간에 맞춰 한자리에 앉아 가족과 함께 먹도록 합니다.

모유 수유아 하루 적정 수유량 및 식사량

월령	모유 수유 횟수	이유식	간식
생후 9~10개월	4~5회	120~150g 하루 3회	1회 (생략 가능)
생후 10~11개월	3~4회	120~200g 하루 3회	1~2회 (생략 가능)

분유 수유아 하루 적정 수유량 및 식사량

월령	분유 수유량	이유식	간식
생후 9~10개월	500~600mL	120~150g 하루 3회	1회 (생략 가능)
생후 10~11개월	500~600mL	120~200g 하루 3회	1~2회 (생략 가능)

이나 잇몸으로 오물거리며 씹어 먹는 연습을 할 수 있는 음식을 준비하고, 양이 부족하면 식후에 간식을 주세요.

> **Doctor's guide   어른 음식에 관심이 많은 아이**
>
> 유치가 난 아이는 음식을 씹게 되면서 먹는 즐거움을 알게 되고, 어른이 먹는 음식에도 관심을 가집니다. 아이가 이유식은 잘 안 먹으려 하면서 어른 음식을 맛보고 잘 먹으면 유아식을 일찍 시작해도 됩니다. 또한 이유식을 시작한 후 아이가 원하지 않는다면 수유를 중단할 수도 있습니다.

빨대 컵 사용하는 연습을 합니다

아이가 빨대 컵을 잘 사용하면 나중에 젖병 끊는 것이 수월합니다. 빨대 컵 쓰는 연습은 9개월쯤 시작하는데, 이를 위해서는 소근육 운동 및 인지 발달이 뒷받침되어야 합니다. 빨대를 빨면 물이 나온다는 것, 세게 빨면 물이 많이 나온다는 것을 깨달으며 조절 능력을 키우고, 손잡이를 잡고 빨대를 입으로 가져가면서 손과의 협응력을 기르게 됩니다.

💤 잘 자는 아이로 키우기

낮잠을 포함하여 12~15시간 정도 재우면 됩니다.

하루 적정 수면 시간

9시간 이하	10~11시간	12~15시간	16~18시간	19시간 이상
좀 더 재워야 해요.	적당히 자고 있어요. 졸려 보이면 1~2시간 더 재워요.	권장하는 수면 시간이에요.	적당히 자고 있어요. 아이가 안 자려 하면 좀 덜 재워도 돼요.	너무 많이 재우고 있어요.

아이가 자다가 깨는 것은 배고픔 때문만은 아닙니다

돌이 되기 전의 아이가 깊게 자는 시간은 짧습니다. 특히 급성장기, 유치가 나며 이앓이를 하는 시기, 낯가림하는 시기에는 자다가 자주 깹니다. 아이가 자다 깰 경우, 덮어 놓고 배고픈 것으로 생각하여 수유하지 않도록 합니다.

취침 시간과 기상 시간이 바뀔 수 있습니다

낮에 활동량이 많아지면서 잠드는 시간이 늦어지거나 아침에 일어나는 시간이 달라지기도 합니다. 취침 시간, 기상 시간이 바뀌더라도 총 수면 시간은 충분해야 합니다.

건강한 아이로 키우기

이앓이가 심하면 치아 발육기를 물게 합니다

아이들은 유치가 나오면서 이앓이를 하기도 하는데, 가볍게 넘어가는 아이도 있지만 이가 날 때마다 밤에 울면서 깨는 아이도 있습니다. 이앓이는 아이가 크는 과정 중 하나이니 걱정하지 마세요. 냉장고에 차갑게 보관한 치아 발육기를 잠들기 전에 물리면 도움이 될 것입니다.

 이 시기에 필요한 접종 및 검진

생후 9~12개월
- 3차 영유아 건강 검진이 시작됩니다.

 ## 잘 노는 아이로 키우기

전신 놀이로 두뇌 발달과 근육 발달을 돕습니다

영양소의 균형, 음식의 칼로리에 신경을 쓰는 동시에, 아이가 먹는 만큼 몸을 많이 움직이게 해 주세요. 몸 전체를 움직이는 전신 놀이는 뇌를 자극하고 인지 능력과 운동 능력 발달에 도움을 줍니다. 특히 공놀이는 양육자와 함께 하기에 좋으며 아이가 즐거워하는 놀이입니다. 큰 공 위에 아이를 올려놓고 굴리며 놀아 주거나 아이에게 공을 굴려 주고 따라가게 해 주세요. 공을 따라가거나 바구니에 공을 넣는 놀이는 대근육과 소근육 발달에 도움이 됩니다.

일상의 물건을 탐색하며 호기심을 충족시킵니다

호기심이 왕성해진 아이는 집 안을 돌아다니며 살림을 어지르기 일쑤입니다. 서랍 안의 물건을 끄집어내기도 하고 휴지를 찢거나 뽑아 버리기도 하지요. 하지만 일상생활에서 접하는 휴지, 신문지, 택배 상자 안의 뽁뽁이 등의 물건은 아이에게 놀잇감이자 세상을 탐색하는 도구가 됩니다. 아이는 종이 구기기, 휴지 찢기, 뽁뽁이 터트리기를 하면서 즐거워하고, 양육자가 책장을 넘길 때 펄럭펄럭 소리만 나도 까르르 웃습니다. 안전에 유의하면서 아이가 일상의 물건을 탐색하며 호기심을 충족할 수 있도록 이끌어 주세요.

❗ 종이 찢기 놀이는 단단한 종이나 날카로운 종이는 피하고 휴지나 신문지 등 부드러운 종이를 활용합니다.

전통 놀이를 활용하여 아이와 상호 작용합니다

'곤지곤지', '죔죔' 같은 전통 놀이는 신체·리듬·언어 놀이가 통합된 놀이로, 소근육도 발달시키고 상호 작용도 할 수 있습니다. 특히 까꿍 놀이는 아이의 발달 수준에 따라 다양한 변화를 줄 수 있는 사회적 감각 놀이입니다. 아이가 기어다닐 때는 가구나 커튼을 이용하여 얼굴이나 몸을 숨기는 놀이를 하고, 아이가 걷기 시작하면 물건을 다른 장소에 숨겨서 찾는 놀이를 하며, 더 나아가 숨바꼭질 놀이로 발전시킬 수 있습니다. "까꿍~!"이라는 말 한 마디에도 아이는 자지러지게 웃으며 놀 수 있답니다. (*까꿍 놀이에 대한 자세한 내용은 77쪽 참고)

Part 2 우리 아이의 성장과 돌봄
재미있는 전통 영아 놀이

옛날에 아기를 어르고 달랠 때 활용했던 우리 고유의 전통 영아 놀이에는 신체·리듬·언어 놀이가 통합된 활동이 많습니다. 주로 신체 부위와 연관된 짧고 재미난 말과 동작으로 구성되어 있어서 오늘날에도 충분히 활용할 수 있습니다.

전통 영아 놀이의 장점

전통 영아 놀이는 온몸을 쓰는 놀이로, 특별한 교구 없이도 언제, 어디서나 가능합니다. 아이의 소근육 발달, 인지 발달을 돕고, 협응 능력과 상호 작용을 유도하는 다양한 활동으로 이루어져 있습니다. 또한 반복적이면서도 쉽게 발음할 수 있는 리듬감 있는 말을 사용하여 아이의 언어 발달에도 도움이 됩니다.

전통 영아 놀이는 자신을 돌봐 주는 어른과의 신체 접촉, 상호 작용을 하며 노는 것이어서 아이가 즐거워하고, 양육자와의 애착 형성에 효과적입니다. 특히 양육자가 아이의 몸을 흔들거나 손을 활용하는 단순한 동작, 아이와 양육자가 함께 하는 율동은 돌 전 아이에게 안성맞춤입니다.

까꿍 / 죔죔

짝짜꿍

도리도리, 짝짜꿍, 곤지곤지, 죔죔 같은 놀이는 걸음마를 하기 전의 영아기에도 할 수 있는 감각 운동 놀이로, 섬세한 운동 발달을 돕습니다. 까꿍 놀이는 신생아 시기에도 할 수 있으며, '대상 영속성' 획득에 도움이 됩니다.

도리도리

머리를 좌우로 흔드는 동작으로, 누워서 지내는 영아의 목 운동으로도 적합한 놀이입니다. 양육자가 시범을 보이고 아이가 따라 하게 합니다.

짝짜꿍

두 손바닥을 마주쳐 짝짝 소리를 냅니다. 눈과 손의 협응력이 필요한 놀이입니다. 양육자가 시범을 보이고, 아이의 동작에 맞춰 "짝짜꿍!"이라고 이야기해요.

곤지곤지

아이와 마주 보고 앉아서 한쪽 집게손가락을 다른 쪽 손바닥에 댔다 뗐다 하는 동작을 반복하며 "곤지곤지!"라고 이야기합니다.

죔죔

열 손가락의 소근육 운동을 하는 놀이로, 양손을 앞으로 내밀어 주먹을 쥐었다 폈다 합니다. 손가락 근육 발달과 함께 펼치기와 닫기 개념을 배울 수 있어요.

고네고네

영아를 어른의 손바닥 위에 잠시 서 있게 하는 놀이입니다. 어른의 한쪽 손바닥에 영아를 세우고, 다른 손으로 영아의 겨드랑이를 잡고 있다가 잠깐 동안 그 손을 뗍니다.

똥단지 팔기

어른의 허리 뒤에 영아를 가로로 업고서 "똥단지 사세요. 똥단지 팝니다!"라고 하면, 다른 사람이 "똥 냄새 나서 안 사요."라고 하며 놉니다.

불무불무

아이를 일으켜 세운 뒤, 어른이 두 손으로 아이의 겨드랑이를 받쳐 주면서 아이의 몸을 앞뒤, 좌우로 흔들어 주는 놀이입니다.

까꿍

영아부터 3세까지 양육자와 함께 하는 놀이입니다. 아이 얼굴을 가렸다가 드러내 주며 "까꿍!" 하거나, 양육자가 얼굴을 숨겼다가 내밀며 "까꿍!" 하는 등 다양하게 변형할 수 있어요.

육아 상식

까꿍 놀이를 통한 대상 영속성 획득

까꿍 놀이는 양육자와 아이의 상호 작용에 도움이 될 뿐만 아니라 '대상 영속성'을 알게 해 주는 중요한 놀이입니다.

대상 영속성 사물이나 사람이 눈앞에 보이지 않더라도 사라진 것이 아니라 지속적으로 존재한다는 것을 아는 능력을 '대상 영속성'이라 합니다. 장난감이 보이다가 가려졌을 때, 대상 영속성 개념을 아는 아이는 장난감을 가린 물건을 치우며 장난감을 찾습니다. 즉, 눈앞의 물건이 사라져도 계속 존재한다는 것을 알고 장난감을 찾는 것이지요. 대개 2살 무렵에 획득하게 됩니다.

대상 항상성 3세 정도가 되면 아이는 양육자가 눈앞에 보이지 않아도 언제나 나를 지켜 준다는 심리적 안정감인 '대상 항상성'을 얻게 됩니다.

나의 상황과 관계없이 사람이나 물건이 독립적으로 존재한다는 사실을 인지하는 것은 중요한 발달 과업입니다. 대상 영속성이 잘 형성된 아이는 양육자가 눈앞에 보이지 않아도 정서적으로 불안을 느끼지 않게 됩니다. 까꿍 놀이나 숨은 물건 찾기는 대상 영속성 발달을 돕는 놀이입니다. 아이가 즐겁게 참여하는 놀이이니 적극 활용해 주세요.

Part 2 우리 아이의 성장과 돌봄

11~12개월 혼자 걷기 시작해요

돌 전후로 아이들은 한 발 한 발 걸음을 내딛고 세상을 향해 나아갈 준비를 합니다. 비록 몇 발짝이지만 스스로 걸음을 걷게 되면서 독립심도 생기지요. 혼자 걸음을 걷고, 의미 있는 첫말을 하는 아이가 대견해 보이는 때입니다.

벽을 짚고 걸어 다니기 시작해요

잡고 서는 것에 익숙해지면 벽을 짚고 걸어 다니거나 걸음마 보조기를 잡고 걷기 시작합니다. 어른이 손을 잡아 주면 몇 걸음 걷지만 아직은 기거나 물건 잡고 걷기에 익숙하지요. 12개월 무렵에 도움 없이 혼자 설 수 있습니다. 걷기 시작하면서 운동량이 늘어 살이 빠지고 점차 근육이 붙습니다. 단단한 체형으로 바뀌게 되는 것이지요.

성장 기준표

개월 수	남아 키(cm)	남아 몸무게(kg)	여아 키(cm)	여아 몸무게(kg)
11개월	70.2~78.4	7.9~11.2	68.0~76.9	7.2~10.7
12개월	71.3~79.7	8.1~11.5	69.2~78.3	7.3~11.0
13개월	72.4~80.9	8.2~11.8	70.3~79.5	7.5~11.3

출처: 질병관리청 2017 소아 청소년 성장도표
▶ 질병관리청 성장 상태 측정 계산기

우리 아이는요!

"빠이빠이!"
▲ 생후 11개월 여아:
키 73cm, 몸무게 10.1kg

"혼자 걷는 연습을 해요."
▲ 생후 12개월 남아:
키 75.8cm, 몸무게 9.7kg

❗ 걷기는 개인차가 커서 18개월쯤 걷는 아이도 있습니다.

스스로 할 수 있는 일이 늘어나요

손가락을 좀 더 자유롭게 쓰게 되어 혼자 숟가락을 쥐고 먹고, 과자를 집어 먹기도 하며, 장난감 자동차를 밀면서 놀아요. 공을 굴려 주면 잡아서 다시 굴려 보냅니다.

간단한 말을 알아듣고 의미 있는 첫말을 해요

청각 능력이 향상되어 어른 말을 흉내 냅니다. 간단한 말을 알아듣고, 먹기 싫으면 고개를 젓는 등 몸짓으로 표현도 합니다. "빠이빠이!" 하면 손을 흔들고, "주세요!" 하며 손을 내밀면 쥐고 있던 물건을 건네줍니다. 옹알이를 하다가 '엄마', '아빠'처럼 의미 있는 말 1~2개를 시작합니다.

주변에 대한 관심이 많아져요

주변 대상으로 관심이 확대되면서 또래나 큰 아이에게 관심을 보이기 시작하지만, 아직 함께 노는 것은 힘듭니다.

육아 상식

첫걸음마를 내딛기 위한 조건

걸음마를 시작하려면 이런 것들이 선행되어야 합니다.
- ✓ 다리와 허리의 근육이 강해져야 합니다.
- ✓ 균형을 잡을 수 있도록 소뇌가 발달해야 합니다.
- ✓ 넘어질 때 반사적으로 손을 내밀 수 있어야 합니다.
- ✓ 걷고 싶은 욕구가 있어야 합니다.

자신감이 넘치며 독립심이 생겨요

스스로 걷고, 할 수 있는 일이 늘면서 자신감이 넘칩니다. 양육자가 도와주려고 하면 거부하는 모습을 보일 때도 있습니다. 하지만 양육자가 잠시라도 보이지 않으면 놀라서 웁니다. 갑자기 아이 곁을 떠나지 않도록 하며, 자리를 비울 때는 미리 알려 주는 것이 좋습니다.

놀이의 수준이 높아져요

"주세요", "받으세요"라고 말하며 물건 주고받기 놀이를 할 수 있습니다. 기억력이 발달하고 예측이 가능하게 된 아이는 양육자가 언제 "까꿍~!" 하며 나올지 기다리며 까꿍 놀이를 즐깁니다. 혼자 조용히 집중해서 노는 시간도 길어집니다.

나는 이만큼 자랐어요!

다리
걸음마 보조기를 잡고 걸을 수 있어요. 발끝을 들고 서 있을 수 있어요.

몇 발짝 걸을 수 있어요.
어른이 손을 잡아 주면 한 손으로 잡고 걸을 수 있어요. 혼자서 몇 걸음 걷는 아이도 있어요.

잡고 서 있는 상태에서 뒤를 돌아볼 수도 있어요.

아직은 기엄기엄 기는 것이 익숙하지만 계단을 기어서 올라가는 아이도 있어요.

올라가고 말 테야!
다리를 자유로이 움직이게 되어 소파나 낮은 물건 위에 올라가려고 시도해요.

머리
◀ 11개월 이후 대천문이 닫히기 시작해요.

다리
◀ 12개월 무렵에는 다른 사람의 도움 없이 혼자 설 수 있어요. 서 있을 때 발끝이 밖을 향해 있어요.

손

바퀴 달린 장난감을 밀면서 놀아요.

공을 굴려 주면 잡아서 다시 상대방에게 굴려 보낼 수 있어요.

숟가락을 쥐고 먹으려 해요.

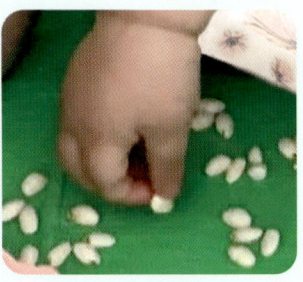
알약 크기의 작은 물건을 엄지와 집게손가락으로 집어 들 수 있어요.

입

앞니가 위아래 4개씩, 총 8개 정도 나는 아이가 많습니다. 이가 8개쯤 나면 앞니로 음식을 물어 끊을 수 있고, 잇몸으로 으깨어 먹을 수 있어요.

의사소통

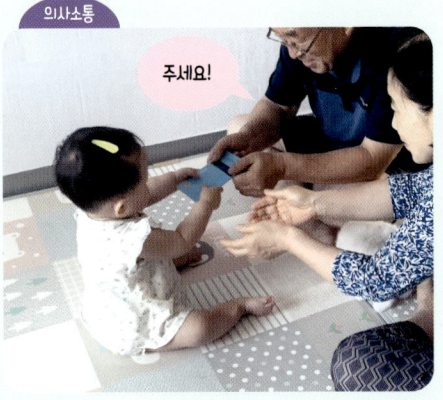
"주세요!" 하고 손을 내밀면 손에 쥐고 있던 물건을 건네줘요.

'엄마', '아빠'와 같은 의미 있는 첫말을 시작해요.

사회성

또래 친구에게 관심을 보여요.

Ready! Set! Go!

- **걸음마 보조기**: 벽이나 가구 등을 잡고 걷기 연습을 하는 아이에게 도움이 됩니다. 넘어질 것에 대비하여 무릎 보호대, 팔꿈치 보호대를 착용하면 좋습니다.

▲ 〈아이큐 베이비 워커〉, 블루래빗

- **붕붕카**: 다리 근육을 발달시켜 걸음마 연습에 도움이 되며 손과 발의 협응력도 키워 줍니다. 처음에는 아이를 태우고 뒤에서 밀어 주세요.

- **롤러코스터**: 나무 구슬이나 나무 판은 매끄럽게 마무리된 것으로 고르고, 처음에는 꼬임이 많지 않은 것으로 시작합니다.

Smart 육아 정보 — 돌잔치 준비 어떻게 할까?

잔치의 규모, 손님의 범위를 정하고 장소를 찾습니다
아이의 첫 생일 잔치를 가족과 함께 집에서 오붓하게 할지, 다른 손님을 초대할지를 정한 뒤, 잔치의 규모와 손님의 범위를 정합니다. 인원이 정해지면 집, 뷔페, 일반 음식점, 호텔 등 잔치에 적합한 장소를 고르고, 교통, 음식, 비용 등에서 각각의 장단점을 비교하여 정합니다.

돌잔치에 사용할 사진을 평소에 미리 찍어 둡니다
평소에 아이 사진을 찍어 두었다가 잔치 당일날 현수막이나 디지털 액자 등으로 장식합니다. 돌잔치 업체를 이용할 경우 사진을 미리 보내 주어야 하므로 스케줄에 맞춰 준비합니다.

돌잔치 업체와 포토그래퍼를 선정합니다
잔칫날 손님을 맞느라 바쁜 양육자 대신 사진을 찍어 줄 사람을 미리 섭외합니다. 출장 사진사가 오더라도 여러 사람이 찍은 자연스러운 사진과 동영상은 훗날 좋은 추억을 안겨 줄 것입니다.

잔치 음식, 돌상과 답례품을 준비합니다
음식 예약을 확인하고, 돌잡이와 돌상도 확인합니다. 답례품을 준비할 경우, 보관하기 쉽고 들고 가기 편한 물건 혹은 떡 등의 먹을거리 중에서 알맞은 것을 선택합니다.

초대장을 보내고 잔치 후 감사의 인사를 보냅니다
한 달 전에 초대장을 보내는데 모바일 초대장을 이용하면 간편합니다. 집안 어른과 꼭 오기를 청하는 손님에게는 전화를 드립니다. 잔치가 끝난 뒤 감사 인사를 전합니다.

돌잔치 준비 타임 스케줄

시기	내용
D – 3개월	잔칫날 택일, 성장 동영상 촬영, 아기 탄생 자료 수집
D – 11~8주	돌잔치 장소 예약, 사진·영상 촬영 스튜디오 예약
D – 7~5주	돌잔치 이벤트 기획, 성장 동영상 편집, 초대장 만들기, 탄생 잡지 만들기 등
D – 4주	초대장 발송
D – 2주	돌잔치 이벤트 자료 주문, 답례품 주문, 장식 주문, 의상 대여 및 예약, 헤어 및 메이크업 예약, 이벤트 자료 상담 및 시안 받기, 답례품에 넣을 사진과 문구 선정, 답례품 시안 확인 및 배송 일정 확인, 현수막 주문
D – 7일	돌잔치 당일 사진·영상 촬영 예약 및 현수막 시안 확인, 의상 확인, 사회자 섭외, 사회 멘트 및 음악 준비
D – 6일	장식 주문, 메이크업 예약 확인
D – 5일	돌 의상 대여 예약 확인, 초대 인원 재확인
D – 4일	돌상 예약 확인
D – 3일	당일 체크리스트 및 준비물 점검
D – 2일	돌잔치 당일 아기 용품 준비
D – 1~0일	돌잔치 당일 성장 비디오 상영, 현수막 배송 및 설치, 장식 설치, 돌잔치 의상 착용, 당일 메이크업 및 헤어, 돌잔치 이벤트 준비
D +1주	감사 인사 문자 및 메일 보내기
D +2주	대여 물품 보증금 입금 확인

Part 2 우리 아이의 성장과 돌봄 11~12개월
어떻게 먹일까? 어떻게 돌볼까?

잘 먹는 아이로 키우기

무른 밥을 주다가 12개월 무렵 진밥으로 넘어갑니다

11개월에는 모유·분유 : 이유식 비율이 55 : 45, 12개월에는 30 : 70 정도가 적당합니다. 11개월에 무른 밥, 12개월 이후에 진밥을 먹입니다. 밥 이외에 빵, 국수 등도 좋습니다. 아이는 차츰차츰 어른 음식의 굳기와 비슷한 정도를 먹을 수 있게 되니, 이에 맞춰 입자의 크기와 조리법을 바꿔 가야 합니다. 12개월 이후에는 곡류, 어육류, 채소, 과일, 유제품을 포함한 식단으로 하루 900kcal 섭취를 권장합니다.

하루 적정 수유량 및 식사량

월령	구분	수유	이유식	간식
생후 11~12 개월	모유 수유	3~4회	120~200g 또는 유아식 하루 3회	1~2회 (생략 가능)
	분유 수유	400~600mL		

영양소가 풍부하고 균형 잡힌 식단을 짭니다

5가지 식품군을 활용하여 필수 영양소가 포함된 식단을 짭니다. 다양한 맛과 식감을 느낄 수 있는 식단으로 유아기 편식을 예방하도록 합니다. 고기와 생선의 양은 늘리고, 변비에 걸리지 않도록 섬유질이 많은 채소도 포함합니다. 과일은 껍질을 벗겨 얇게 썰어서 주고, 주먹밥, 채소 스틱 등의 핑거 푸드로 입맛이 돌게 해 주세요. 이유식 입자가 굵어지고 수유량이 줄어들면서 아이의 변이 어떻게 변하는지도 살펴봅니다.

혼자 숟가락으로 먹게 될 때까지 인내심이 필요합니다

아이는 숟가락을 쥐게 되어도 처음에는 숟가락을 가지고 놀면서 음식을 만지고 떨어뜨리는 등 식탁 주변을 난장판으로 만들기 일쑤입니다. 이때 어지럽히며 먹는 것이 겁나서 계속 먹여 주면 스스로 먹는 법을 배울 수 없습니다. 부모가 숟가락으로 먹는 모습을 보여 주면서, 돌까지는 아이 숟가락에 음식을 얹어 주세요. 입까지 숟가락을 잘 가져가게 되면 아이 혼자 먹게 내버려두는데, 배고플 때 이런 시도를 하는 것이 좋습니다.

이가 나는 동안에는 이유식 질감을 조절합니다

어금니가 나는 아이도 있는데 한창 어금니가 나는 시기에 아이는 질감이 높아진 음식을 먹다가 뱉기도 합니다. 음식이 잇몸을 자극하면서 아프고 이물감이 들어 불편하기 때문입니다. 이가 나는 동안에는 식재료를 더 잘게 다져 주세요. 음식을 먹기 전에 치아 발육기를 충분히 물게 하면 자극이 줄어들어 도움이 됩니다.

젖을 뗄 계획이라면 슬슬 준비합니다

늦어도 생후 18개월쯤 아이는 젖을 떼고 밥과 반찬을 주식으로 합니다. 모유를 언제까지 끊어야 한다는 기준은 없지만 돌까지는 먹이는 것이 좋고, 24개월까지 먹이라는 전문가도 있습니다. 젖떼기를 계획한다면 슬슬 준비합니다. 아이가 이유식을 하루에 3회 잘 먹고 컵이나 빨대로 물을 잘 마시면, 수유 횟수를 줄이며 젖떼기를 시도해 봅니다.

돌 이후에는 생우유를 먹이기 시작합니다

12개월 이후에는 우유를 컵에 담아 먹이기 시작하는데, 분유와 섞지 말고 우유만 줍니다. 우유와 분유는 합쳐서 500mL 이내로 먹이고, 아이가 우유를 잘 먹으면 점차 분유량을 줄여 나갑니다. 아이가 우유 먹기를 싫어하면 바나나, 고구마 등을 갈아 넣어서 우유 맛에 익숙해지게 해 주세요. 생우유, 멸균 우유 모두 먹여도 되는데, 무지방·저지방 우유는 24개월 이후에 먹입니다.

잘 자는 아이로 키우기

하루 적정 수면 시간

8시간 이하	9~10시간	11~14시간	15~16시간	17시간 이상
좀 더 재워야 해요.	적당히 자고 있어요. 졸려 보이면 1~2시간 더 재워요.	권장하는 수면 시간이에요.	적당히 자고 있어요. 아이가 안 자려 하면 좀 덜 재워도 돼요.	너무 많이 재우고 있어요.

낮잠은 하루 1회만 재웁니다

첫돌을 앞둔 아이의 생활 리듬이 일정한지, 식사 시간, 수면 시간 등을 체크해 봅니다. 수면 시간은 낮잠과 밤잠을 합해 11~14시간 정도가 적당합니다. 아이가 밤에 잠을 안 자거나 늦게 자려 하면 낮잠을 줄이고 낮에 활동을 많이 하게 해 주세요. 밤에 잘 잘 수 있도록 낮잠은 1일 1회 정도만 일찍 재우고, 늦어도 오후 3시에는 일어나게 합니다.

잠자기 1시간 전에 마지막 수유를 끝냅니다

잠들기 전에 많이 먹으면 중간에 잠을 깨기도 하고 충치가 생길 수도 있습니다. 먹어야 잠이 드는 습관이 들지 않도록 잠자기 1시간 전에 마지막 수유를 끝내고 구강이 깨끗한 상태로 잠들 수 있도록 해 주세요.

건강한 아이로 키우기

돌잔치 준비로 무리하지 않도록 합니다

아이가 태어난 뒤 가장 중요한 행사인 돌잔치를 준비하느라 양육자는 바쁜 시기를 보내게 됩니다. 게다가 돌 즈음은 아이가 접종해야 할 백신이 많은 시기라 백신 접종 일정도 잘 챙겨야 합니다.

아이도 걸음마 연습, 돌잡이 연습을 하고, 돌잔치 날에는 사진 촬영을 위해 옷도 여러 번 갈아입어야 하지요. 촉각이 예민한 아이라면 옷의 질감 등 신경 쓸 일이 더 많습니다. 돌잔치 전후로 아이뿐 아니라 양육자도 앓아눕는 경우가 있으니 무리하지 않도록 합니다.

탈골이 되지 않도록 주의합니다

돌 무렵 아이의 팔에 무리한 힘을 주지 않도록 합니다. 아이의 인대와 뼈의 위치가 어긋나기 쉬워서 탈골이 되는 경우가 있습니다. 아이 팔을 세게 잡아당기거나 아이가 넘어질 경우 팔꿈치에 충격을 받으면 관절이 빠지게 되니 주의하세요.

이 시기에 필요한 접종 및 검진

대상 감염병	접종 횟수	12개월	15개월	18개월	24개월	36개월
DTaP	5회			4차		
Hib	4회		4차			
폐렴 구균	4회		4차			
MMR	4회		1차			
수두	1회		1차		2차(선택)	
일본 뇌염	사백신 5회	1차 / 2차				
	생백신 2회		1차			
A형 간염	2회			1차 / 2차		
인플루엔자 (독감)			매년 접종			
수막 구균			고위험군(선택)			

접종해야 할 백신을 잘 챙깁니다

12개월부터 접종해야 할 백신이 많습니다. 의료 기관에서 접종을 하고 나면 다음 접종일을 안내해 주니, 잊지 말고 시기에 맞춰 접종하도록 합니다.

• **일본 뇌염 백신** 작은빨간집모기에 물렸을 때 걸리는 일본 뇌염은 감염되어도 증상이 나타나지 않는 경우가 많습니다. 하지만 250명 중 1명은 증상이 나타납니다. 40도가 넘는 고열, 구토, 두통 증세가 나타나며, 의식 장애나 경련이 동반되어 후유증이 남기도 합니다. 우리나라에서는 일본 뇌염 백신 3종 중 선택 접종할 수 있는데, 제조사에 따라 접종 횟수와 비용에 차이가 있습니다. 사백신과 생백신의 교차 접종은 허용되지 않기 때문에, 최초 접종 시 의사와 상담 후 아이의 건강 상태와 사백신과 생백신의 장단점을 충분히 고려하여 선택하도록 합니다.

• **MMR 백신** 홍역, 볼거리(유행성 이하선염), 풍진 3가지 바이러스를 한꺼번에 예방하는 백신입니다. 12~15개월 사이에 1차 접종을 하고, 4~6세에 2차 접종을 합니다. 홍역은 걸리면 위험한데 요즘도 유행하는 경우가 있으며, 풍진은 합병증을 일으킬 수 있습니다. 볼거리는 증상이 가볍지만 뇌수막염, 고환염, 뇌염을 일으키기도 합니다.

• **수두-대상 포진 백신** 수두-대상 포진 바이러스는 감염력이 강하며 신생아도 걸립니다. 증상은 가벼운 편이지만 완치되는 데 1~2주 걸리기도 합니다. 12~15개월 사이에 접종하는 1차 백신만으로도 충분히 면역력을 얻을 수 있습니다. 하지만 어린이집, 유치원 등에서 수두가 종종 유행하니, 1차 접종 후 3개월 간격을 두고 2차 접종까지 하는 것이 좋습니다.

• **A형 간염 백신** 급성 간염을 일으키는 A형 간염 바이러스 예방 백신은 필수 접종으로, 아이들의 접종률은 높습니다. 하지만 백신 접종을 하지 않은 부모 세대에서 A형 간염에 의한 급성 간염 발병률이 높으므로, 상담을 한 후 아이와 함께 접종합니다.

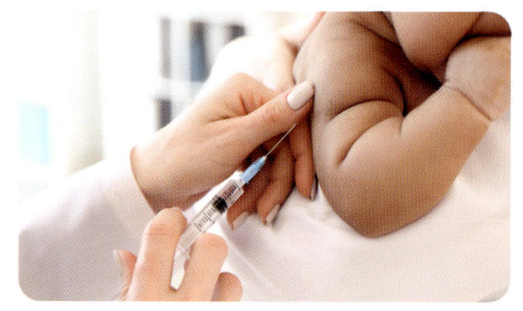

잘 노는 아이로 키우기

몸을 쓰며 노는 아이를 격려해 줍니다

걸음마를 시작한 아이는 점점 걷는 것에 재미를 붙입니다. 원하는 곳에 가고 싶어 하고 걸음마 연습을 놀이처럼 하지요. 이때 양육자가 함께 하며 아이를 마주 보고 기다려 주면 좋아요. 균형 잡기 어려운 아이는 걸음마 보조기를 잡고 연습합니다.  아이는 몸을 어떻게 쓰는지 알게 되고 협응 능력이 발달하면서 소파에 기어오르거나 양육자의 등에 올라타고, 혼자 장난감 자동차에 올라타기도 하지요. 이 시기에는 몸을 다양하게 활용하는 것 자체가 즐거운 놀이입니다. 혼자 하는 행동이 많아진 아이를 격려해 주고, 안전에 유의하며 놀 수 있게 해 주세요.

아이와 집안일을 놀이처럼 합니다

모방 능력이 발달하면서 아이는 어른의 행동을 관찰하고 따라 합니다. 인형에게 밥을 먹이거나, 걸레로 바닥을 닦는 등의 행동을 합니다.

모방 행동을 즐기는 아이와 집안일을 놀이처럼 해 보세요. 장난감을 정리해서 상자에 넣기, 빨래 개기도 놀이가 될 수 있습니다. 양육자가 시범을 보이며 "빨래를 개 볼까?", "장난감을 상자에 넣을까?"라고 말하면, 행위와 말을 연결할 수 있게 되어 언어 발달에도 도움이 됩니다.

다양한 재료를 활용한 감각 놀이를 합니다

다양한 감각 놀이를 집에서도 쉽게 할 수 있습니다. 아이가 목욕을 할 때 미끌미끌한 미역, 끈적끈적한 요구르트로 놀게 하면 훌륭한 촉감 놀이가 됩니다. 요리를 하기 전에 아이가 식재료를 관찰하고 만지며 냄새 맡게 하거나, 밀가루 반죽을 조물조물 직접 손으로 하게 하는 등의 다양한 시도를 통해 아이의 오감을 깨워 주세요.

Part 2 우리 아이의 성장과 돌봄

Q&A

Q 이유식을 너무 적게 먹는 아이는 모유나 분유를 더 먹여야 할까요?

A 모유나 분유에는 11~12개월 아이의 성장에 필요한 영양분인 단백질, 철분 등이 충분히 들어 있지 않습니다. 또한 고형식에 적응해야 하는 시기이므로, 이유식이 부족하다고 해서 모유나 분유를 더 먹이는 것은 바람직하지 않습니다. 이유식을 잘 먹지 않는 아기에게는 분유를 더 주기보다 칼로리도 높고 영양도 풍부한 고구마, 달걀 같은 고형 간식을 주는 것이 좋습니다.

Q 아이가 자꾸 성기를 만지는데 어떻게 해야 할까요?

A 돌 무렵이 되면 아이들은 자신의 몸 중에서 들어가 있거나 튀어나와 있는 부위에 흥미를 느끼게 됩니다. 그래서 콧구멍을 쑤시거나 귀에 손가락을 넣거나 성기를 잡아당기거나 하는 등의 행동을 보이지요. 이는 정상적인 발달의 한 과정이니 너무 걱정하지 않아도 됩니다. 하지만 성기 부분이 청결하지 못하여 가려워지면서 만지는 경우도 있습니다. 대변뿐 아니라 소변을 보고 난 뒤에도 기저귀를 갈아 줄 때 깨끗이 물로 씻긴 다음 부드럽게 닦아 주면 도움이 될 것입니다.

Q 발육이 늦은 것 같아 걱정인데 전문가 상담은 어떤 경우에 필요할까요?

A 신체 발달이나 언어 발달 등은 개인차가 많이 나기 때문에 다른 아이보다 늦다고 미리 걱정할 필요는 없습니다. 그래도 다음과 같은 경우라면 전문가 상담이 필요합니다.

- 기어다니지 않습니다.
- 도와주어도 서 있지 못합니다.
- 물건을 가리키지 않습니다.
- 한 손에서 다른 손으로 장난감을 옮기지 못합니다.
- '엄마, 아빠' 같은 단어를 말하지 않습니다.
- 손 흔들기 또는 머리 젓기 등의 동작을 배우지 않습니다.
- 물건을 감추는 것을 보고도 찾아내려 하지 않습니다.

☑ **Check Check! 건강 검진 포인트**
- ☐ 예방 접종 받은 내역을 살펴보고 누락된 것이 없는지 확인해 보세요. (*174쪽 '예방 접종 일정표' 참고)
- ☐ 대천문이 어느 정도 닫혀 있는지 확인해 보세요.
- ☐ 손을 잡아 주면 걷는 정도, 벽 등을 짚으면서 걸을 수 있는 정도가 되는지 확인해 보세요.
- ☐ 성장율이 높은 시기이므로 2차 영유아 건강검진(9~12개월)을 건너뛰지 말고 받도록 하세요.

어린이집 보내기

일하는 양육자를 대신해서 아이를 돌봐 주는 어린이집은 아이의 사회성 발달에 도움이 됩니다. 양육 환경에 따라 아이에게 잘 맞는 어린이집을 선택하는 것이 중요한데, 교육 여건이 좋은 어린이집은 경쟁이 치열하므로 입소 예정 6개월 전에 알아볼 것을 권합니다. 임신육아 종합포털 '아이사랑'을 활용하면 도움이 될 것입니다.

어린이집 선택하기

집 주변의 어린이집 중에서 어떤 곳을 선택할지 '아이사랑' 사이트에서 지역별로 검색하여 세부 정보를 확인합니다.

임신육아 종합포털 아이사랑

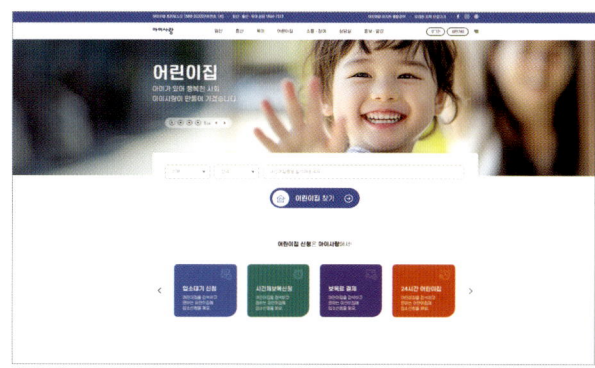

어린이집 입소 신청 순서

어린이집을 선택하였다면 입소 신청을 합니다. 어린이집에 처음 가는 경우 3개소까지 신청 가능합니다.

STEP 1 아동 등록	입소할 아동을 등록합니다.
STEP 2 어린이집 검색	어린이집을 검색하고 신청할 어린이집을 선택합니다.
STEP 3 예약 신청	입소 대기를 신청합니다.
STEP 4 입소 대상자 확정	어린이집에서는 입소 우선 순위에 따른 대기 순서를 확인하여 입소 대상자를 확정합니다.
STEP 5 입소 우선 순위 자료 제출	어린이집 원장은 자동 연계되는 자격을 제외하고 보호자로부터 입소 관련 서류 일체를 받아 반드시 확인합니다.
STEP 6 아동 입소 처리	어린이집 원장은 입소 대기 순서에 따라 아동을 입소 처리합니다.

영유아 보육료 신청하기

정부에서 어린이집을 이용하는 0~5세 아동을 대상으로 지원하는 보육료는 반드시 보호자가 신청해야 합니다. 입소할 어린이집에 대기 신청이 되어 있어야 보육료 신청이 가능하다는 것을 잊지 마세요.

지원 대상	어린이집을 이용하는 0~5세 아동
지원 내용	아동의 나이, 어린이집 형태(종일반/맞춤반)에 따라 차등 지원되며 정부 시책에 따라 변경될 수 있으니 신청 전 반드시 확인 필요
신청 방법	등록지 읍, 면, 동 주민센터(동 행정 복지 센터) 방문 신청 또는 복지로 홈페이지
이용 방법	아이행복카드를 발급받은 뒤 결제

Part 2 우리 아이의 성장과 돌봄
13, 14, 15개월 계속 걸어 다녀요

가끔 엉덩방아를 찧기도 하지만 아이 혼자서 뒤뚱뒤뚱 잘 걸어 다닙니다. 원하는 물건이 보이면 걸어가서 호기심을 해결하느라 바쁜 하루를 보내기 때문에 안전사고에 특히 유의해야 하는 시기입니다.

점차 온몸의 근육을 써서 안정적으로 걸어요

아이들은 대부분 12~13개월에 걷기 시작하고, 13개월이 되면 혼자 걸을 수 있습니다. 처음에는 두 다리를 벌리고 뒤뚱뒤뚱 걷지만 점차 온몸의 근육을 쓰며 안정적으로 걷습니다. 계속 걸어 다니며 흥미가 생긴 물건에 다가가 탐색하는 것을 즐기다 보면 인지 능력도 발달합니다.

성장 기준표

개월 수	남아		여아	
	키(cm)	몸무게(kg)	키(cm)	몸무게(kg)
13개월	72.4~80.9	8.2~11.8	70.3~79.5	7.5~11.3
14개월	73.4~82.1	8.4~12.1	71.3~80.8	7.7~11.5
15개월	74.4~83.3	8.6~12.3	72.4~82.0	7.9~11.8

출처: 질병관리청 2017 소아 청소년 성장도표
▶ 질병관리청 성장 상태 측정 계산기

우리 아이는요!

▲ 생후 14개월 여아:
키 75.8cm, 몸무게 11.2kg

▲ 생후 14개월 남아:
키 77.6cm, 몸무게 10.4kg

물건을 끌고 다니기도 하고, 물건을 잡으려 가구 위에 올라가기도 합니다. 잠깐 방심한 사이에 아이가 넘어지거나 높은 곳에서 떨어질 수 있으니 주의해야 합니다.

손에 무언가를 쥐고 놀기 좋아해요

손놀림이 섬세해지고 손에 힘이 생겨서 손에 무언가를 쥐고 놉니다. 숟가락을 쥐고 두드리며 놀기도 하고, 블록을 쌓기도 하지요. 처음에는 크레파스로 종이를 두드리는데, 점점 손을 좌우로 움직여 휘갈기다가 직선을 그리게 됩니다. 선을 세로로 긋는 것은 15개월 이후에 가능해집니다. 음식을 흘리긴 하지만 숟가락을 들고 혼자 먹을 수 있습니다. 빠른 아이는 물건을 굴리고 잡을 수 있습니다.

독립심이 생기지만 양육자에게 의존도 해요

걷기와 손놀림이 능숙해지면서 혼자 하려는 독립심도 생깁니다. 스스로 해 보려는 시도를 많이 하지만 아직 조절 능력이 부족하고 의사소통도 원활하지 않습니다. 그러다 보니 목소리나 행동이 커지고, 못마땅하면 물건을 던지거나 소리를 지르는 등 거친 모습을 보이기도 합니다. 하지만 독립과 의존을 반복하기 때문에 양육자에게 매달리고 칭얼대기도 합니다. 이 시기에는 예민한 아이, 순한 아이 등 성격적인 개성이 조금씩 드러납니다. 칭찬받으면 웃고, 야단맞으면 우는 등 자기 감정을 명확히 표현할 수 있습니다.

익숙한 물건의 이름을 알고 기억력이 발달해요

주변에서 자주 보는 친숙한 물건의 이름을 말하면 가져와서 양육자를 기쁘게 합니다. 양육자가 자주 하는 말과 억양을 기억하고 따라 합니다.

또한 기억력이 발달하면서 의사를 보면 병원에 갔던 때의 기억을 떠올리며 우는 아이도 있습니다. 사라진 물체의 시각적 이미지가 전보다 오래 남게 되어, 장난감을 숨겨두면 찾으려고 합니다.

나는 이만큼 자랐어요!

혼자 몇 발짝씩 걷기 시작해요. 걸을 때는 다리를 벌리고 뒤꿈치를 들면서 뒤뚱뒤뚱거려요.

빠르게 계단을 기어 올라가요. 발달이 빠른 아이는 도움을 받아서 계단을 오를 수 있어요.

앉아 있다가 도움 없이 스스로 일어날 수 있어요. 물건을 쥐고 일어날 수 있어요.

물건을 잡거나 호기심을 해결하기 위해 가구나 물건 위로 기어 올라가요.

공을 던지기도 하는데 아직은 몸 전체를 사용해요.

블록을 쌓을 수 있어요.

나무 블록 위에 또 다른 나무 블록을 쌓으려고 해요. 블록을 2~3개 정도 쌓을 수 있어요.

손

자유롭게 끼적거려요.

13개월 무렵, 색연필을 잡고 종이를 통통 두드리거나 점을 찍을 수 있어요.

색연필을 잡고 좌우로 휘갈기며 선을 그리다가 15개월 무렵에는 세로로 선을 그을 수 있어요.

뚜껑 열고 닫기를 시도하는 아이도 있어요.

◀ 물건을 굴리고 잡을 수 있어요.

꺼낸 물건을 다시 넣을 수 있어요.

Ready! Set! Go!

- **사운드 완구**: 버튼을 누를 때마다 다른 소리가 나는 놀잇감으로 청각을 자극합니다. 소리에 반응하여 언어 능력을, 소리를 구별하여 인지 능력을 키울 수 있습니다.
- **쌓기 블록**: 호기심과 탐구력을 자극하며 손과 눈의 협응력 향상에 도움이 됩니다. 블록을 쌓고 부수며 인지력과 공간 감각 능력을 기를 수 있습니다.
- **색연필, 스케치북 및 낙서할 공간**: 소근육이 발달하여 자유롭게 손을 움직일 수 있는 아이를 위해 색연필, 스케치북을 준비해 주세요. 마음껏 낙서할 수 있도록 백지를 벽에 붙여 주면 좋습니다.

▲ 〈멀티 플레이 박스〉, 블루래빗

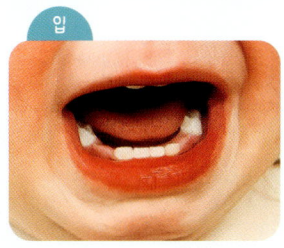
입

어금니가 나기 시작하는 아이가 많아요. 하지만 그 시기는 아이마다 달라요.

자조 기술

◀ 음식을 흘리기는 하지만 숟가락을 쥐고 혼자 밥을 먹을 수 있어요.

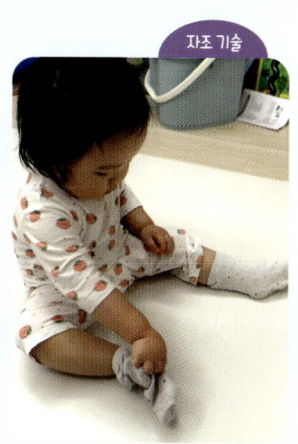
자조 기술

모자나 양말을 ▶
스스로 벗으려
시도해요.

기억력·인지

◀ 가지고 놀던 장난감을 숨기면 찾아내려고 해요.

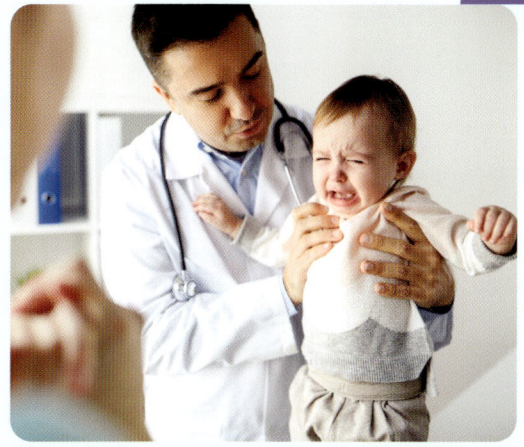
예전 기억을 떠올리며 의사를 보기만 해도 울어요.

의사소통

사물 이름을 20개 정도 이해하고,
아는 물건 이름을 말하면 가져오기도 해요.

육아 상식

자조 기술이란?

'자조 기술'이란 일상생활에 필요한 양말 신기와 벗기, 옷 입기와 벗기, 수저 사용하기, 용변 처리 등을 다른 사람의 도움 없이 스스로 해낼 수 있는 기술을 말합니다. '일상생활 활동'이라고도 합니다. 아이는 대개 12개월 무렵, 손을 다양하게 쓰게 되면서 자조 기술이 발달하게 됩니다. 감각 통합, 운동 발달, 인지 능력, 언어 능력 등이 통합적으로 이루어지면서 향상되는 기술이지요. 자조 기술이 발달된 아이일수록 스스로 상황을 해결하려 하고 남을 도와주려는 모습을 보여 단체 생활에서 본보기가 됩니다. 자조 기술은 사회 관계 형성의 바탕이 되는 중요한 기술로, 수없이 반복되는 경험과 실패, 수정을 거쳐야만 획득할 수 있습니다. 처음부터 잘하는 아이는 없습니다. 아이에게 다양한 경험과 기회를 제공하여 아이 스스로 잘할 수 있을 때까지 지켜봐 주세요.

Part 2 우리 아이의 성장과 돌봄
16, 17, 18개월 도구를 잘 사용해요

걷기에 능숙해진 아이는 양육자의 손을 잡지 않고 혼자 앞으로 나아갑니다. 하루하루 성장하는 아이 모습에 뿌듯하지만, 짜증이 나면 소리치며 떼를 쓰기도 하는 아이를 돌보기가 쉽지 않은 시기입니다.

손을 아래로 내리고 능숙하게 걸어요

대부분의 아이는 16~18개월에는 걷기에 능숙해지고 몸의 균형을 잘 잡게 됩니다. 하지만 가끔 불안정한 자세로 걷다가 부딪치며 넘어지기도 합니다. 난간을 잡고 계단을 올라갈 수 있고, 빠른 아이는 18개월쯤 공을 잡은 채 균형을 잡으며 걷기도 하고 천천히 달리기도 합니다.

성장 기준표

개월 수	남아		여아	
	키(cm)	몸무게(kg)	키(cm)	몸무게(kg)
16개월	75.4~84.5	8.8~12.6	73.3~83.2	8.1~12.1
17개월	76.3~85.6	8.9~12.9	74.3~84.4	8.2~12.3
18개월	77.2~86.7	9.1~13.1	75.2~85.5	8.4~12.6

출처: 질병관리청 2017 소아 청소년 성장도표
▶ 질병관리청 성장 상태 측정 계산기

우리 아이는요!

책장을 넘겨요.

▲ 생후 17개월 여아:
키 78.4cm, 몸무게 12.0kg

엄마 선물 가져왔어요.

▲ 생후 16개월 남아:
키 80cm, 몸무게 10.2kg

활동량이 늘면서 몸무게는 천천히 증가하고 체형이 조금 날렵해지는 시기입니다. 몸무게가 늘지 않는다고 걱정하지 마세요.

간단한 조작이 가능하여 도구를 쓸 수 있어요

손가락 기능의 발달로 간단한 조작이 가능해집니다. 블록을 4개쯤 쌓을 수 있고 낙서하기를 좋아합니다. 숟가락과 포크를 잘 쓰게 되고 이전보다 음식을 덜 흘리며 먹습니다. 손잡이 없는 컵을 두 손으로 잡고 물을 마시기도 합니다. 책장을 2~3장씩 넘길 수 있습니다.

시각, 청각이 발달하고 리듬감도 생겨요

성인의 시력 정도는 안 되지만 멀리 있는 물건을 볼 수 있으며 손가락으로 가리키는 대상물도 볼 수 있습니다. 청각이 발달해서 텔레비전 소리와 사람 목소리의 차이를 알 수 있으며 높은 음과 낮은 음을 구별합니다. 초인종이 울리면 현관으로 가거나, 전화가 울리면 전화기를 가져다주는 아이도 있습니다. 청각과 운동 능력이 발달하면서 리듬감을 몸에 익히게 되며, 음악에 맞춰 춤을 춥니다.

뜻대로 되지 않으면 떼를 써요

18개월쯤 되면 10개 정도의 단어를 말해요. 뜻대로 되지 않으면 떼를 씁니다. 이는 하고 싶은 일은 많아지는데 신체 조절 능력과 인지 능력이 부족하기 때문에 느끼는 좌절감의 표현입니다. 아이와 기싸움을 하기보다는 안아서 다독여 주는 것이 좋습니다.

소변이 마려울 때 신호를 보내기 시작해요

18개월 무렵이면 소변이 보고 싶을 때 신호를 보낼 수 있습니다. 방광에 오줌이 차서 오줌이 마렵다는 것을 느낄 정도로 뇌와 신경이 발달한 것이지요. 배변 훈련은 언어 발달, 신체 발달 등을 종합적으로 고려하여 시작합니다.

어금니가 나면서 씹는 힘이 강해져요

위아래의 앞니에 이어 어금니가 나면서 씹는 힘이 강해져 단단한 음식을 먹을 수 있습니다. 씹는 동작은 뇌 신경을 자극해 두뇌 발달을 돕습니다. 음식을 꼭꼭 씹어 먹고, 이의 안쪽까지 꼼꼼하게 닦을 수 있도록 도와주세요.

나는 이만큼 자랐어요!

다리

자연스럽게 걸어요.

손을 아래로 내리고 자연스럽게 걸어요. 안정적으로 걸으며 종종걸음이나 뒷걸음질도 할 수 있어요.

손을 잡고 계단을 올라요.

손을 잡거나 난간을 잡고 계단을 오를 수 있어요.

손을 잡아 주면 천천히 계단을 내려올 수 있어요.

걱정은 No! No!

말하기도 걷기와 마찬가지로 개인차가 큽니다. 아이는 생각이나 감정을 소리로 표현하는 '표현 언어'보다, 말을 알아듣고 행동으로 표현하는 '수용 언어'가 먼저 발달하기 때문에 말하는 것이 늦더라도 걱정할 필요는 없습니다. "엄마 어디에 있지?"라고 물었을 때 말하지 못해도 방향을 가리킬 수 있다면 괜찮습니다. 아이가 말을 알아들었다는 뜻이기 때문입니다. 말이 느린 아이도 언젠가는 쉴 새 없이 말하는 날이 옵니다. 아이에게 말을 많이 걸어 주고 반응하면서 격려해 주세요.

18개월 무렵, 공 같은 것을 잡은 채 걸을 수 있어요.

개인차가 있지만 미끄럼틀을 타고 내려오는 아이도 있어요.

음악을 들려주면 리듬에 맞춰 춤을 출 수 있어요.

손

도구를 사용할 수 있어요.

블록 3~4개 정도를 위로 쌓을 수 있어요.

눈

멀리 있는 것도 볼 수 있고, 어른이 손가락으로 가리키는 대상물도 볼 수 있어요.

정서

싫어~!

뜻대로 안 되면 떼를 쓰기도 해요.

딩동!

아빠, 아빠!

초인종 소리가 나면 현관으로 가기도 해요.

Ready! Set! Go!

- **어린이 축구공**: 촉감이 부드럽고 색깔이 선명하며, 어른 축구공보다 작은 공을 준비합니다. 발로 차도 발등이 아프지 않은 것이어야 합니다.

- **모래놀이 장난감**: 촉각을 자극하고 눈과 손의 협응력을 기르는 데 도움이 됩니다. 놀이터의 모래 위생 상태가 걱정된다면, 모래놀이 놀잇감으로 실내에서 놀게 합니다.

- **컵 쌓기 블록**: 컵을 차곡차곡 쌓으면서 손끝의 힘과 균형 감각을 기를 수 있습니다. 블록보다 쌓기 쉬우며, 아이가 더 자라면 크기 개념을 익히는 데도 활용이 가능합니다.

▲ 〈모래 놀이 테이블〉, 블루래빗

〈컵쌓기 블록〉, 블루래빗 ▶

손잡이가 없는 컵으로 물을 마실 수 있어요.

숟가락과 포크를 잘 사용하게 되고, 음식을 덜 흘리며 먹게 돼요.

스스로 바나나 껍질을 까서 먹을 수도 있어요.

육아 상식

포인팅

돌 무렵에 손가락으로 가리키는 행동인 '포인팅'을 하는 아이도 있습니다. 포인팅은 눈맞춤과 함께 발달하는데, 대개 15개월경 포인팅을 하면서 시선도 옮기고 의사 표현을 할 수 있습니다. 무언가를 요구하거나 거부한다는 뜻을 전하기 위해 포인팅을 하지요. 한편, 양육자가 가리키는 사물을 향해 아이의 시선이 따라가는 것도 사회성 발달을 알아보는 지표입니다. 대상물로 시선을 함께 옮길 수 있다는 것은 타인과 관심사를 공유하는 사회적 행동이거든요. 또한 아이는 어떤 것을 보여 주거나 자랑하고 싶을 때 포인팅을 하는데, 이는 타인과 감정, 관심사 등을 공유하고자 하는 높은 수준의 사회적 상호 작용입니다.

자아 발달과 고집 부리기

두 돌 전후, 아이가 고집을 피우는 것은 자아가 발달하는 과정으로, 성장에 필요한 단계입니다. 순하던 아이도 '내 것', '하고 싶은 것'이 중요해지면서 고집쟁이가 되지요. 언어 표현이 미숙한 아이가 원하는 것이 충족되지 않으면 떼를 쓰고 드러눕거나 울음 등으로 표현하는 것입니다. 무조건 들어주기보다는 안 되는 것에 대해서는 단호하고 일관성 있는 태도로 대해야 합니다. 하지만 일상생활에서 위험 요소가 없는 일에 도전해 보려고 고집을 부린다면 스스로 해 보게 놔두는 것이 좋습니다.

분노 경련

아이가 욕구 불만이 있거나 분노했을 때 큰 소리로 울고 입술이나 얼굴이 파래지며 호흡 정지 상태가 되고, 때로는 경련을 일으키는 것을 '분노 경련'이라고 합니다. 일종의 스트레스 증상으로, 쉽게 흥분하며 신경질적인 아이에게서 나타납니다. 분노 경련을 일으킨 아이는 얼른 품에 안고 토닥여 주는 것이 좋습니다.

Part 2 우리 아이의 성장과 돌봄 `13~18개월`

어떻게 먹일까? 어떻게 돌볼까?

🍼 잘 먹는 아이로 키우기

어른이 먹는 음식 대부분을 먹을 수 있습니다

이유식 완료기 단계로, 이유식이 주식이고 수유는 간식이 됩니다. 수유 : 이유식 비율은 30 : 70에서 20 : 80까지 가능합니다. 아이는 어른이 먹는 음식 대부분을 먹을 수 있어 이유식 준비가 조금 수월해집니다. 어른의 음식보다 잘게 썰어서 좀 더 부드럽게 익히고 간은 덜하면 됩니다. 올바른 식습관 형성을 위해 달고 짜고 기름진 음식은 피합니다. 상차림은 밥과 반찬 형태로 제공합니다.

하루에 900kcal 정도를 섭취합니다

돌이 지난 아이의 하루 권장 섭취량은 900kcal입니다(보건복지부, 2020 한국인 영양소 섭취 기준). 하루 식사에는 밥, 고기, 채소, 과일, 우유(수유)의 5가지 식품군을 모두 포함하고 밥에는 잡곡을 절반 정도 섞는 것이 좋습니다. 고기는 기름이 없는 부위로 매일 줍니다. 생선은 기름이 적은 흰살 부분으로 일주일에 2번 이내로 주고, 달걀과 두부는 일주일에 2~3번 주면 됩니다. 간식으로 당도 높은 과일은 피하고, 인스턴트식품이나 단 음식도 주지 않도록 합니다.

1일 권장 섭취량 900kcal

식사				간식	
곡류군	어육류군	채소군	과일군	우유군	유지류
밥 1/3 공기 ×3회	고기 15g, 생선 20g, 달걀 1/3개, 콩 10g 중 택 1×3회	1~2큰술 ×3회	사과 1/3개, 배 1/4개, 바나나 1/2개 중 택 1×1회	400~500mL (모유 수유 3~4회)	조리 시 요리용 기름* 2~3 작은술

*콩기름, 참기름, 들기름, 올리브유 등 요리용 기름 모두 포함

보건복지부 한국인 영양소 섭취 기준 활용자료

TIP 완료기 이유식의 기본 원칙

- 하루 세 끼, 아침, 점심, 저녁을 먹는 것이 기본입니다. 30~40분 동안 정해진 장소, 정해진 자리에서 스스로 음식을 먹는 습관을 들입니다.
- 성인이 먹는 식재료의 대부분을 사용하되, 좀 더 작고 부드럽게 익힙니다.
- 진밥과 간을 하지 않은 반찬을 식판 등에 따로 담아 골고루 먹을 수 있게 합니다.
- 식사 시간과 간식 시간 외에는 먹을 것을 주지 않는 것을 원칙으로 합니다.

💤 잘 자는 아이로 키우기

낮잠을 포함하여 11~14시간 재우는 것이 적당합니다.

하루 적정 수면 시간

8시간 이하	9~10시간	11~14시간	15~16시간	17시간 이상
좀 더 재워야 해요.	적당히 자고 있어요. 졸려 보이면 1~2시간 더 재워요.	권장하는 수면 시간 이에요.	적당히 자고 있어요. 아이가 안 자려 하면 좀 덜 재워도 돼요.	너무 많이 재우고 있어요.

밤에는 푹 재우고 낮잠도 재우는 것이 좋습니다

성장 호르몬은 다른 호르몬의 생성을 유도하며 연골을 성장시킵니다. 성장 호르몬의 3분의 2는 밤사이 분비되므로 밤에 잠을 푹 자야 잘 자랍니다. 오후에 2~3시간 정도 낮잠을 재우는 것이 좋습니다. 아이에게 낮잠은 밤잠만큼 중요합니다. 낮잠은 두뇌 발달에 도움이 되며 활동성 에너지를 만들어 줍니다. 아이들은 한꺼번에 많은 정보를 받아들이는데, 낮잠을 잘 때 뇌에서 정보를 정리하고 기억합니다. 또한 낮잠은 스트레스 호르몬을 낮춰 주고 면역력을 높여 줍니다. 세 돌까지는 짧게라도 낮잠을 자게 합니다.

 건강한 아이로 키우기

 이 시기에 필요한 접종 및 검진

대상 감염병	접종 횟수	12개월	15개월	18개월	24개월	36개월
DTaP	5회			4차		
Hib	4회		4차			
폐렴 구균	4회		4차			
MMR¹⁾	4회		1차			
수두	1회		1차	2차(선택)		
일본 뇌염	사백신 5회	1차/2차				
	생백신 2회		1차			
A형 간염	2회		1차/2차			
인플루엔자 (독감)		매년 가을 접종				
수막 구균			고위험군(선택)			

1) MMR: 홍역, 볼거리, 풍진을 말하며 MMR 백신은 12~15개월 사이에 1차 접종을 하고, 4~6세 사이에 2차 접종을 합니다.

배변 훈련을 준비할 수 있습니다

아이가 돌이 지나서 걸어 다니게 되면 부모는 배변 훈련을 언제 시작하면 좋을지 고민하게 됩니다. 배변 훈련의 시기는 정해져 있는 것이 아닙니다. 발달의 개인차와 기질, 성향 등을 고려하여 시작하면 됩니다. 아이가 기저귀를 떼고 화장실 변기에 앉을 수 있으려면 대소변이 마려운 느낌과 변이 나온다는 감각을 느낄 수 있어야 가능하기 때문입니다. 아이의 신체·감각 능력·인지·언어 발달 정도를 파악하여 대개 18~36개월 사이에 시작할 것을 권장합니다. (*배변 훈련에 대한 자세한 내용은 102~103쪽 참고)

영상 매체를 혼자 오래 보지 않도록 합니다

아이가 점차 유아 프로그램에 흥미를 보이는 시기로, 텔레비전이나 태블릿, 스마트폰 앞에 앉으면 얌전해집니다. 양육자가 집안일을 하는 동안이나 외출 시 우는 아이를 달래는 경우처럼 부득이한 상황일지라도 동영상 시청은 30분을 넘기지 않도록 합니다. 영상 매체를 아이 혼자 접하는 시간이 길어지고 습관화되면 바깥 놀이나 다른 사람과 소통하는 기회가 줄어들 수 있습니다. 영상 매체를 볼 때는 양육자가 함께 보면서 이야기를 나누어야 정서 발달과 사회성 발달에도 도움이 됩니다.

잘 노는 아이로 키우기

다양한 손 놀이로 소근육을 발달시킵니다

손놀림이 섬세해지는 시기이므로 소근육 발달과 협응 능력 발달에 도움이 되는 블록, 점토, 모래 등의 놀잇감을 활용합니다. 집짓기 블록으로 창의력과 구성력을 기를 수 있으며, 블록 높이 쌓기 놀이를 하며 적당한 긴장감을 즐기며 집중력도 기를 수 있습니다.

점토 놀이, 밀가루 놀이는 촉각 발달과 손힘을 기르는 데 도움이 됩니다. 특히 밀가루는 물 양에 따른 반죽의 질감 변화를 관찰할 수 있고, 천연 가루를 섞어 반죽의 색깔 변화를 관찰할 수도 있는 좋은 재료입니다.

떼었다 붙였다 하는 것이 가능한 아이에게는 스티커 놀이를 추천합니다. 아이가 흥미로워할 뿐만 아니라, 스티커를 떼기 위해 손을 조작하고 종이에 붙이는 활동을 하면서 눈과 손의 협응력을 키울 수 있습니다. 발달 수준에 따라 아이가 흥미를 못 느끼는 활동은 나중에 시도합니다. 종이접기는 집중력과 협응력 발달에 도움이 되지만 아이가 어려워할 수 있습니다.

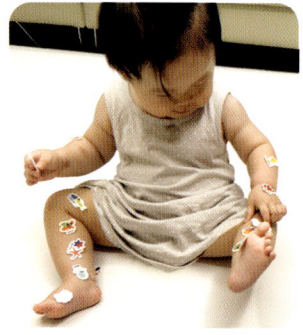

장난감을 함께 정리하는 습관을 들입니다

아이가 상자나 바구니에서 물건을 꺼냈다가 집어 넣을 수 있다면, 장난감을 가지고 논 뒤에는 함께 정리를 해 보세요. 빨리 정리를 끝내고 싶은 마음에 양육자가 혼자 치우는 경우가 있는데, 시간이 걸리더라도 아이 스스로 정리하는 습관을 들이게 해야 합니다. 아이가 자라면, 종류별로 정리하기를 통해 '분류' 개념도 자연스럽게 습득할 수 있습니다. 아이가 혼자 넣었다 뺐다 할 수 있는 수납 공간을 마련해 주고, 정리가 끝난 뒤에는 칭찬하는 것도 잊지 마세요.

다양한 놀잇감과 도구를 조작하며 놀게 합니다

걸음마기의 아이는 놀잇감과 도구를 조작하며 노는 '기능적 놀이(조작 놀이)'를 활발히 합니다. 아이는 놀잇감을 조작하며 자신의 능력을 확인하고 잘 해내고 싶은 욕심을 갖게 됩니다. 예를 들어 블록을 높이 쌓고 싶어 하고, 퍼즐을 잘 맞추고 싶어 하지요.

아이는 놀이를 통해 장난감 자동차를 세게 밀면 빠르게 움직인다는 원리와 같은 세상의 이치나 행동의 결과를 이해하게 됩니다. 쌓기 블록, 꼭지 퍼즐, 장난감 자동차처럼 간단한 조작이 가능한 놀잇감을 제공하여 아이가 놀면서 문제 해결 능력을 키울 수 있게 해 주세요.

발달 단계별 또래 관계

영아도 자신과 비슷한 나이의 또래와 상호 작용을 하며 관계를 형성할 수 있는 능력이 있습니다. 두 명 이상의 영아는 주로 놀이 상황에서 언어적·신체적·정서적인 영향을 주고받습니다. 아이는 또래와의 상호 작용을 통해 자기중심적인 행동과 태도를 상황에 맞게 조절할 수 있게 되지요. 또래와의 상호 작용은 발달 단계에 따라 차이가 있으며, 언어 능력과 인지 능력이 발달하면서 점차 복잡한 관계로 발전합니다.

12개월 이전 생후 8~9개월에는 또래를 쳐다보거나, 옆에 있으면 만지는 등 관심을 보이기도 합니다. 하지만 같이 놀지 않고 각자 자기 놀잇감을 가지고 혼자 놉니다. 상호 작용이 단순하고 지속 시간이 짧아서, 관계의 형성이라기보다는 탐색에 가깝습니다.

12~24개월 점차 옆에 또래가 있으면 관심을 보이고, 놀잇감을 건네주기도 합니다. 18개월 이후에는 또래의 행동을 모방하기도 하고 쫓아다니는 등 관계적인 행동을 보이기도 합니다. 혼자 하는 놀이에서 점차 '함께 있는' 놀이로 발전하는 단계이지만, 아직 함께 노는 것은 미숙합니다.

24~36개월 2세 이후에는 또래와 조금씩 함께 놀게 됩니다. 2~3명이 함께 있을 때 따로 놀기도 하지만, 각자 놀면서도 또래가 옆에 있는 것을 좋아합니다. 의사소통이 가능해지고 다가갈 수 있는 능력이 생기면서 상호 작용은 이전보다 더 복잡하고 정교한 양상을 띠며 상호 작용 시간도 길어집니다. 웃음 같은 긍정적인 상호 작용을 보이는 등 정서적 표현을 합니다. 하지만 장난감을 두고 싸우고 때리는 등 부정적인 상호 작용도 보입니다. 이는 언어 능력, 인지 능력 및 사회성 기술이 부족하고 자기중심적인 어린아이의 특성이므로 크게 걱정하지 않아도 됩니다. 시행착오를 거치면서 긍정적인 상호 작용으로 발전하기 때문입니다.

36개월 이후 친밀하게 노는 것이 가능해져서 함께 뭔가를 만들기도 하고, 여러 명이 놀이를 같이 하기도 합니다. 언어 능력이 발달하여 서로 말을 주고받으며 놀게 됩니다.

Part 2 우리 아이의 성장과 돌봄

Q&A

Q 손톱이 살을 파고 들어가는데 어떻게 해야 할까요?

A 손톱이 살을 파고 들어가는 증상은 아이가 자라면서 대부분 자연스럽게 낫는 경우가 많습니다. 상태를 지켜봐도 되지만, 곪거나 염증이 생긴다면 피부과나 외과 진찰을 받아야 합니다. 아이의 손톱을 잘라 줄 때는 너무 짧게 자르지 않도록 하고, 조금씩 자주 잘라 주세요. 또한 6~7세가 되어도 손톱이 살을 파고 들어가는 증상이 나아지지 않으면 병원에 가서 진료를 받도록 합니다.

Q 바깥에서 칭얼거림이 심할 때는 어떻게 해야 할까요?

A 아이와 외출을 했는데 칭얼거려서 난처했던 경험은 누구나 있을 것입니다. 아이와 마트에 갈 때에는 쇼핑 목록을 미리 정해 놓고 필요한 것만 얼른 구매해서 나오도록 합니다. 버스, 전철 등 대중교통을 이용할 때 칭얼거린다면 바깥 풍경을 보여 주거나 그림책 등을 보게 하는 것도 좋은 방법입니다. 이때 아이를 달래려고 바로 스마트폰을 보여 주는 것은 바람직하지 않습니다.

Q 유치가 비스듬히 난 경우, 영구치에 영향을 주지 않을까요?

A 유치는 어떤 모양으로 나든 걱정하지 않아도 됩니다. 이가 비스듬히 또는 구부러져서 나거나 이 사이에 틈이 생겨도 나중에 영구치에 거의 영향을 주지 않습니다. 걱정된다면 생후 18개월부터 시작되는 영유아 구강 검진을 받을 때 의사와 상담해 보세요.

Q 침을 너무 많이 흘리는 것도 병일까요?

A 아이들은 18개월 무렵, 이가 나는 시기에는 침을 많이 흘립니다. 침의 양은 개인차가 있는데 발육이나 발달 과정에 다른 문제가 없다면 걱정하지 않아도 됩니다. 턱받이를 해 주고, 침을 흘릴 때마다 잘 닦아 주세요. 단, 먹을 때 아파한다면 구내염이 원인이 되어 침의 양이 많아진 것일 수 있으니 입안을 확인해 보세요.

Q 18개월이 되어도 말을 하지 못하는데 괜찮을까요?

A 아이가 말을 하게 되는 시기, 구사하는 어휘의 수는 개인차가 큰 편으로, 2세가 되었는데도 말을 하지 않던 아이가 나중에 또래보다 말을 잘하게 되는 경우도 있습니다. 아이가 소리는 잘 내고, 발달 과정에 별다른 문제가 없으며, "밥 먹자!"와 같은 간단한 말을 듣고 이해한다면 걱정하지 마세요. (*69쪽 'Check Check!_언어 평가가 필요한 경우' 내용 참고) 아이에게 말을 많이 걸어 주고 노래도 많이 들려주면서 기다려 주세요. 언젠가는 재잘재잘 수다스러울 정도로 말하는 날이 올 것입니다.

건강하지 않은 변, 변비와 설사

이유식 입자가 굵어지고 수유량이 줄어들면서 아이의 변의 횟수나 형태가 변하게 됩니다. 평소에 아이의 변을 잘 관찰하여 아이가 변비나 설사로 힘들어하지 않도록 하고, 필요한 경우에는 진료를 받아 건강한 변을 볼 수 있도록 합니다.

변비

변을 보는 횟수보다 변의 양상이 중요합니다
비슷한 양의 모유나 분유만 먹던 신생아 시기에는 매일 일정한 패턴으로 변을 보지만, 이유식을 시작하면서 식재료의 종류와 조리 방법, 먹는 양에 따라 변을 보는 횟수와 양상이 달라집니다. 보통 일주일에 3회 이상 변을 보면 정상인데, 횟수보다는 변의 양상이 중요합니다. 매일 변을 보더라도 변이 딱딱하고 굵어(브리스톨 대변 척도 1, 2형) 아이가 변 보는 것을 힘들어한다면 변비입니다.

수분 섭취를 늘리고 섬유질 많은 식재료를 활용합니다
변비일 경우, 변을 부드럽게 만들어 줘야 합니다. 수분량을 늘리고 고구마, 사과, 바나나, 브로콜리, 양배추 등의 섬유질이 많은 재료와 장운동을 도와주는 재료로 이유식을 만들어 주세요. 마사지를 통해 장운동을 촉진하는 것도 도움이 됩니다.

심한 변비일 경우, 변비약 처방을 받아 복용합니다
변비는 초기에 치료해야 효과를 볼 수 있습니다. 변비가 지속되면 아이가 변을 참으려 하면서 변이 더 딱딱해져 증상이 악화될 수 있습니다. 심한 변비일 경우, 의사에게 처방 받은 변비약을 복용합니다. 소아 변비에 처방되는 약은 내성이 생기지 않습니다. 또한 변비가 나아진 것 같다고 판단되더라도 임의로 약을 중단하지 말고, 의사의 지시에 따르도록 합니다.

브리스톨 대변 척도

1형		딱딱하고 분리된 덩어리 형태	심한 변비
2형		소시지 모양, 덩어리짐	가벼운 변비
3형		소시지 모양, 표면이 갈라짐	정상
4형		매끄럽고 부드러운 소시지 또는 뱀 모양	정상
5형		가장자리가 뚜렷하게 잘린 부드러운 방울 모양	섬유질 부족
6형		가장자리가 울퉁불퉁한, 뭉개지고 푹신한 조각	설사
7형		단단한 덩어리가 없는 물 같은 상태	심한 설사

무른 변과 설사

변에 수분량이 많아 기저귀가 젖을 정도(브리스톨 대변 척도 6, 7형)를 설사라고 합니다. 아이들은 이유식 재료의 변화나 환경 변화 등에 의해 일시적으로 설사를 하기도 합니다. 이때 다른 불편한 증상이 없다면 의심되는 요인을 없애 주고 추이를 지켜봅니다. 하지만 바이러스나 세균 감염으로 인한 설사라면 반드시 치료가 필요합니다.
설사를 많이 하면 탈수가 일어날 수 있으니 끓여서 식힌 물 등으로 수분을 보충해 줍니다. 이유식을 중단하고 물만 먹이거나 수유만 하는 것은 바람직하지 않습니다.

Smart 육아 정보
배변 훈련 어떻게 할까?

아이가 걸음을 잘 걷게 되면, 기저귀를 먼저 뗀 아이를 볼 때마다 부럽기도 하고 조급한 마음도 생깁니다. 배변 훈련의 적기와 진행 방법을 알아보고, 우리 아이가 기저귀와 작별을 제대로 할 수 있게 도와주세요.

배변 훈련의 적절한 시기

혼자 걷고, 앉았다가 일어날 수 있을 때 시작합니다
대소변을 가린다는 것은 변이 마렵다고 느낀 아이가 변기에 앉을 때까지 참았다가 배출할 수 있는 것을 말합니다. 이를 위해서는 아이 혼자 걷고 잠깐 앉았다가 일어나는 것이 가능할 정도로 뇌신경이 발달해야 합니다. 뇌신경이 근육을 제대로 통제할 수 있어야 배변 훈련을 시작할 수 있습니다.

소변을 보는 간격이 2시간 이상 되어야 합니다
소변이 마려워도 2시간 정도는 참을 수 있어야 합니다. 2시간 간격으로 소변을 본다는 것은 방광에 소변을 저장할 수 있다는 뜻이므로 배변 훈련을 시작해도 됩니다. 소변은 방광에, 대변은 직장에 모으는 능력, 즉 요도와 항문의 괄약근을 조절할 수 있어야 배변 훈련이 가능합니다.

기저귀에 변이 묻는 것을 싫어하게 될 때 시작합니다
아이는 감각이 발달하면서 기저귀에 대소변이 묻거나 축축해진 느낌이 싫다는 표현을 하게 됩니다. 불편해하면서 옷을 만지거나 기저귀를 갈아 달라고 하면 배변 훈련을 할 준비가 된 것입니다.

변을 보고 싶다고 표현할 수 있을 때 시작합니다
"쉬 할래?", "응가 할까?"라고 물을 때 아이가 말뜻을 알아들을 수 있어야 합니다. 대소변을 보고 싶을 때, 기저귀에 배변을 했을 때, 아이 스스로 "엄마, 응가!"라고 말하거나 행동으로 의사 표현을 할 수 있으면 배변 훈련을 시작합니다.

18~36개월 사이에 발달 상황에 맞춰 진행합니다
배변 훈련의 적기를 생후 18~24개월로 말하는 전문가들이 있습니다. 하지만 18개월이 된 아이라도 신체·감각 능력·인지·언어 발달이 이루어지지 않았다면 시기를 늦춰야 합니다. 배변 훈련을 쉽고 빠르게 마치고 싶다면, 생후 24개월 이후에 시작하는 것이 좋습니다. 대소변을 가리는 것은 여러 가지 능력과 많은 단계가 필요하므로, 언제까지 기저귀를 떼어야겠다는 압박감을 버리고, 여유를 가지고 차근차근 진행합니다. 아이가 준비될 때까지 기다려 주세요.

배변 훈련 단계와 진행 방법

1단계_변기와 친해지기
아이가 원하는 디자인이나 멜로디가 나오는 아이 전용 변기를 구입하여 화장실 앞, 거실 등 잘 보이는 곳에 둡니다. 어른 변기를 사용할 경우에는 아이용 시트를 변기에 부착합니다. 이때 아이 발이 바닥에 닿도록 보조 계단을 준비합니다. 변기에 손잡이를 달아 주면, 아이가 앉았다 일어나기 쉽고, 괄약근을 잘 조절할 수 있습니다. 변기와 친숙해지도록 변기를 의자처럼 사용하고, 목욕 후에 맨살로 변기에 앉아 보게 합니다.

2단계_기저귀 벗고 변기에 앉기
훈련 초기 일주일 동안 하루에 최소 2~3회 이상 기저귀를 입은 채로 변기에 5분쯤 앉아 있는 연습을 합니다. 기저귀를 벗고 변기에 앉는 것은 서서히 시도합니다. 변기에 앉은 아이에게 책을 읽어 주거나, 양육자가 아이와 함께 앉아 있는 것도 좋습니다. 양육자나 형제가 변기 사용하는 모습을 보여 주어 아이가 따라 할 수 있게 해 주세요.

3단계_기저귀 떼고 팬티 입기
변이 마렵다는 감각을 알아차리고 변기에 앉는 연습을 합니다. 아이에게 기저귀 대신 팬티를 입히고 2시간마다 변기에 앉힙니다. 팬티를 벗고 변기에 앉는 시간과 횟수를 점차 늘려 갑니다. 배변 패턴을 파악해 두었다가 용변 볼 시간에 맞춰 변기에 앉히면 좋습니다. 대소변을 가리면 기분이 좋고 깔끔하다는 느낌을 아이가 알 수 있도록 더러워진 팬티는 자주 갈아입힙니다.

4단계_변기에 앉아 스스로 팬티 벗는 연습하기
2시간마다 한 번씩 아이가 변기에 앉아 스스로 팬티를 벗게 합니다. 팬티를 벗는 동안 대소변을 참는 연습을 하게 됩니다.

 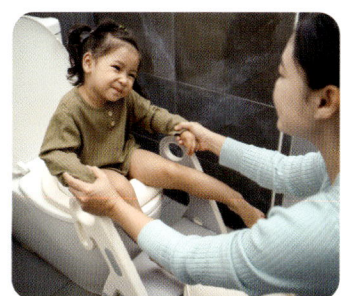

아이가 변기에 앉아 변을 잘 보게 되면 스스로 볼일을 보고 싶다고 말할 때까지 기다려 줍니다. 당분간 잠잘 때는 기저귀를 채웁니다. 자기 전에 화장실에 다녀오는 습관을 들이고, 아침까지 기저귀가 젖지 않았다면 칭찬해 주세요. 아이가 배변 훈련을 잘 따라 주면 차츰 기저귀를 떼고 팬티만 입혀 재웁니다.

집 밖처럼 낯선 환경에서는 긴장하여 배변이 잘 안 될 수 있으니, 아이가 외출 시 기저귀 차기를 원하면 아이 뜻대로 해 주세요. 배변 훈련이 완성되는 시기는 개인차가 크니 마음의 여유를 가지세요.

배변 훈련 시기를 늦춰야 하는 경우
언어나 인지 발달이 늦은 아이나 변비, 신경 질환 등으로 치료 중인 아이는 배변 훈련 시기를 늦추고 전문가와의 상담을 통해 시기를 정할 것을 권합니다. 최근에 동생이 태어나거나, 어린이집 입소, 이사처럼 낯선 환경에 적응 중일 때, 어린이집에서 배변 훈련을 전혀 하고 있지 않은 경우에도 배변 훈련을 늦춰야 합니다.

Part 2 우리 아이의 성장과 돌봄
19~24개월 운동 능력이 발달해요

이제는 아이 혼자서 잘 걷고 뛰어다니기도 합니다. 아기에서 유아로 넘어가는 시기로, 어휘력이 폭발적으로 늘어 양육자를 놀라게 만들기도 하지요. 말귀를 알아듣고 간단한 심부름도 할 수 있답니다.

운동 능력이 발달하고 뛰기에 익숙해져요

운동량이 많아지면서 몸무게와 키의 증가 속도는 완만해지고, 골격이 튼튼해집니다. 안정적으로 걷게 된 아이는 이제 빨리 걸을 수 있어요. 방향을 바꾸며 자유롭게 걷다가 뛰기도 합니다. 뛰면서 걸을 때보다 많은 근육을 사용하고, 심장과 주변 근육이 튼튼해져요. 뛰어다니며 탐색하는 과정을 통해 시각, 촉각 등의 감각이 크게 발달합니다.

우리 아이 성장 기록표 (2~3개월마다 자유롭게 기록)

날짜	키(cm)	백분위수	몸무게(kg)	백분위수

▶ 질병관리청 성장 상태 측정 계산기

! 운동 기능의 발달은 개인차가 커서 이 시기에 종종걸음을 하는 아이부터 아장아장 걷는 아이까지 다양합니다. 평균 발달 속도보다 늦어도 나중에 근력이 세지면서 운동을 잘하게 되는 경우가 많으니 걱정하지 않아도 됩니다.

혼자서 할 수 있는 것이 많아져요

엉거주춤한 자세로 계단을 오르던 아이가 선 채로 난간을 잡고 계단을 오를 수 있습니다. 낮은 디딤판에서 뛰어내릴 수도 있고, 5cm 높이의 장애물을 뛰어넘기도 합니다. 손동작이 섬세해지면서 손잡이를 돌려 문을 열 수 있습니다. 블록을 겹치거나 쌓는 기술이 향상되어 조립 놀이를 즐깁니다. 양말이나 신발을 혼자 신기도 하고, 조금 도와주면 옷을 혼자 벗을 수도 있어요. 양손 중 더 편하게 쓰는 손이 거의 정해집니다. 멀리 있는 것을 전보다 잘 볼 수 있고, 어른이 손가락으로 가리키는 것을 아이도 가리킬 수 있게 됩니다.

궁금한 것이 많아지며 어휘력이 급격히 늘어요

간단한 심부름을 할 수 있고 표현력과 어휘력이 폭발적으로 느는 시기입니다. 24개월이면 100개 이상의 단어를 말할 수 있어요. 주로 두세 단어로 된 문장을 말하고 가끔 혼잣말도 해요. 궁금한 것이 많아서 "이건 뭐야?"처럼 단순한 질문부터 상상하지 못한 질문까지 쏟아 냅니다. 아이의 호기심을 북돋고 언어 발달을 도우려면 성의껏 답해 주세요.

우리 아이는요!

▲ 생후 21개월 여아:
키 79.76cm, 몸무게 12.3kg

▲ 생후 19개월 남아:
키 80.3cm, 몸무게 10.5kg

자아의식이 뚜렷해져요

질투나 부끄러움 같은 다양한 감정을 표현합니다. 24개월 쯤 되면 나와 다른 사람을 구분하고 자아의식도 뚜렷해집니다. 내 것에 대한 애착과 소유 개념도 생겨서 남이 자기 물건을 만지면 소리치거나 때리기도 해요.

흉내 내기를 하며 가상 놀이를 할 수 있어요

모방 욕구가 강해져서 누가 가르쳐 주지 않아도 능숙하게 흉내를 내요. 기억력이 발달하면서 다른 사람의 행동을 관찰하고 나중에 떠올리는 것이 가능해요. '엄마인 척', '의사인 척'하며 소꿉놀이, 병원놀이를 할 수 있습니다.

나는 이만큼 자랐어요!

배

배가 볼록 나와 있는데 누우면 들어가요. 다리는 아직 O자 모양이에요.

다리

뛰어다닐 수 있어요.

뒤뚱거리지만 뛰어다닐 수 있고 빠르게 걸을 수 있어요.

선 채로 난간을 잡고 계단을 오를 수 있어요.

낮은 곳에서 풀쩍!

낮은 높이의 발판에서 뛰어내릴 수 있어요.

공을 던지기도 하고, 멈춰 있는 공을 찰 수도 있어요.

손

왼손이 편해요.

왼손, 오른손 중에서 더 편하게 쓰는 손이 거의 정해져요.

손잡이를 돌려 문을 열 수 있어요.

스티커를 떼었다 붙였다 할 수 있어요.

겹치거나 쌓는 기술이 향상되어 블록 쌓기를 즐겨해요. 24개월 무렵, 6~7개 정도의 블록을 쌓을 수 있어요.

장난감 칼로 장난감 과일을 자르며 소꿉놀이를 해요.

장난감을 일렬로 늘어놓으며 놀아요.

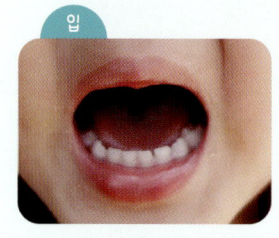

어금니가 한창 나고 송곳니가 나기 시작해요. 아직까지 침을 흘려요.

점차 손목을 능숙하게 움직이게 되지만, 아직은 팔 전체를 사용하여 선을 그어요.

꺼낸 물건을 다시 넣을 수 있어요.

멀리 있는 사물을 이전보다 잘 볼 수 있고, 어른이 손가락으로 가리킨 것을 가리킬 수 있어요.

자조 기술
스스로 양말을 신고 벗을 수 있어요.

혼자 신발을 신으려고 해요.

의사소통
엄마, 멍멍 가요.
어른이 하는 말을 알아듣고, 두세 단어로 된 문장을 말해요.

정서
토끼, 내 거!
내 것에 대한 소유 개념이 생겨요. 애착 인형 같은 것을 가지고 다녀요.

기억력·인지
아무도 못 보겠지?
상자 속에 들어가서 놀아요.

애기, 어부바!
다른 사람의 행동을 기억하고, 흉내 내요.

사회성
친구들과 뛰어다니거나 친구를 쫓아다니는 등 점차 또래와 어울리게 돼요.

Ready! Set! Go!

- 미끄럼틀: 계단과 미끄럼틀을 오르내리면서 팔, 다리, 대근육을 골고루 발달시킬 수 있습니다. 공간 개념도 생기고 담력도 키울 수 있어요.
- 퍼즐: 인내심과 문제 해결력을 동시에 키울 수 있고, 끝까지 퍼즐을 맞추면서 성취감을 맛볼 수 있어요. 난이도를 조금씩 높여 갑니다.
- 역할놀이 장난감: 병원놀이, 소꿉놀이 등의 장난감으로 역할놀이를 하며 일상 대화를 하는 동안 어휘력과 상상력을 기를 수 있어요.

▲ 〈원목 자석 동물 퍼즐〉, 블루래빗

〈베이비 케어 박스〉, 블루래빗 ▶

Part 2 우리 아이의 성장과 돌봄 (19~24개월)
어떻게 먹일까? 어떻게 돌볼까?

🍼 잘 먹는 아이로 키우기

돌이 지나면 아이가 먹는 양이 줄어들기도 합니다

잘 먹던 아이도 첫돌이 지나면서 덜 먹는다고 느껴지는 것은 자연스러운 현상입니다. 아이의 성장 속도가 완만해지면서 예전에 비해 에너지 요구량이 줄어들고 식욕이 감소하게 되는 것이지요. 이유식이 끝나면 질감이 굵고 단단한 음식을 먹게 되는데 이런 음식의 단위 부피당 열량은 이유식보다 높습니다. 따라서 먹는 양은 감소해도 질적인 면에서 예전과 비슷하거나 높아지기 때문에 문제가 없습니다.

1일 권장 섭취량

식사			간식		유지류
곡류군	어육류군	채소군	과일군	우유군	
밥 1/3 공기 × 3회	고기 15g, 생선 20g, 달걀 1/3개, 콩 10g 중 택 1×3회	1~2큰술 ×3회	사과 1/3개, 배 1/4개, 바나나 1/2개 중 택 1×1회	분유, 우유, 치즈, 요구르트 400~500mL	조리 시 요리용 기름 2~3 작은술

보건복지부 한국인 영양소 섭취 기준 활용자료

영양소를 고루 섭취하게 하며 간식도 잘 먹입니다

몸무게 1kg당 필요한 영양소의 양은 아이가 성인보다 훨씬 많습니다. 성장 발육이 한창 진행 중이기 때문이지요. 하루에 900kcal를 섭취하는 경우, 탄수화물 130g, 단백질 20g, 식이 섬유 15g, 칼슘 500mg, 철분 6mg을 섭취할 것을 권장합니다.(보건복지부, 2020 한국인 영양소 섭취 기준) 세 끼 식사뿐 아니라, 간식도 영양소를 고려해서 챙겨 주세요.

진하고 자극적인 음식은 피합니다

유아식을 조리할 때 어른 음식과 비슷하게 조리하면 진하고 자극적인 음식에 입맛이 길들여져 편식으로 이어질 수 있습니다. 미각 발달과 건강한 식습관을 위해 음식의 간을 약하게 하고, 감칠맛이 나면서 나트륨 함량이 적은 자연 재료를 이용하도록 합니다.

> **TIP** 유아식 음식군별 섭취량 계산하기
>
> **과일** 과일은 비타민 C의 주요 공급원이지만 몸에 좋다고 많이 먹이지 말고, 끼니 대신 과일을 먹이는 것도 피해야 합니다. 생과일 한 컵 분량은 말린 과일 반 컵과 같고, 원액 100% 주스 한 컵과 같습니다.
>
> **채소** 익힌 채소나 생채소나 똑같이 계산하며, 듬성듬성 담기는 잎채소는 두 컵 분량을 한 컵으로 계산합니다. 100% 생채소 주스 한 컵은 생채소 한 컵과 같습니다.
>
> **곡류** 어른 밥 1/3공기를 3회 먹입니다. 국수, 파스타는 쌀밥과 같은 분량을 한 끼로 계산합니다.
>
> **어육류** 쇠고기, 돼지고기, 닭고기, 생선류 모두 똑같이 계산하는데, 육류 30g은 달걀 한 개, 땅콩버터 한 숟가락, 또는 익힌 콩 1/4컵으로 대체할 수 있습니다.
>
> **우유군** 한 컵 분량의 우유와 요구르트는 똑같이 계산하며, 자연 치즈 40g, 가공 치즈 60g 정도가 우유 한 컵과 같습니다. 칼슘 강화 두유 1컵도 우유 1컵과 같이 계산하지만, 두 돌 이전에 우유 대신 두유를 주는 것은 권장하지 않습니다.

잘 자는 아이로 키우기

낮잠을 포함하여 11~14시간 정도로 충분히 재우는 것이 좋습니다. 최소 9시간 이상은 재워야 합니다.

하루 적정 수면 시간

8시간 이하	9~10시간	11~14시간	15~16시간	17시간 이상
좀 더 재워야 해요.	적당히 자고 있어요. 졸려 보이면 1~2시간 더 재워요.	권장하는 수면 시간이에요.	적당히 자고 있어요. 아이가 안 자려 하면 좀 덜 재워도 돼요.	너무 많이 재우고 있어요.

건강한 아이로 키우기

변비에 걸리지 않도록 합니다

유아식이 시작되면서 식습관이 변하여 변비가 생길 수 있습니다. 변비를 예방하기 위해 평소에 수분과 섬유질이 풍부한 채소를 먹이도록 신경을 씁니다. 또한 배변 훈련을 시작하면 아이가 변을 참다가 변비에 걸리기도 합니다. 변비가 심해지면 배변 훈련 시기를 늦추는 것이 좋습니다.

활동량이 많아지며 병원에 가는 일이 잦아집니다

어린이집 등에서 단체 생활을 하고, 놀이터에서 뛰어노는 등 바깥 활동이 잦아지면서 아이가 바이러스나 세균에 노출되는 일이 많아집니다. 감기, 수족구 등에 전염되지 않도록 밖에 나갔다 들어오면 손발을 깨끗이 씻는 습관을 들여야 합니다. 또한 호기심이 왕성해지고 이동이 자유로워진 아이가 혼자 행동하다가 크고 작은 안전사고가 발생하기도 합니다. 예전보다 아이가 자주 아프기도 하고 이래저래 병원에 가는 일이 잦아지는 시기인데, 아이의 증상을 의료진에게 정확히 전달할 수 있도록 미리 정리해 가면 도움이 됩니다.

TIP 의사에게 증상을 잘 전달하려면?

- 의사에게 최대한 많은 정보를 알리기보다는 현재의 증상에 집중해서 설명합니다.
- 새로운 병원에 가서 진료를 볼 경우, 이전 병원의 처방전이나 약 봉투를 찍은 사진을 준비해 갑니다.
- 아이의 증상을 사진이나 동영상으로 준비하여 제시합니다.

[예시] 설사하는 아이의 증상을 전달할 때

증상이 시작된 시점	어제 점심
구토, 설사 횟수 및 양	하루 4~5회 물똥. 양은 적음
동반 증상(열, 복통, 혈변 등)	열 있음(38.5℃)
식사량 및 수유량	저녁 이후로 못 먹음
탈수 증상(체중 감소, 소변량)	몸무게 500g 감소, 소변량 감소

이 시기에 필요한 접종 및 검진

- 4차 영유아 건강 검진(18~24개월)
- 1차 영유아 구강 검진(18~29개월): 어금니가 나오는 시기
- A형 간염 2차 접종: 1차 접종 후 6~12개월 사이
- 매년 가을 인플루엔자(독감) 접종

109

잘 노는 아이로 키우기

가상 놀이를 함께 합니다

아이가 '~인 척'하며 다른 사람의 행동을 흉내 낸다는 것은 주위 사람과의 관계에도 눈을 뜬다는 신호입니다. 소꿉놀이, 미용실놀이, 전화놀이 등의 가상 놀이는 언어 능력과 사회성 발달에 도움이 됩니다. 놀이 상대가 되어 아이의 말이나 행동에 적극 호응해 주세요. "지글지글 맛있는 냄새가 나요!"처럼 아이의 행동과 연결된 단어를 자연스럽게 들려주면 좋습니다.

점차 또래와 함께 어울려 노는 기회를 늘립니다

옆에 또래가 있어도 잠깐 관심을 보이다가 혼자 놀던 아이가 점차 또래와 어울리게 됩니다. 아직은 '함께 놀기'보다는 '함께 있기'의 형태로, 친구와 함께하는 것을 경험하는 정도로 만족합니다. 2세 이전의 아이들끼리 놀 때는 장난감을 아이 수만큼 준비합니다. 아직 각자의 장난감을 가지고 노는 것이 익숙하니, 양보하거나 빌려주라고 강요하지 마세요. 아이들끼리 알아서 잘 노는 시기가 아니므로 양육자가 가까이에서 관찰하다가 개입해야 합니다.

바깥 놀이를 많이 합니다

놀이터는 바깥 놀이를 하기에 좋은 장소입니다. 놀이기구를 타고 뛰어놀면 대근육이 발달하고, 다양한 연령의 아이들을 만나며 사회성도 발달합니다. 하지만 걷기에 자신감이 붙은 아이가 복잡한 곳에서 뛰다가 다칠 수 있으니 가까이에서 지켜보세요. 아이가 다른 아이들과 함께 놀지 않는다고 사회성이 부족한 것은 아닌지 걱정하지 마세요. 1~2명의 아이와 어울리며 양육자가 함께 참여해 보세요.

퍼즐은 아이가 좋아하는 단순한 그림부터 시작합니다

아이가 퍼즐 맞추기를 처음 할 때에는 어른이 도와줘야 하지만 반복해서 하다 보면 아이 혼자서 잘하게 됩니다. 퍼즐 놀이를 통해 시지각 능력 및 집중력을 키울 수 있고, 아이는 완성된 퍼즐을 보며 자신이 해냈다는 사실에 만족감을 느끼게 됩니다. 기본적인 그림을 몇 조각으로 나눈 단순한 퍼즐부터 시작하여 차차 어려운 퍼즐로 나아가며, 완성된 그림이 아이가 좋아하는 것이면 더욱 좋습니다.

크레파스나 물감으로 다양한 미술 놀이를 합니다

유아용 물감을 묻혀 손 도장·발 도장 찍기, 채소·장난감 등의 단면으로 모양 찍기 등 감각 놀이를 해 봅니다. 색채 감각을 키우고 사물의 단면을 관찰할 수 있습니다.

모양 도장을 구입해 찍기 놀이를 해도 좋습니다. 아이가 크레파스로 마구 선을 긋거나 낙서한 것을 집 안에 전시하는 것도 훌륭한 미술 활동이 됩니다.

모래 놀이로 소근육을 발달시키고 집중력도 키웁니다

사물을 직접 만지고 밟는 것은 손발의 감각 발달에 도움이 됩니다. 바깥 놀이를 할 때 모래나 흙을 만지며 놀게 해 주세요. 모래나 흙을 통에 담고 쏟고 다시 담는 것을 되풀이하며 성취감을 느끼고, 모래나 흙의 형태가 변하는 것을 관찰할 수도 있습니다. 한곳에 모래나 흙을 담으면서 집중력도 좋아집니다.

그림책을 리듬과 운율을 살려 읽어 줍니다

식습관, 이 닦기 등 일상생활의 주제를 담은 다양한 그림책으로 어휘력도 키우고 생활 습관도 길러 주세요. 배변 훈련을 시작할 수 있는 시기이고, 아이들은 동물의 똥에도 관심이 많을 때이므로 관련된 주제의 그림책으로 호기심을 자극할 수도 있습니다. 의성어·의태어가 풍부한 그림책이나 동요·동시를 골라 리듬감을 살려 읽어 주세요. 의성어·의태어는 말의 리듬과 운율을 살릴 수 있고 기억하기 쉬워서 언어 발달에 도움이 됩니다. 아이들은 대체로 같은 부분에서 흥미를 보이므로, 반복 구조로 이루어진 단순한 책을 고릅니다. 같은 책을 여러 번 읽어 주어도 좋습니다.

▲ 〈의성어 동시〉 / 〈의태어 동시〉, 블루래빗

> **TIP 어휘 폭발**
>
> 대부분의 아이들은 8~24개월 사이에 어휘를 급속한 속도로 받아들이게 되는 '어휘 폭발'을 경험합니다. 어려운 낱말을 배우고, 동시에 복수의 단어를 습득하기도 하지요. 이 시기에 아이들의 단어 습득 속도를 진공청소기가 먼지를 빨아들이는 것에 비유하곤 합니다. 대개 18개월경에 약 10개의 어휘를 습득하고, 이후 어휘를 습득하는 속도가 빨라져 24개월경에 최고조에 이르는데, 이 시기를 '명명 폭발기'로 부르기도 합니다.
>
> 한편 수화를 배우는 청각 장애아의 언어 폭발도 비슷한 시기에 일어납니다. 또한 이중 언어 환경에 놓인 아이들도 비슷한 시기에 언어 폭발이 일어나는데, 두 언어의 어휘를 합치면 단일 언어 환경의 아이들과 비슷한 수의 어휘를 습득한다고 합니다.

Part 2 우리 아이의 성장과 돌봄

Q&A

Q 아이에게 입냄새가 나는데 어떻게 해야 할까요?

A 어린아이도 구강에 문제가 있거나 호흡기 질환의 감염으로 인한 문제가 있으면 입냄새가 날 수 있습니다. 충치가 있는 경우, 양치질을 꼼꼼히 하지 않아 치아에 음식 찌꺼기가 남아 있으면 입냄새가 나는데, 이것이 가장 흔한 원인입니다. 또한 치석이나 치은염도 입냄새를 발생시킵니다. 소아 치과를 방문하여 양치질을 제대로 하고 있는지 점검해 보세요. 비염, 후두염과 같은 호흡기 질환도 입냄새를 유발할 수 있습니다. 이런 경우, 질환 치료를 우선으로 해야 합니다. 코가 막혀 입으로 숨을 쉬는 경우, 물을 자주 마시지 않으면 입안이 건조해지면서 입냄새가 날 수 있습니다. 평소에 수분을 자주 섭취하게 하여 입안이 건조해지지 않도록 해 주세요.

Q 양치질 대신에 불소 용액으로 가글을 해도 될까요?

A 아이가 양치질을 극도로 싫어하면 일시적으로 불소 용액을 써도 되지만, 불소 용액으로 이를 깨끗하게 하는 데는 한계가 있습니다. 충치 예방과 건강한 치아 관리를 위해 이 닦는 습관을 들이도록 아이와 함께 노력해 주세요.

Q 아이가 잠을 너무 못 자는데 병원에 가봐야 할까요?

A 아이가 건강에 이상이 있어 잠을 못 자는 경우도 있습니다. 키, 몸무게의 성장이 더디고 밥을 먹는 양이 적은 경우, 낮잠을 합친 총 수면 시간이 8시간 미만인 경우, 낮에 아이가 자주 조는 경우에는 소아 청소년과 수면 클리닉의 진료를 받아 보세요. 코가 자주 막히는 아이는 입을 벌리고 자거나 무호흡 증상을 보이며 수면의 질이 떨어지니 병원 진료를 받도록 합니다.

Q 2살 아이가 연필이나 숟가락을 제대로 못 쥐고 여전히 움켜쥐는데 어떻게 해야 할까요?

A 숟가락을 잘 사용하게 되고, 필기도구를 손에 쥐고 낙서도 할 수 있게 되는 시기이지만 아직도 연필이나 숟가락을 움켜쥔다고 하여 걱정할 건 없습니다. 필기도구를 세 손가락으로 올바르게 쥐게 되려면 시간이 좀 더 필요합니다. 빨라도 3~4년 정도의 시간이 필요하고, 능숙하게 사용하려면 그보다 더 긴 시간이 필요합니다.

유치 관리 어떻게 할까?

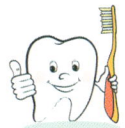

아이의 새하얀 이를 처음 발견했을 때의 기쁨도 잠시, 유치 관리를 본격적으로 시작해야 할 때입니다. 앞으로 수년에 걸쳐 유치는 영구치로 교체되고, 치열도 계속 변화합니다. 아이가 평생 건강하고 고른 치아를 유지할 수 있도록 유치 관리를 해 주세요.

유치 관리의 중요성

- 유치는 영구치에 비해 충치 균에 더욱 취약하기 때문에 충치가 생기면 빠르게 치아 전체가 썩게 됩니다. 영구치는 6~7세에 나기 시작하는데 평생에 한 번밖에 나지 않습니다. 유치는 몇 년만 쓰다가 어차피 빠질 이라고 생각하는 사람들이 있는데, 이는 잘못된 생각입니다. 유치 단계부터 관리를 잘해야 영구치도 건강하게 납니다. 유치의 충치를 제대로 치료하지 않으면 고름이나 세균이 잇몸 속에 들어가 영구치에도 영향을 줄 수 있기 때문입니다.
- 치아가 튼튼해야 음식을 잘 씹을 수 있습니다. 치아에 문제가 생기면 음식을 잘 씹지 못하여 아래턱이 제대로 성장할 수 없습니다. 결국 얼굴의 골격 균형이 맞지 않게 됩니다.
- 이가 썩으면 딱딱한 음식을 씹는 것을 싫어하게 되고 부드러운 음식만 찾게 되는데, 이러한 편식 습관은 고른 영양 섭취를 방해하게 됩니다.
- 치아가 삐뚤삐뚤하거나 치아우식증(충치)으로 유치가 빠지면 발음이 부정확해질 수 있습니다.

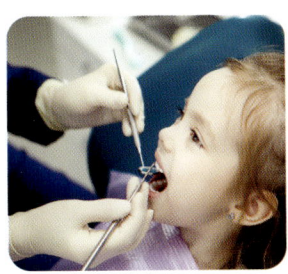
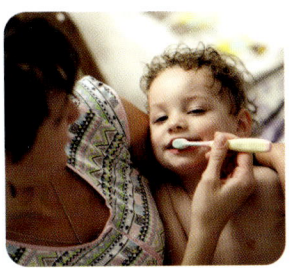

충치가 생기는 원인

충치는 뮤탄스균에 의해 발생합니다. 충치를 벌레가 파먹어 이가 까맣게 썩는 것으로 생각하기 쉬운데, 실제로는 설탕이나 탄수화물을 먹고 나서 생기는 산이 오랜 시간 치아에 남아 있다가 치아를 녹여 삭게 만드는 것입니다. 뽀뽀를 하거나 음식을 나눠 먹어도 입안의 세균이 옮으면서 충치가 생길 수 있습니다. 하지만 뮤탄스균은 양치질을 하면 없어지므로 양치질을 자주 하는 것이 중요합니다.

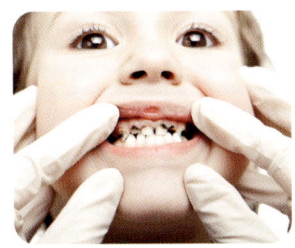

충치가 잘 생기는 부위

생후 6~12개월 젖병을 빠는 경우, 잇몸과 닿는 앞니 윗부분에 충치가 잘 생깁니다. 분유를 먹는 아이라면, 이가 하얗게 녹아나지는 않았는지 살펴보며 치아의 색을 자주 확인해야 합니다. 충치가 생기면 치아의 홈 부분이 갈색을 띠거나 누렇게 변합니다.

생후 12~24개월 치아 사이의 간격이 좁아지면서 사이에 음식물이 끼어 치아가 썩을 수 있습니다. 충치가 생기면 색이 누렇게 변하고 표면에 광택이 나지 않습니다. 흰색 점이나 검은색 점이 보이기도 합니다.

Part 2 우리 아이의 성장과 돌봄

25~36개월 스스로 할 수 있어요

흔히 2세에 '생애의 첫 반항기'가 시작된다고 합니다. 양육자는 혼자 하겠다고 고집 피우다가 금세 품에 안기는 아이를 돌보다 녹초가 될 때가 많지요. 하지만 아이 스스로 할 수 있는 일이 점차 늘어나고 대화가 가능해지며 사회성도 눈에 띄게 발달하는 시기입니다.

체형이 유아스러워지며 운동 능력이 발달해요

이 시기에는 1년에 키가 8~9cm 자라고 몸무게가 2~3kg 늘어납니다. 키가 크면서 유아 체형으로 바뀌기 시작하지요. 배는 30개월 무렵까지 볼록해 보이지만 점차 들어가 보입니다. 2세 아이는 다리에 근육이 생겨 점프도 하고 놀이기구도 잘 탑니다. 난간을 잡고 혼자 계단을 내려가고, 난간을 잡지 않고 낮은 계단을 오를 수 있습니다.

우리 아이 성장 기록표(4개월마다)

날짜	키(cm)	백분위수	몸무게(kg)	백분위수

▶ 질병관리청 성장 상태 측정 계산기

우리 아이는요!

나 춤 잘 춰!
▲ 생후 28개월 여아: 키 84.3cm, 몸무게 13.2kg

나도 달릴 거야.
▲ 생후 25개월 남아: 82.2cm, 몸무게 10.9kg

3세 무렵에는 기본적인 운동 능력이 거의 완성되어 발을 바꿔 가며 계단을 오르락내리락할 수 있습니다. 또한 두 발을 모아 제자리에서 뛸 수 있고, 잠깐 동안 한 발 서기도 할 수 있게 됩니다.

균형 감각 발달로 세발자전거를 탈 수 있어요

대근육이 발달하면서 안정적으로 걷고, 빨리 뛸 수 있고, 점차 균형을 잘 잡게 됩니다. 25~36개월 사이에는 세발자전거를 탈 수 있습니다. 36개월쯤 되면 어설프지만 킥보드를 타는 아이도 있습니다.

손등이 위로 보이게 연필을 잡을 수 있어요

팔만 사용하여 공을 던질 수 있게 되지만, 공이 바로 앞으로 떨어지거나 뒤로 떨어지는 경우가 많습니다. 숟가락질을 제대로 하게 되고, 손등이 위로 보이게 연필을 잡습니다. 직선을 따라 그리다가 점차 동그라미를 따라 그리게 됩니다. 책장을 한 장씩 넘길 수 있고, 블록을 7~8개 정도 쌓을 수 있습니다.

혼자 변기에 앉았다 일어날 수 있어요

30개월쯤에는 혼자 변기에 앉았다 일어날 수 있고, 방광이 발달하여 소변 보는 간격이 2~3시간으로 길어지는데, 이는 기저귀를 뗄 수 있다는 신호입니다. 30~36개월이 되면 기저귀를 떼지만, 개인차가 있으니 서두르지 마세요.

혼자 옷을 입고 신발을 신으려고 해요

서툴지만 혼자 옷을 입고 신발을 신으려고 합니다. 간단한 옷은 스스로 벗을 수 있고 단추 채우기, 지퍼 잠그기를 시도합니다. 물건을 쥐고 조작하는 것이 능숙해지지요.

이야기를 이해하고 간단한 문장을 말해요

동요 가사를 기억하여 부를 정도로 기억력이 점점 발달합니다. 300~500개 정도의 단어를 알게 되고, "아빠, 회사, 갔다"처럼 3~4개의 단어로 된 문장을 말합니다. '크다, 작다'의 뜻을 이해하고, 특정한 색깔을 알고 색깔 이름을 말할 수 있습니다. 개인차가 있지만 그림책을 읽어 주면 이해할 수 있게 됩니다.

자아 개념이 자리 잡기 시작해요

자아가 싹트는 시기로, "내가 할래." 하면서 혼자 하려고 합니다. 하지만 제대로 되지 않으면 화내는 경우가 많아 '생애의 첫 반항기'라고 하지요. 혼자 하겠다고 고집을 피우다가 해 달라고 매달리는 등 변덕을 부립니다.

친구에게 애정을 보이고 사회성이 발달해요

자기 이름과 나이, 성별을 말할 수 있고, 친구의 이름을 말할 수 있습니다. 친구들과 어울려 함께 놀 뿐만 아니라 양보하거나 물건을 나눠 쓰고, 게임을 할 때 차례를 지켜야 한다는 것을 알게 됩니다. 쓰레기는 쓰레기통에 넣는다는 것을 알고 실천할 수 있습니다.

나는 이만큼 자랐어요!

잘 걷게 되며, 뛸 수도 있고, 뒤로 걸을 수도 있어요. 배는 아직 볼록하지만 30개월이 지나면서 이전보다는 덜 나와 보여요.

2세 무렵, 난간을 잡고 계단을 내려갈 수 있어요.

2세 무렵에는 난간을 잡지 않고 낮은 계단을 오를 수 있어요.

3세쯤 되면 발을 바꿔 가며 계단을 오르내릴 수 있게 돼요.

세발자전거를 탈 수 있어요.

다양한 놀이기구를 즐길 수 있어요.

36개월 무렵, 어설프지만 킥보드를 타는 아이도 있어요.

폴짝폴짝 점프해요!

30~36개월 무렵에는 두 발을 모아 제자리에서 뛸 수 있어요.

멈춰 있는 큰 공을 발로 찰 수 있고, 팔만 사용하여 공을 던지기도 해요.

한 발로 잠깐 서요.

30~36개월 무렵, 한 발 서기로 잠깐 서 있을 수 있어요.

손

손등이 위로 보이게 필기도구를 잡을 수 있어요.

손목의 움직임이 늘면서 곡선이나 동그라미를 그릴 수 있어요.

블록을 7~8개 정도 쌓을 수 있어요.

30개월 이후, 유아용 가위로 자르려고 시도해요.

왼손, 오른손 중에서 한 손을 주로 사용해요.

인지

분홍색, 큰 거 주세요.

원하는 물건의 종류를 고를 수 있어요. 색깔을 인지하고 색깔 이름을 말할 수 있으며 '크다, 작다'의 뜻을 알게 돼요.

의사소통

이야기책을 읽어 주면 이해할 수 있어요.

빨간 모자가 집에 가요.

3~4개의 단어로 된 간단한 문장을 말할 수 있어요.

걱정은 No! No!

이 시기에 문장으로 말하는 아이도 있지만, 단어 몇 개를 겨우 말하는 아이도 있습니다. 언어 발달에 개인차가 있으니 조급하게 생각하지 마세요. 아이와 대화를 많이 하고 책도 많이 읽어 주면서 어휘력을 기를 수 있게 도와주세요. 머지않아 어휘력이 폭발하는 시기가 올 것입니다.

정서

싫어! 싫어!

'싫어!', '아니'라는 말을 자주 하고 자기주장이 강해져요.

아니야. 이거 살래.

▶ 원하는 것을 갖고 싶어서 떼를 쓸 때도 있어요.

사회성

좋아하는 친구들과 함께 놀 수 있어요.

◀ 친구와 물건을 나눠 쓰고 차례를 지킬 수 있어요.

친구에게 양보를 하기도 해요.

쓰레기는 쓰레기통에 넣어야 한다는 것을 알고 실천할 수 있어요.

안녕하세요?

고개를 숙여 인사할 수 있어요. ▶

자조 기술

서툴지만 스스로 옷을 입으려 해요.
도움을 받아 옷을 입고 벗기가 가능해요.

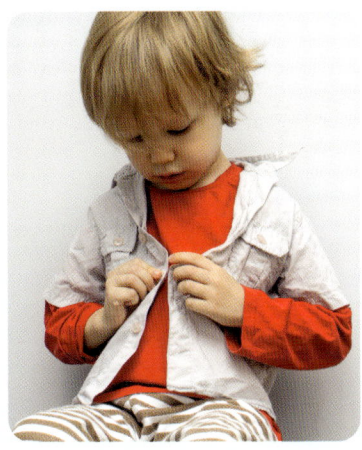

옷의 단추를 채우고 풀려고 시도해요.

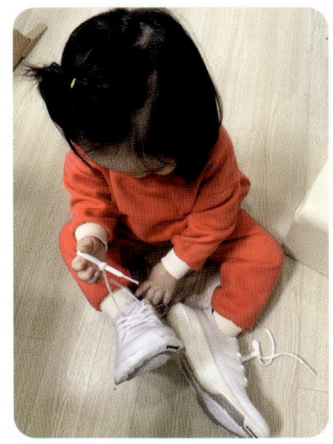

운동화 끈을 구멍에 끼울 수 있어요.

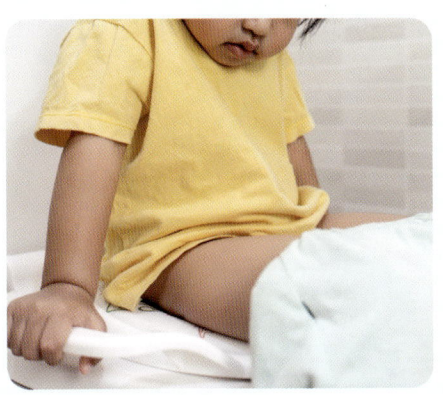

30개월쯤에는 혼자 변기에 앉았다가
일어날 수 있어요.

스스로 양치질을 할 수 있어요.

숟가락질을 제대로 할 수 있어요.

입

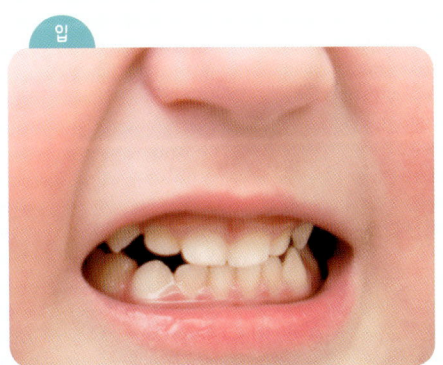

30개월이 넘어가면 대부분의 아이는 유치가
거의 다 나와 있어요.

Ready! Set! Go!

- 부엌놀이 장난감: 양육자나 요리사가 된 것처럼 상상하여 역할놀이를 합니다. 음식을 만들고 다른 사람에게 나눠 주는 놀이는 사회성과 정서 발달에 도움이 됩니다.

- 세발자전거: 자전거 타기는 대근육 발달과 균형 감각 발달에 도움이 됩니다. 견고하고 모서리가 매끄러운지, 바퀴가 잘 굴러가는지 살펴봅니다. 뒤쪽에 손잡이가 달려 있으면 안전사고 예방에 더욱 좋습니다.

Part 2 우리 아이의 성장과 돌봄 (25~36개월)
어떻게 먹일까? 어떻게 돌볼까?

잘 먹는 아이로 키우기

연령별 권장 섭취량에 맞춰 골고루 먹입니다

36개월까지 1일 권장 섭취량은 900kcal로 24개월 이전과 같지만 어육류군의 섭취량이 늘어납니다.

1일 권장 섭취량

식사			간식		유지류
곡류군	어육류군	채소군	과일군	우유군	
밥 1/3 공기 ×3회	고기 30g, 생선 40g, 달걀 2/3개, 콩 15g 중 택1×3회	1~2 큰술 ×3회	사과 1/3개, 배 1/4개, 바나나 1/2개 중 택1×1회	우유, 치즈, 요구르트 400~500mL	조리 시 요리용 기름 2~3 작은술

아이가 너무 안 먹는 것인지, 혹은 너무 많이 먹는 것인지 걱정된다면, 보건복지부에서 제시하는 아래 표를 참고하세요. 실제로는 아이가 연령에 맞는 식사량을 먹고 있으며 성장에 문제가 없는데 불안해하는 것일 수 있습니다.

연령별 1일 식품군별 권장 섭취량

구분	식품군	식품 종류	1~2세 900kcal	3~5세 1400kcal
식사	곡류군	곡류군	밥 1/3공기 (70g)×3회	밥 1/2공기 (105g)×3회
		감자군	1개	1개
	어육류군 (택1× 1회)	고기	15g → 30g	탁구공 크기 1개(40g)
		생선	20g → 40g	1토막(50g)
		달걀	1/3개 → 2/3개	1스푼(20g)
		콩	10g → 15g	종지 1그릇×3회
	채소군	녹황색 채소	1~2큰술×3회	종지 1그릇×3회
		담황색 채소	1~2큰술×3회	종지 1그릇×3회
간식	과일군 (택1× 1회)	사과	1/3개	2/3개
		배	1/4개	1/2개
		바나나	1/2개	1개
	우유군	우유, 치즈, 요구르트	400~500mL	400~500mL
	유지류	요리용 기름	2~3큰술	3~4큰술

보건복지부 2020 한국인 영양소 섭취 기준

아무리 몸에 좋은 음식이라 해도 특정 음식을 권장량보다 많이 먹는 것은 성장에 도움이 되지 않습니다. 곡류, 어육류, 채소, 지방, 과일, 유제품을 매일 적정 분량으로 먹인다는 원칙을 지키면 됩니다.

편식하는 음식은 조리 방법을 바꿔서 먹여 봅니다

음식에 대한 선호도가 생기고 자기주장이 강해지는 시기입니다. 편식을 하여 좋아하는 음식만 골라 먹는 아이도 있지요. 입이 짧고 먹는 데 관심이 없어서 잘 안 먹는 아이도 있고요. 아이가 잘 안 먹는 음식은 같은 식품군의 다른 음식으로 대체하거나 조리 방법을 바꿔 봅니다. 불고기나 고깃국을 안 먹는다면 완자, 동그랑땡, 돈가스 등을 만들어 먹여 보고, 채소를 잘 안 먹는다면 채소볶음밥, 채소 칩, 과채 주스 등의 대체 음식을 먹게 합니다.

TIP 올바른 식습관 기르기

- 식사는 30분 이내로 끝낸다는 원칙을 정하고 아이가 먹는 데만 집중할 수 있게 합니다. 밥을 먹다가 딴짓을 하며 오래 먹는다면, 식사 시간이 끝나기 전에 시간이 얼마 남았다고 미리 알려 줍니다.
- 음식 종류는 양육자가 정해 주되, 먹을 양은 아이가 스스로 정하게 합니다. 음식 뜨는 것이 가능한 아이라면 스스로 식판에 밥과 반찬을 담게 해 주세요.
- 간식을 많이 먹이지 않으며, 설탕이 많이 든 간식이나 가공식품은 피합니다. 단 음식은 성장에 필요한 필수 영양소의 섭취에 방해가 됩니다. 달고 자극적인 맛에 익숙해지면 건강한 음식은 맛없게 느껴져 단것만 찾게 되기 때문입니다. 쓴맛, 단맛, 신맛, 짠맛 중에서 가장 잘 느낄 수 있는 맛이 단맛이랍니다.
- 식사량이 부족할 경우 간식으로 보충합니다. 달지 않은 과일, 유제품, 주먹밥, 죽, 고구마나 감자 같은 곡류 간식, 삶은 달걀이나 고기 등 어육류 간식을 줍니다.

잘 자는 아이로 키우기

낮잠을 포함하여 11~14시간 정도 재우면 됩니다. 36개월까지는 하루에 적어도 1회 낮잠을 재우는 것이 좋습니다.

건강한 아이로 키우기

구강 검진 시기를 놓치지 않습니다

영유아 구강 검진은 생후 18개월부터 4차례 진행되니 해당 기간에 예약을 하고 영유아 검진 기관에서 무료로 진료를 받습니다. 검진에서는 연령에 맞게 이가 나고 있는지, 충치가 없는지, 불소 도포가 필요한지를 검사하며 양육자를 대상으로 구강 위생 교육을 실시합니다. 불소 도포가 필요한 경우, 6개월마다 주기적으로 치과에 방문하도록 합니다.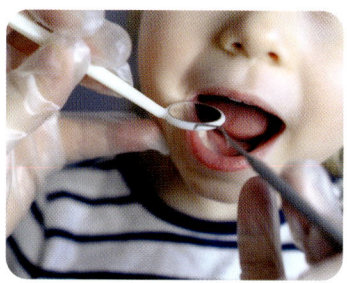

영유아 구강 검진 시기

1차 검진	2차 검진	3차 검진	4차 검진
생후 18~29개월	생후 30~41개월	생후 42~53개월	생후 54~65개월

치아가 나면 불소 치약을 사용합니다

치아가 난 아이는 칫솔모가 있는 유아용 칫솔에 불소 치약을 짜서 하루 2회 이상 칫솔질을 해야 합니다. 치약은 불소의 함유량이 800~1000ppm인 제품을 선택합니다. 대한소아치과학회에서 권고하는 치약의 1회 사용량은 3세 이전에는 쌀알 크기만큼, 3세 이후에는 완두콩 크기만큼입니다.

이 시기에 필요한 접종 및 검진

- 1차 영유아 구강 검진(18~29개월): 어금니가 나오는 시기
- 일본 뇌염 3차 접종(2차 접종 11개월 후 접종)
- 5차 영유아 건강 검진(30~36개월)
- 2차 영유아 구강 검진(30~41개월)
- 매년 가을 인플루엔자(독감) 접종

잘 노는 아이로 키우기
계절의 변화를 함께 즐깁니다

자연은 훌륭한 놀이터입니다. 아이와 함께 봄에는 새순과 꽃을 구경하고, 여름에는 물놀이나 모래놀이를 하며, 가을에는 단풍잎을 줍고, 겨울에는 눈을 맞으며 눈사람을 함께 만들면서 계절의 변화를 느껴 보세요.

집 주변이나 공원에서도 계절에 따른 자연의 변화를 충분히 즐길 수 있습니다. 계곡이나 바닷가에 가지 않아도 비 오는 날 장화를 신고 물웅덩이에서 첨벙첨벙 노는 것, 분수대 앞에서 흠뻑 물을 맞는 것도 아이에게는 즐거운 놀이가 됩니다.

놀이를 통해 몸을 사용하는 법을 배웁니다

공 주고받기, 한 발로 서기, 놀이터에서 놀이기구 타기 등 다양한 신체 놀이가 가능한 시기입니다. 몸을 쓰는 활동을 통해 아이들은 균형 감각과 운동 협응 능력을 키우게 됩니다. 또한 적절한 신체 활동은 뇌 발달과 정서 발달에도 도움이 됩니다.

이 시기에는 혼자서 미끄럼틀을 타고 내려올 수 있지만, 올라갈 때는 안전을 위해 뒤에서 잡아 주는 것이 좋습니다. 한 발 서기나 공놀이는 안전한 장소에서 해야 합니다. 3세쯤 되면 어깨와 팔을 움직여 공을 멀리 던질 수 있는데, 한 손으로 쥘 수 있는 작은 공으로 놀게 해 주세요.

세발자전거와 킥보드를 타며 놀 수 있습니다

아이들은 대개 3세가 되면 세발자전거를 탈 수 있습니다. 자전거를 타려면 두 발을 구르면서 방향을 조절하는 신체 협응 능력이 발달해야 합니다. 다리에 힘을 주는 요령이 생기기 전까지는 페달 밟기가 어려우므로, 익숙해질 때까지는 뒤에서 밀어 줍니다. 킥보드나 자전거를 탈 때에는 차가 다니지 않는 안전한 장소에서 타며, 안전모와 무릎·팔꿈치 보호대 등 안전 장비를 착용하도록 합니다.

단추 채우기, 지퍼 채우기를 놀이로 연습합니다

3세쯤 되면 아이는 손가락을 더욱 자유롭게 사용하게 되면서 스스로 옷을 입고 벗으려고 합니다. 단추 채우기나 지퍼 채우기 놀잇감을 가지고 놀면서 연습하게 해 주세요. 놀잇감이 없으면 아이 옷으로 연습해도 됩니다. 소근육을 발달시킬 수 있으며, 아이 스스로 무언가를 해냈다는 자신감을 키울 수 있습니다.

병원놀이, 소꿉놀이 등 다양한 역할놀이를 합니다

병원에 여러 번 가 본 아이는 의사는 아픈 사람을 고쳐 주는 사람이라는 것을 경험적으로 알게 됩니다. 양육자가 직장에 다니고 요리나 청소도 하며 나를 돌봐 준다는 것도 알게 되지요. 이 시기에는 의사가 되어 환자를 고치고, 양육자처럼 집안일을 하며 아이를 돌보고, 요리사가 되어 음식을 만드는 등 다양한 역할놀이를 할 수 있습니다.

다른 사람에게 무언가를 해 주고 돌봐 주는 역할놀이를 통해 아이는 상대방과 감정을 공유하게 되는데, 이는 사회성 발달과 정서 발달에 도움이 됩니다. 이 시기에는 남아, 여아 모두 부엌일에 관심을 가지며 소꿉놀이, 장난감 칼로 채소를 자르는 놀이 등을 즐깁니다. 놀잇감이 없어도 일상에서 양육자를 따라 빨래를 개고, 바닥을 쓸고 닦는 행동도 놀이가 될 수 있습니다. 아이는 양육자의 칭찬을 받으면 더 열심히 하려고 할 것입니다.

요리와 같이 순서가 있는 활동을 함께 합니다

요리는 재료 준비부터 음식이 완성되기까지의 변화 과정을 관찰할 수 있는 활동입니다. 간단한 순서를 이해할 수 있게 되는 3세 무렵의 아이와 함께 하기에 적합한 활동이지요. 아이는 밀가루에 섞는 물의 양에 따라 반죽 농도가 달라지며, 밀대로 밀면 반죽이 납작해진다는 것을 알게 됩니다. 반죽이 부풀어 오르고 오븐 속에서 구워지는 과정을 관찰할 수 있고, 완성된 결과물을 맛보며 성취감을 느낄 수 있습니다. 안전에 유의하면서 아이가 일부 과정에만 참여하게 해 주세요.

Part 2 우리 아이의 성장과 돌봄

Q&A

Q 아이가 이를 갈며 자는데 괜찮을까요?

A 아이들이 이를 가는 건 대개 3세 무렵에 시작됩니다. 이를 가는 정확한 이유는 밝혀지지 않았지만, 몸을 많이 움직였거나 긴장 상태가 계속될 때 이를 더 심하게 갈기도 합니다. 이를 가는 증상은 대부분 성장하면서 영구치가 모두 나면 자연스럽게 좋아집니다. 하지만 이를 가는 습관으로 인해 턱관절 통증이나 치통이 생긴다면 소아 치과의 검진을 받도록 합니다.

Q 남아의 음경 끝에 생긴 발진에 약을 발라 주어야 할까요?

A 남아의 성기는 밖으로 나와 있어서 발진 같은 것이 생기기 쉽습니다. 아이가 자기 몸을 관찰하다가 만지거나, 간지러워서 긁는 과정에서 상처가 나기도 합니다. 만약 음경 끝부분이 붓거나 포피에서 진물이 나오면서 통증이 있다면 귀두 포피염일 수 있으므로 병원 진료를 받아야 합니다. 소독과 약 처방이 필요한 질환입니다. 일반적인 발진일 경우, 기저귀 발진 크림을 발라 주고, 아이가 만지지 못하게 해야 합니다.

Smart 육아 정보

미디어와 두뇌 발달

태어나면서부터 디지털 기기에 둘러싸여 성장한 세대를 '디지털 네이티브(digital natives)'라고 부릅니다. 말보다 디지털 기기 다루는 것을 먼저 배우고, 기존 세대와는 전혀 다른 방식으로 세상을 인식하는 세대라 할 수 있습니다. 학자들은 아이들의 두뇌 발달을 위해 미디어 노출을 최대한 늦춰야 한다고 하지만, 집안일을 할 때나 아이를 달랠 때 디지털 기기를 틀어 줄 수밖에 없는 것이 현실입니다. WHO에서도 24개월 이전에는 미디어 노출을 하지 않도록 권고합니다. 이는 미디어 자체의 유해성뿐만 아니라, 발달에 필요한 수면 시간과 신체 활동, 상호 작용 등을 방해할 수 있다는 이유에서입니다.

뇌의 다양한 부위를 종합적으로 자극해야 합니다

인간의 뇌를 구성하는 신경 세포를 '뉴런'이라 하고, 뉴런과 뉴런을 연결하는 신경 연결망을 '시냅스'라고 합니다. 출생 후에 받는 다양한 자극과 경험을 통해 시냅스가 증가하고 서로 얽히며 두뇌 발달이 이루어지게 되는 것입니다. 흔히 6세까지를 뇌의 기초 공사가 이루어지는 시기라고 하는데, 특히 2~3세 무렵은 시냅스가 가장 활발하게 성장하고 증식하는 시기입니다.

따라서 2~3세에 어떤 경험을 하고 어떤 자극을 받는지가 매우 중요합니다. 아이와 교감을 통한 상호 작용, 오감을 활용한 놀이를 함께 하면서 뇌의 다양한 부위가 종합적으로 자극을 받도록 해 주어야 합니다.

미디어를 통한 자극은 전두엽을 거치지 않습니다

디지털 미디어는 화려한 영상으로 시선을 빼앗습니다. 미디어에 의한 자극은 일방적, 단편적이며 훨씬 자극적입니다. 이러한 강한 자극에 일찍 노출되면, 신체 활동을 포함한 다양한 활동을 통해 자극 받을 기회가 줄어들며 특정 부위의 뇌만 자극을 받게 됩니다.

뇌에서 사고력과 자기 조절 능력, 문제 해결 능력 등을 담당하는 전두엽은 3세부터 활발히 발달합니다. 그런데 미디어를 통한 직관적이며 즉각적인 자극은 전두엽을 거치지 않고 흡수되어 사고력과 주의 집중력 발달을 저해하며, 이는 문해력 저하로 이어질 수 있습니다. 인터넷으로 접한 영상이, 볼 당시에는 흥미롭지만 금세 머릿속에서 사라지는 것을 생각하면 이해할 수 있을 것입니다.

> ☑ **Check Check! 우리 가족 미디어 환경은?**
> ☐ 미디어를 아예 하지 않은 시간이 있나요?
> ☐ 아이와 함께 보내는 시간 중에서 미디어를 사용하는 시간은 총 몇 퍼센트인가요?
> ☐ 아이가 보는 미디어의 내용을 알고 있나요?
> ☐ 가족끼리 정한 미디어 사용 규칙이 있나요?

책 읽기는 전체적인 두뇌 사용을 유도합니다

책을 통해 시각적으로 받아들인 내용을 언어적으로 해석하고 대뇌에서 정보를 곰곰이 생각하여 처리하는 과정, 소뇌를 이용한 글쓰기 과정은 두뇌를 전체적으로 사용하게 합니다. 미디어를 활용한 학습의 흐름을 막을 수 없지만, 미디어를 통해 학습하더라도 이후 두뇌에서 제대로 흡수하고 처리할 기회를 마련해 주면 두뇌 발달을 도울 수 있을 것입니다. 하루에 10~20분이라도 일정한 시간에 책을 읽는 습관을 들이도록 합니다.

영유아의 올바른 미디어 사용

- 2~5세 아이들의 미디어 노출은 하루 1시간 이하로 제한할 것을 권하며, 하루에 3시간 이상의 신체 활동을 하도록 합니다.(WHO 권고 사항)
- 미디어를 수동적으로 시청하는 것이 아니라 춤추기, 종이접기, 블록 쌓기 등 활동을 같이 할 수 있는 것으로 고릅니다. 요즘은 영상 속의 등장인물이 상호 작용을 유도하는 콘텐츠들이 많기 때문에 보다 능동적으로 미디어를 활용할 수 있습니다.
- 일상생활과 관련된 내용의 미디어를 시청하고 나서 함께 내용을 이야기하거나 생활 속에서 실천합니다.
- 화면 전환이 빠르고 화려한 것은 적합하지 않으므로 단순하고 아이의 발달 수준에 맞는 내용을 고릅니다. 미디어를 활용해 학습하더라도 이후 두뇌에서 제대로 흡수하고 처리할 기회를 마련해 주세요.

Smart 육아 정보 — 아이의 기질에 따른 육아

기질에 따라 환경에 대해 다른 반응을 보입니다

저마다 타고 난 성향을 '기질'이라고 하는데 아이는 기질에 따라 주변 환경에 대해 다른 반응을 보입니다. 기질을 나누는 데에는 다양한 분류법이 존재하는데, 일반적으로 영아의 기질은 9가지 기준(활동 수준, 주기성, 접근성, 적응 능력, 반응의 정도, 반응성의 역치, 기분의 질, 주의 산만도, 지속력)을 바탕으로 하여 순한 아이, 까다로운 아이, 반응이 더딘 아이로 나눕니다. 물론 모든 아이를 이 세 가지 기질로 구분할 수 있는 것은 아니지만, 약 65%의 아이는 세 가지 기질 중 하나에 속한다고 할 수 있습니다.

기질	특징	이렇게 대해 주세요
순한 아이 (약 40%)	• 수면, 수유가 규칙적이며 미소를 잘 짓고 짜증을 덜 내요. • 낯선 환경에서도 잘 적응하고 욕구가 충족되지 않는 상황에도 쉽게 적응해요. • 의존적이 될 수 있으며, 원하는 것을 정확히 알 수 없을 때가 많아요.	➡ 양육자를 덜 찾는 아이일수록 더 자주 접촉하고 자극을 제공해야 해요. 일상적이면서도 따뜻한 상호 작용을 해 주세요.
까다로운 아이 (약 10%)	• 수면, 수유가 불규칙적이며 욕구가 충족되지 않을 경우 즉각적으로 부정적인 감정을 표현해요. • 환경 변화에 민감하고 낯선 상황에 적응하는 데 많은 시간이 필요해요. • 자기주장이 강해 고집을 부리기도 하므로 양육자가 먼저 행동을 저지하게 되는 경우가 생겨요.	➡ 보다 수용적이고 민감한 상호 작용을 제공해야 안정감을 느낄 수 있어요. ➡ 불편함을 느끼지 않도록 변화에 대해 미리 알려 주고 선택할 수 있게 해 주세요.
반응이 더딘 아이 (약 10~15%)	• 신체적으로는 규칙적인 편이고 긍정적인 감정 표현이 많지만, 감정을 표현하는 데 시간이 걸려요. • 순한 면도 있지만 낯선 환경에서 움츠러들어 적응하는 데 시간이 걸려요. 반복된 노출 뒤에는 수용을 하는 편이에요.	➡ 적응하는 데 시간이 필요하므로 기다려 주고, 천천히 한 가지씩 시도하게 해 주세요. ➡ 자신의 속도대로 움직이는 아이를 재촉하지 않아요.

기질을 알면 육아가 수월해집니다

각 기질마다 장단점이 있을 뿐이지 좋은 기질과 나쁜 기질이 있는 것은 아닙니다. 또한 아이가 하나의 기질만 갖고 있는 것이 아니라 여러 기질이 섞여 나타나는 경우가 더 많습니다. 보통 생후 6~12개월쯤 아이의 기질이 드러납니다. 이유식을 할 때 새로운 질감에 쉽게 적응하지 못하고 힘들어하는 아이도 있습니다. 이는 입맛이 예민하고 낯선 것에 적응하는 데 시간이 많이 걸리는, 까다로운 아이의 기질적 특성일 수 있습니다. 양육자가 아이의 기질을 알면 아이의 행동을 이해하고 예상이 가능해져 양육이 좀 더 수월해질 것입니다. 양육자와 아이의 기질이나 성향이 다르면 처음에는 합을 맞추기 어려울 수 있습니다. 성격이 급한 양육자라면 반응이 더딘 아이를 답답해할 수 있겠지요. 하지만 아이의 기질적 특성을 파악했다면 이를 고려하여 재촉하지 말고 기다려 주어야 합니다. 재촉하면 아이는 불안해하고 자신감을 잃게 될 것입니다.

기질은 유지되지만 성격은 지속적으로 발달합니다

낯선 사람을 만났을 때 긴장하여 숨는 아이도 있고, 먼저 다가가서 말을 걸거나 남 앞에 나서는 것을 좋아하는 아이도 있지요. 영아기에는 비슷해 보였던 아이들이 2~3세만 되어도 각기 다른 모습을 보입니다.

사람이 세상이나 자극, 주변에 보이는 반응은 '기질'과 '환경'의 영향을 받게 됩니다. 기질은 유전적으로 타고나는 특성이기 때문에 일생 동안 유지되지요. 그에 비해 성격은 후천적으로 형성되는 행동 방식으로, 개인이 경험하는 환경과 대인 상호 작용을 통해 지속적으로 변화하며 성숙해질 수 있습니다. 최근에는 심리생물학적 인성 모델에 기초하여, 유전적으로 타고나는 기질과 후천적으로 발달되는 성격을 종합적으로 평가하기도 합니다. 이 모델에서는 기질을 자극 추구, 위험 회피, 사회적 민감성(보상 의존성), 인내력의 네 가지 종류로 분류합니다.

- **자극 추구** 새롭거나 낯선 자극을 추구하는 성향으로, 호기심이 많고 탐색적이며 충동적이면서도 열정이 있음
- **위험 회피** 위험하거나 두려운 상황을 경계하고 피하려는 성향으로, 부정적인 결과나 처벌을 미리 경계함
- **사회적 민감성(보상 의존성)** 감정과 관계에 대한 민감성으로, 사회적인 보상이나 타인의 인정, 칭찬, 감정에 높은 반응을 보임
- **인내력** 곧바로 보상이 주어지지 않아도 끈기 있게 목표를 향해 나아가는 성향

각 기질은 서로 영향을 주면서 다르게 반응합니다. 예를 들어 사회적 민감성(보상 의존성)이 높으면서 위험 회피 성향이 높다면, 다른 사람의 눈치를 많이 보고 갈등 상황을 회피하기 위해 타인에게 맞출 가능성이 있다고 판단하는 것입니다.

기질에 맞는 육아로 아이를 건강하게 키웁니다

아이의 기질은 낯선 환경에서 아이가 보이는 반응, 활동 수준, 적응력 등을 보고 유추할 수 있습니다. 어린이집에 처음 등원했을 때, 새로운 또래를 만났을 때의 상황이나 야단맞을 때, 칭찬받을 때 아이의 반응을 잘 살펴보세요. 이렇게 기질을 알아보는 것은 아이의 행동이나 반응의 이유를 알고 적절한 방식으로 도움을 주기 위해서이지, 마음에 들지 않는 아이의 기질을 변화시키기 위한 것이 아닙니다. 기질은 쉽게 바뀌지도 않고요.

양육자와 아이의 기질이 반대인 경우에는 서로 이해하기 힘들 수 있습니다. 예를 들어 아이는 사회적 민감성이 높은데 양육자는 그 반대여서 '잘했다'는 표현에 인색하다면, 아이는 늘 칭찬과 인정을 받고 싶은 욕구가 채워지지 않아 힘들어할 수 있습니다. 양육자가 소심하고 신중한 성향이라면 자극 추구가 높고 위험 회피가 낮은 아이가 행동을 할 때마다 제지하여 아이의 기를 꺾을 수도 있습니다.

아이의 기질을 파악하여 세심하고 적절한 태도로 양육하고 조절해 나간다면, 아이와 양육자의 기질이 비슷하지 않더라도 끈끈한 관계를 형성할 수 있습니다.

엄마 건강이 아이의 건강

엄마의 정신 건강

산후 우울감

인구보건복지협회에 따르면 출산 후 85%에 이르는 여성이 일시적으로 우울을 경험한다고 합니다. 출산 직후 여성 호르몬의 급격한 변화로 인해 기분을 조절하는 신경 전달 물질의 교란이 발생하고, 육아 부담으로 인해 생활이 급격히 변하면서 불안정한 기분을 느끼는 것이지요. 이를 '산후 우울감'이라고 하며 대개 자연적으로 나아집니다. 하지만 산모의 10~20%는 '산후 우울증'으로 이어질 정도로 심각한 우울증을 경험합니다.

산후 우울증

산후 우울증은 출산 후 4~6주 사이에 발생합니다. 발병 3~6개월 후 나아지기도 하지만, 치료를 제대로 받지 않으면 1년 넘게 지속됩니다. 산후 우울증을 방치할 경우 산모 자신뿐 아니라 자녀의 성장, 가족 관계에도 심각한 영향을 끼치게 됩니다. 증상으로는 우울한 기분, 심한 불안감, 불면, 과도한 체중 변화, 의욕 및 집중력 저하, 죄책감 등이 나타나며, 심하면 죽음에 대한 생각으로 일상생활을 제대로 할 수 없으니 반드시 주변의 도움을 받아야 합니다. 산후 우울증 예방 및 극복을 위한 정부 지원 제도가 있으니 적극 활용하도록 합니다.

(*아이사랑_상담실_산전후 우울증 상담)

치료와 예방
(출처: 아이사랑, 국가정신건강정보_산후 우울증)

- **약물 치료** 항우울제 치료를 받을 경우, 수유에 문제가 없는 약물인지 확인해야 합니다. 일상생활에 지장이 있고 자살을 생각할 정도로 심각하다면 정신건강의학과 진료를 받고 항우울제, 기분 조절제, 항불안제와 같은 약물 치료를 병행하면 더욱 빠른 치료 효과를 볼 수 있습니다.
- **정신 치료** 인지 행동 치료와 대인 관계 치료가 많이 추천되고 환자 상태에 따라 다양한 정신 치료 기법이 적용됩니다.
- **나 스스로를 돕는 치료**

① 나의 역할은 '○○ 엄마'뿐만이 아니며, 나는 하나의 인격체이고 소중한 사람이라고 생각하기

➡ '엄마'는 인생의 수많은 역할 중 하나일 뿐이며, 엄마로서 아이를 잘 돌보는 것도 중요하지만 나 자신을 잃지 않는 것도 중요합니다.

② 처음부터 쉬운 일은 없고 완벽할 수도 없으니 다른 사람들과 비교하지 말기

③ 필요할 때는 반드시 도움 요청하기

➡ 아이를 돌보는 일은 매번 행복하지만은 않고, 어렵거나 부담스러운 일도 많습니다. 혼자 해결하기 어려운 문제가 있다면 남편, 가족에게 당당히 요청합니다.

한국판 에딘버러 산후 우울증 척도

최근 출산을 하셨다면, 출산 후의 감정 상태에 대하여 답하여 주시기 바랍니다. 다음 10문항에 대하여 오늘뿐만 아니라, 지난 일주일 전체를 볼 때 감정이 어떠했는지를 가장 잘 표현해 주는 것에 체크하세요.

1. 나는 사물의 재미있는 면을 보고 웃을 수 있었다.
   - ☐ 예전과 똑같았다. 0점
   - ☐ 예전보다 조금 줄었다. 1점
   - ☐ 확실히 예전보다 많이 줄었다. 2점
   - ☐ 전혀 그렇지 않았다. 3점

2. 나는 어떤 일들을 기쁜 마음으로 기다렸다.
   - ☐ 예전과 똑같았다. 0점
   - ☐ 예전보다 조금 줄었다. 1점
   - ☐ 확실히 예전보다 많이 줄었다. 2점
   - ☐ 거의 그렇지 않았다. 3점

3. 일이 잘못될 때면 공연히 자신을 탓하였다.
   - ☐ 대부분 그랬다. 3점
   - ☐ 가끔 그랬다. 2점
   - ☐ 자주 그렇지 않았다. 1점
   - ☐ 전혀 그렇지 않았다. 0점

4. 나는 특별한 이유 없이 불안하거나 걱정스러웠다.
   - ☐ 전혀 그렇지 않았다. 0점
   - ☐ 거의 그렇지 않았다. 1점
   - ☐ 가끔 그랬다. 2점
   - ☐ 자주 그랬다. 3점

5. 특별한 이유 없이 무섭거나 안절부절못하였다.
   - ☐ 꽤 자주 그랬다. 3점
   - ☐ 가끔 그랬다. 2점
   - ☐ 거의 그렇지 않았다. 1점
   - ☐ 전혀 그렇지 않았다. 0점

6. 요즘 들어 많은 일들이 힘겹게 느껴졌다.
   - ☐ 대부분 그러하였고, 일을 전혀 처리할 수 없었다. 3점
   - ☐ 가끔 그러하였고, 평소처럼 일을 처리하기가 힘들었다. 2점
   - ☐ 그렇지 않았고, 대개는 일을 잘 처리하였다. 1점
   - ☐ 그렇지 않았고, 평소와 다름없이 일을 잘 처리하였다. 0점

7. 너무 불행하다고 느껴서 잠을 잘 잘 수가 없었다.
   - ☐ 대부분 그랬다. 3점
   - ☐ 가끔 그랬다. 2점
   - ☐ 자주 그렇지 않았다. 1점
   - ☐ 전혀 그렇지 않았다. 0점

8. 슬프거나 비참하다고 느꼈다.
   - ☐ 대부분 그랬다. 3점
   - ☐ 가끔 그랬다. 2점
   - ☐ 자주 그렇지 않았다. 1점
   - ☐ 전혀 그렇지 않았다. 0점

9. 불행하다고 느껴서 울었다.
   - ☐ 대부분 그랬다. 3점
   - ☐ 가끔 그랬다. 2점
   - ☐ 자주 그렇지 않았다. 1점
   - ☐ 전혀 그렇지 않았다. 0점

10. 자해하고 싶은 마음이 생긴 적이 있다.
    - ☐ 자주 그랬다. 3점
    - ☐ 가끔 그랬다. 2점
    - ☐ 거의 그렇지 않았다. 1점
    - ☐ 전혀 그렇지 않았다. 0점

0~8점: 정상 9~12점: 상담 필요 수준(경계선) 13점 이상: 심각한 산후 우울증

자가 평가 척도는 산후 우울증을 진단하기 위한 것은 아닙니다. 이러한 설문지는 증상에 대해 민감하게 느낀 산모에게 전문가와 상의할 수 있는 기회를 제공하고, 우울증이 의심되는 상태를 선별하기 위한 목적으로 대개 사용됩니다. 설문 결과, 점수가 높게 나왔다고 해서 반드시 우울증이라고 할 수 없으며, 점수가 낮게 나왔다고 해서 우울증이 아니라고 할 수도 없습니다. 우울증은 단순히 표면적인 몇몇 증상만 가지고 판별할 수 있는 것이 아니기 때문입니다. 그러므로 설문 검사에서 이상이 감지되었을 경우 전문가와 자세한 상담을 거친 후에 판단을 내려야 합니다.

※ 출처: 김용구 외 (2008). 한국판 Edinburgh Postnatal Depression Scale의 임상적 적용. 신경정신의학, 47(1), 36–44.
※ 본 척도의 해석은 '질병관리청 국가건강정보 포털 홈페이지(http://health.cdc.go.kr/health/Main.do)'를 참고하여 작성하였습니다.
※ 자가 진단 결과는 참고용으로 활용하고, 정신 건강이 염려되는 경우 정신 건강 전문가 또는 전문의의 상담을 받아 보기 바랍니다.

발달 단계별 놀잇감

구분	적합한 놀잇감	비고(제시 방법 및 놀이)
0~3개월	• 눈으로 따라갈 수 있는 놀잇감: 딸랑이, 손전등, 인형 등 • 청각을 돕는 놀잇감: 소리 나는 모빌, 딸랑이 등 • 반복적인 리듬 악기: 탬버린, 짝짝이, 종 등	청각과 시각을 자극하는 장난감
4~6개월	• 소리 나는 놀잇감: 소리 나는 모빌, 딸랑이, 오뚜이 등 • 손으로 잡을 수 있는 모빌이나 끈 달린 놀잇감 • 촉감 놀잇감: 사람 인형, 곰 인형 등	팔을 뻗으면 닿을 수 있는 위치에 배치
7~9개월	• 두드리거나 끈을 당길 수 있는 놀잇감: 북, 버튼을 누르면 튀어나오는 놀잇감 • 두드리고 던지고 떨어뜨릴 수 있는 놀잇감: 블록, 소리 나는 삑삑이 공, 냄비 뚜껑, 탑 쌓기, 헝겊 공, 고리 끼우기 등 • 구기거나 찢을 수 있는 종이: 신문지, 잡지, 휴지 등 부드러운 종이	손으로 만졌을 때 변화가 있는 장난감
10~12개월	• 손 인형, 장난감 전화기, 실로폰	손가락을 많이 움직일 수 있는 장난감
	• 종이 블록, 콩 주머니, 비치볼이나 큰 공	쌓거나 던지는 활동
13~24개월 (13~18개월: 바퀴 달린 탈것, 소리 나는 놀잇감, 초보적인 극놀이용 놀잇감/ 19~24개월: 직접적인 감각 경험이 가능한 놀잇감)	• 밀고 당기는 놀잇감: 쇼핑용 손수레, 유아차 등 • 타는 놀잇감: 소형 자동차 • 동시나 동요 음원	
	• 구성 놀잇감 • 조작 놀잇감: 컵 쌓기, 간단한 꼭지 퍼즐 • 옷 입히고 신발 끈 매고 끈을 꿸 수 있는 놀잇감 • 다양한 탐색 놀잇감(짝짓기 게임, 자석 낚시 게임 등)	스스로 돌보고 독립적으로 하는 일에 흥미를 갖기 시작하므로, 인형을 이용하여 옷 입는 활동 등을 해 보도록 격려
	• 미술 재료: 핑거 페인팅, 매직펜 등	색감 구별을 시작하는 시기
	• 악기류: 북, 트라이앵글, 탬버린, 리듬 막대 등	멜로디를 기억하고 한두 소절 부를 수 있는 시기
	• 가상 놀이 · 상징 놀이 · 극놀이를 위한 놀잇감: 복잡하고 실감 나게 생긴 인형, 봉제 인형, 역할 놀잇감, 거울, 실제와 똑같은 모형 자동차 등	진정한 인형놀이가 시작되며 자아 정체성이 발달하기 시작하나, 아직은 자기중심적인 시기
25~36개월 (블록류의 놀잇감 집 쌓기, 모방 놀이 등의 역할놀이 조작 놀잇감)	• 오르고 내리는 기구 • 밀고 당기는 놀잇감: 쇼핑용 손수레, 유아차 등 • 다양한 크기의 공	미끄럼틀, 볼 풀장, 트램펄린 등 신체 움직임이 많은 활동을 좋아함
	• 다양한 그림책 및 일상생활(식습관, 배변, 손 씻기 등)에 관한 그림책	끼적일 수 있는 공간 마련
	• 다양한 탐색 놀잇감: 3~5조각 퍼즐, 큰 구슬 꿰기, 동식물 기르기, 돋보기, 사진 등	분류하고 조각 맞추는 활동
	• 다양한 미술 재료와 만들기를 위한 재활용품류	표현 활동보다는 감각, 탐색 활동 위주로 하며, 결과물에 초점을 두지 않도록 함
	• 음악 및 동작 활동을 위한 자료: 마라카스, 탬버린, 리듬 막대, 스카프 등	소리를 듣고 탐색하는 활동
	• 부엌놀이, 인형놀이, 옷 입히기 놀이, 운전놀이, 시장놀이 등을 위한 역할 놀잇감	가족 관련 놀이를 선호하며, 밀폐 공간을 좋아해 박스나 커튼으로 집을 만들어 주면 효과적
	• 크기가 너무 작지 않은 다양한 재질의 블록: 나무 · 종이 · 우레탄 · 스펀지 블록 등 • 동물, 자동차, 사람 등의 소품류	울타리 만들기, 집짓기, 성 쌓기, 기차 만들기 등을 좋아함

출처: 보건복지부, 어린이집 표준보육과정에 기초한 영아보육 프로그램 운영의 이해

PART 3
모유 수유 · 분유 수유

모든 엄마가 모유 수유에 성공하는 것은 아닙니다.
모유를 먹이고 싶은 마음이 굴뚝같아도
인터넷에 돌아다니는 잘못된 정보로 인해
지레 포기하거나 크고 작은 트러블을 겪으며
고생을 하기도 합니다.
엄마와 아이 모두에게 좋다는 모유 수유를
못하게 된다 해도 낙담하지 마세요.
모유를 먹이든 분유를 먹이든 올바르게 수유하면
건강한 아이로 키울 수 있습니다.

Part 3 모유 수유·분유 수유
모유 수유는 이런 점이 좋아요

모유는 아이를 위한 완전 영양식으로 불리는데, 영양이 높은 엄마의 혈액이 그 원료입니다. 즉, 엄마가 섭취한 영양분이 혈액이 되고, 혈액이 모유로 바뀌는 것입니다.

모유 수유가 아이에게 좋은 점

초유는 장운동과 태변의 배설을 도와줍니다
출산 후 약 5일 동안 나오는 젖인 '초유'는 유해한 박테리아로부터 신생아를 보호합니다. 아이의 장운동을 도와서 태변의 배설을 촉진하며 황달을 예방하는 등 신생아 건강에 매우 좋습니다. 초유를 먹일 수 없는 특별한 상황이 아니라면, 모유 수유를 못하더라도 초유는 먹이도록 합니다.

영양 성분이 풍부합니다
모유는 아이에게 가장 이상적인 영양식으로, 단백질, 지방, 비타민 등의 성분이 골고루 들어 있습니다. 뼈, 근육, 장기 등 몸을 튼튼하게 해 주며 소화·흡수가 잘되어 아이의 소화 기관에 부담을 주지 않습니다. 모유를 먹는 아이는 분유를 먹는 아이보다 트림을 적게 하고, 변 냄새도 덜합니다. 게다가 모유의 영양분은 아이의 성장에 따라 바뀌는 장점도 있답니다.

질병 예방에 도움을 줍니다
모유는 엄마가 가진 면역 물질과 항체를 아이에게 그대로 전달하기 때문에 감염과 관련된 질병에 걸릴 확률을 낮춰 줍니다. 모유에는 면역력이 좋아지는 성분이 들어 있는데, 특히 초유에 이런 성분이 함유되어 있습니다. 모유를 먹고 자란 아이는 분유를 먹고 자란 아이보다 위장 장애도 적고 잔병치레가 적은 것으로 알려져 있습니다.

두뇌 발달에 도움을 줍니다
모유에는 DHA와 아라키돈산(AA)이 풍부하여 두뇌, 망막, 신경 조직의 발달을 촉진합니다. 또, 아이가 엄마 젖을 빨 때 입이나 턱을 움직이는 과정에서 뇌의 혈류량이 늘기 때문에 두뇌 발달에 도움을 준다고 알려져 있습니다.

> **육아 상식**
>
> **'유두 혼동'을 막으려면 초유를 먹여야 해요**
>
> 초유의 양이 적어서 젖병이나 공갈 젖꼭지를 먼저 물리면 신생아가 엄마 젖을 거부하게 되는데, 이를 '유두 혼동'이라고 합니다. 신생아는 처음 빨고 삼킨 것을 '진짜'로 기억하기 때문입니다. 이를 예방하려면 젖병 등을 물리지 않도록 하고, 초유는 되도록 빨리 먹입니다.

치아 건강에 좋습니다
분유에는 유당이 들어 있기 때문에 분유를 먹다 잠이 들면 치아우식증이 생길 수 있습니다. 반면 모유에는 이를 방해하는 효소가 들어 있어서 치아우식증으로부터 안전합니다. 또한 젖병을 빨 때보다 엄마 젖을 빨 때 60배의 힘이 더 들기 때문에 아이의 턱 근육이 발달하게 되고, 이는 아이의 건강한 치아를 만드는 바탕이 됩니다.

건강한 식습관 형성에 도움을 줍니다
모유에는 지방 분해를 돕는 단백질이 들어 있어 아이가 비만이 될 확률을 낮춰 줍니다. 또한 모유를 먹고 자란 아이는 먹는 양을 잘 조절하여 건강한 식습관을 가지게 된다고 알려져 있습니다. 젖을 빠는 것은 아이에게도 힘겨운 일이기 때문에 배가 부르면 더 이상 먹지 않는데, 이러한 습관이 성인이 될 때까지 이어진다는 것입니다.

정서 발달에 도움이 됩니다
배가 고플 때마다 엄마 품에 안겨서 젖을 먹으며 아이는 엄마에게 무한 신뢰감을 갖게 되고, 엄마 뱃속에 있는 것 같은 편안함을 느낄 수 있습니다. 엄마와 아이 사이에 유대감과 친밀감이 형성되면서 아이의 정서 안정에 도움을 줍니다.

이유식 전에도 여러 가지 맛을 경험할 수 있습니다
모유는 엄마가 먹은 음식에 따라 맛이 미묘하게 변합니다. 따라서 아이는 이유식 시작 전부터 모유를 통해 다양한 음식의 맛을 느낄 수 있습니다.

영아 돌연사 증후군의 위험이 줄어듭니다
여러 연구 결과에 따르면, 아이가 모유를 먹었을 때 영아 돌연사 증후군의 발생 위험을 감소시킬 수 있다고 합니다. 모유 수유 기간이 길수록 예방 효과가 더 크다고 알려져 있습니다.

❗ 공갈 젖꼭지를 물리는 것도 영아 돌연사 증후군 예방에 도움을 줍니다. 하지만 아이가 잠든 후 공갈 젖꼭지가 입에서 떨어졌다고 굳이 다시 물릴 필요는 없습니다.

육아 상식

모유 성분의 변화 단계

모유는 엄마의 혈액을 원료로 하기 때문에 혈액과 성분이 비슷합니다. 적혈구는 없지만 백혈구가 들어 있어 질병으로부터 아이를 보호합니다. 모유의 성분은 아이의 성장 발달에 따라 조금씩 달라집니다.

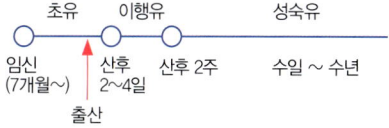

초유 걸쭉하고 연한 노란색으로, 나중에 나오는 모유보다 단백질과 항체가 풍부하고 비타민 A·B·E와 무기질이 훨씬 많이 들어 있어요. 지방과 당분의 양은 적어요. 초유의 양이 점차 줄어들면서 3~5일 후에는 모유가 본격적으로 만들어져요.

이행유(이행기 모유) 모유가 계속 만들어지면서 초유가 희석되는 단계로, 농도가 묽어지고 단백질과 항체의 양도 줄어들어요.

성숙유 출산 후 2주일경부터 만들어지는 모유로, 수분이 많고 단백질, 지방, 비타민, 무기질, 유당이 혼합되어 있어요.

모유 수유가 엄마에게 좋은 점
산후 회복과 다이어트에 도움이 됩니다
모유를 먹일 때 엄마의 체내에서 분비되는 호르몬은 자궁 수축을 도와서 산후 회복을 빠르게 도와줍니다. 또한 모유 1L를 만드는 데 940kcal가 소모되기 때문에 다이어트에도 도움이 됩니다.

여성 질환을 예방합니다
모유 수유는 유방 내 독소를 제거하는 효과가 있습니다. 2년 이상 수유를 하면 유방암에 걸릴 확률을 50% 정도 낮출 수 있습니다. 여성이 배란을 많이 할수록 난소암 발병률이 높아지는데, 모유 수유는 배란을 억제해 난소암 발병률도 낮춰 줍니다.

우울증을 막아 줍니다
모유 수유 시 분비되는 호르몬은 스트레스 해소에 도움이 되고 마음을 편안하게 해 주어 우울증을 막아 줍니다. 수유를 하며 아이와의 일체감, 모성애, 자신의 역할에 대한 만족감을 느끼게 되어 정서 안정에 도움이 됩니다.

경제적이며 편리합니다
모유는 언제 어디서든 배고파서 우는 아이에게 바로 먹일 수 있다는 장점이 있습니다. 분유 수유와 달리 물을 끓이고, 온도를 맞추고, 분유를 타서 식히고, 젖병의 위생에 신경 쓰지 않아도 됩니다. 분유 값이 들지 않고 외출 시에도 많은 물품이 필요하지 않아서 경제적이며 편리합니다.

모유 수유에 성공하려면?
출산 후 되도록 빨리 젖을 물립니다
출생 직후 아이의 빨기 본능이 강하므로 되도록 빨리 아이 피부와 접촉하면서 수유를 합니다. 출산 후 30분 이내로 젖을 물리면 수유 성공률이 높아집니다. 초유는 꼭 먹이도록 하고, 여건이 안 되면 4시간 이내에 젖을 물려서 아이가 엄마 젖꼭지에 익숙해지도록 합니다.

모유 말고는 아무것도 먹이지 않습니다
모유량이 부족해서 분유를 함께 먹이는 경우 모유는 점점 안 나오게 됩니다. 엄마나 아이에게 건강상의 문제가 없고, 의학적으로 필요한 경우가 아니라면 분유는 물론 물, 보리차, 설탕물 모두 먹이지 않습니다.

> **육아 상식**
>
> **모유는 왜 흰색을 띨까?**
>
> 모유의 원료인 엄마의 혈액은 유방으로 흘러간 뒤, 모유 생성 조직인 유선에서 유즙으로 변합니다. 이때 혈액 중의 단백질, 백혈구 등은 흡수되지만, 적색의 적혈구는 흡수되지 않기 때문에 흰색을 띠게 됩니다.

아이가 배고파할 때마다 먹입니다
신생아 때는 배고파할 때마다 수유를 해야 합니다. 신생아가 자다가 깨면 배가 고픈 것이므로, 울기 전에 수유를 합니다. 아이가 배가 고파서 보내는 신호를 빨리 알아차리려면 24시간 엄마와 아이가 같이 지내는 것이 필요합니다. 밤에도 엄마가 직접 수유하고, 아이가 4시간 이상 자면 깨워서라도 먹입니다.

하루에 적어도 8회 이상 자주 젖을 먹입니다
신생아는 대부분 1~3시간 간격으로 모유를 먹는데 하루에 최소 8~12회 정도 젖을 먹이면 됩니다. 이보다 적게 먹이면 모유 분비량이 줄어들게 됩니다. 엄마 젖은 아이가 빨면 빨수록 유선이 자극되면서 젖이 더 잘 돈다는 것을 명심하세요.

한쪽 젖을 충분히 먹이고 나서 반대쪽 젖도 먹입니다
한쪽 젖만 물리면 다른 쪽의 분비량이 줄어들므로 양쪽을 번갈아 물립니다. 아이가 한쪽 젖을 10~15분쯤 먹고 나서 빠는 속도가 줄어들면 다른 쪽 젖을 물립니다. 양쪽 젖을 다 먹이는 것이 엄마의 가슴 건강과 미용에도 좋습니다.

수유를 하고 남은 모유는 짜냅니다
수유 후에 유방에 모유가 남아 있으면 유방 울혈이 생길 수 있고 모유량이 줄어들 수도 있습니다. 수유 후에 남은 모유를 손이나 유축기로 짜내고 완전히 비워야 모유의 양도 늘어나게 됩니다.

젖병이나 공갈 젖꼭지를 사용하지 않습니다
엄마 젖꼭지와 젖병 젖꼭지는 구조가 달라서, 신생아 때 젖병을 빨았던 아이는 엄마 젖을 빠는 것을 힘들어하며 빨려고 하지 않습니다. 이러한 '유두 혼동'을 막기 위해서 생후 4주 이내에는 물이나 분유를 젖병에 담아 먹이거나 공갈 젖꼭지를 물리지 않습니다.

영양소를 골고루 섭취합니다
엄마가 잘 먹어야 영양가 많은 모유가 잘 나옵니다. 영양소가 고루 포함된 식단으로 2,500kcal 정도 섭취하고, 수유 전에 우유나 두유, 물을 충분히 마시면 좋습니다. 향이 강한 마늘, 파, 양파 등을 먹으면 모유의 향도 변하니 주의합니다. 모유 생성에는 영향이 없지만, 아이가 냄새를 싫어할 수 있기 때문입니다.

> **Doctor's guide — 첫 1개월은 엄마가 직접 수유!**
>
> 분만 후 첫 1개월은 모유 수유 성공에 중요한 시기입니다. 산부인과에 입원해 있을 동안 모자 동실을 하면서 젖을 먹이고, 퇴원 후 산후조리 기간에도 엄마와 아이가 한 방에서 먹고 자는 것을 권장합니다.
>
>
>
> 산후조리원을 이용하더라도 엄마가 직접 수유하는 것이 바람직합니다. 여러 명의 신생아를 한 명이 돌보는 산후조리원에서는 아이가 배고플 때 보내는 신호를 놓칠 수도 있습니다. 아이가 보내는 신호를 가장 잘 알아챌 수 있는 사람은 바로 엄마입니다. 첫 한 달 동안은 모유 수유가 힘들게 느껴지겠지만, 이 시기를 잘 넘기면 분유를 젖병에 타서 먹이는 것이 오히려 번거로워집니다.

출처: 대한모유수유의사회 육아정보

Part 3 모유 수유 · 분유 수유

모유 먹이는 법, 모유 먹이는 자세

수유할 때 엄마의 자세가 바르지 않으면 아이는 젖을 빨기 어렵습니다. 바른 자세와 방법으로 수유를 해야 아이가 편안한 자세로 충분히 젖을 먹을 수 있고, 엄마도 젖을 완전히 비울 수 있습니다.

모유 먹이는 순서

1. 손을 씻고 가슴을 풀어 주면서 수유 준비를 해요.

2. 젖을 한 방울 떨어뜨려요.
젖꼭지를 아이 입에 대면 반사적으로 아이가 입을 벌리는데 이때 입술에 젖을 한 방울 떨어뜨립니다.

3. 유륜까지 확실히 젖을 물려요.
아이 혀가 유륜을 충분히 감싸도록 젖꼭지를 밀어넣습니다. 아이의 코가 엄마 가슴에 살짝 닿는 정도가 적당하며, 윗입술이 오리 입처럼 위로 젖혀 있으면 됩니다.

❗ 유륜이 보이지 않을 정도로 젖꼭지를 깊게 물려요.

4. 아이 입에서 젖꼭지를 빼내고 다른 쪽을 물려요.
한쪽 젖을 10~15분 정도 먹고 나서 빠는 속도가 줄어들거나 아이가 젖에서 입을 떼거나 움직임을 멈추면 자세를 바꾸어 다른 쪽 젖을 물립니다.

5. 트림을 시켜요.
트림은 아이가 젖을 먹으며 함께 마신 공기를 내뱉는 것으로, 트림을 안 시키면 장에 가스가 차서 토할 수 있어요.

6. 충분히 먹이고 남은 젖
대한모유수유의사회에 따르면 모유가 부족하다는 진단을 받은 경우에만 젖을 모두 짜내야 하고, 그 외에는 자연스럽게 그대로 두면 됩니다.

트림시키는 자세

✅ 가장 흔한 자세는 어깨에 아이를 둘러메고 아이 등을 쓸어내리는 것입니다. 아이 배가 눌려 토할 수 있고, 보호자와 아이 옷에 토사물이 그대로 묻을 수 있습니다.

✅ 아이를 옆으로 앉히고 한 손으로 가슴을 받치며 엄지와 검지로 턱을 감싸 줍니다. 아이의 몸을 기울이며 손으로 등을 문질러요. 자주 토하는 아이에게 적합합니다.

✅ 엄마 허벅지 위에 아이 배가 닿도록 엎드리게 한 뒤 아이 머리가 가슴보다 위에 있도록 하고 등을 문지릅니다. 목을 가누지 못하는 아이에게 적합합니다.

Check List! 잘못된 모유 수유 체크 리스트

☐ 아이의 머리와 몸이 일직선이 되지 않아요.
☐ 젖꼭지가 유륜과 함께 구강 깊숙이 들어가는 대신에 아이가 젖꼭지만 빨고 있어요.
☐ 깊고 규칙적으로 빨지 않고 가볍고 빠르게 빨아요.
☐ 아이 뺨이 안쪽으로 말리거나 고음의 소음이 들려요.
☐ 젖 양이 늘어도 규칙적으로 삼키는 소리가 안 나요.
☐ 수유할 때 통증이 있거나 젖꼭지에 상처가 생겨요.

출처: 대한소아청소년과학회 육아 정보

모유 먹이는 자세

요람식 자세
앉은 상태에서 아이 몸을 옆으로 눕히고 엄마의 팔이나 쿠션에 올려서 안습니다. 아이 몸이 젖꼭지의 정면을 향하게 하며 아이 배와 엄마 배가 닿도록 끌어당기고, 아이 머리를 엄마 가슴에 완전히 밀착시킵니다. 장시간 안정적으로 취할 수 있는 장점이 있어서 많은 사람이 선호하는 자세입니다.

럭비공 자세
아이의 목과 뒷머리를 받쳐 럭비공을 끼듯 아이를 엄마의 옆구리에 끼는 자세입니다. 요람식 자세와 마찬가지로 아기의 머리, 어깨, 엉덩이가 일직선이 되도록 합니다. 높이는 쿠션으로 조절합니다. 제왕 절개를 해서 아이를 안기 힘든 엄마, 유방이 크거나 편평 유두인 엄마에게 적합한 자세로, 유선염 예방에 좋습니다.

옆으로 누워서 먹이는 자세
엄마와 아이가 마주 보고 옆으로 누운 채 몸을 밀착시켜 젖을 먹이는 자세입니다. 자거나 쉬면서 수유를 할 수 있는 장점이 있고 제왕 절개를 한 산모에게 편안한 자세이지만, 유방 안의 젖이 다 나오지 않는다는 단점이 있습니다. 아이가 얼굴의 정면에서 엄마 젖꼭지를 물 수 있도록 높이를 잘 조절해야 합니다.

모유 먹이는 횟수

모유는 아이가 먹는 양을 알기 어려워 1일 수유 횟수와 1회에 몇 분간 수유를 해야 하는지 초보 엄마로서는 갈피를 잡을 수 없습니다. 대한소아청소년과학회는 "얼마나 자주 수유를 해야 하는가?"라는 질문에 "아이가 원하는 만큼 자주"라고 대답합니다.

생후 0~2개월
신생아는 하루 8~12회 정도 젖을 빠는데, 생후 2주까지는 하루 15회까지 먹기도 하며, 개인차가 있습니다. 수유 시간은 보통 1회에 10분 정도입니다. 만약 아이가 20분이 지나도 계속 젖을 빨고 있고 유방이 딱딱한 상태라면 아이가 젖을 제대로 빨지 못하기 때문일 것입니다.

생후 3~6개월
수유 간격을 늘려 규칙적으로 먹이며 아이가 만족할 정도도 충분히 먹이면 됩니다. 한쪽 젖을 10~15분씩, 양쪽 젖을 총 20~30분 정도 먹이고, 평균 3시간마다 한 번 수유하면 됩니다. 생후 4~6개월에는 평균 4시간에 한 번씩 먹입니다.

생후 7~15개월
수유 사이에 이유식을 먹이는 시기이므로, 초기에는 수유 후 2시간 뒤에 이유식을 먹입니다. 생후 8개월 이후에는 이유식 위주로 영양분을 섭취해야 하므로, 이유식과 수유를 따로 합니다. 이유식을 하루 세 끼 먹는 생후 10개월쯤엔 낮 시간에 아이가 먹고 싶어 할 때 한두 번 정도 수유합니다. 모유 수유를 하는 아이의 밤중 수유는 생후 9개월쯤에 중단하는 것이 바람직합니다.

Part 3 모유 수유·분유 수유
워킹맘의 모유 수유

아이에게 완벽한 영양식인 모유를 먹이고 싶어도 일하면서 아이도 키우는 워킹맘에게 모유 수유는 쉽지 않습니다. 모유 수유를 마음먹었다면 알맞은 수유 계획을 세우고 잘 실천하여 꼭 성공하기 바랍니다.

성공적인 모유 수유 계획

직장 내의 여건에 맞는 수유 계획을 세웁니다
요즘은 직장에 모유 수유실을 갖춘 곳이 많지만, 모유 수유실이 없을 경우에는 모유를 유축할 만한 장소를 찾아야 합니다. 싱크대, 전기 시설, 탁자 등이 갖춰진 곳이 바람직합니다. 담당자에게 공간 사용 가능 여부 및 사용 가능한 시간 등을 미리 확인하세요. 하루에 3~4시간 간격으로 2~3회 정도 유축하며, 1회에 15~20분 이상 소요될 것을 예상하여 시간 계획을 세웁니다.

출산 후 한 달 동안 모유만 먹입니다
나중에 아이가 출근하는 엄마와 떨어지더라도 모유만 먹게 하려면, 출산 후 4주 동안은 하루 종일 아이와 같이 지내며 모유만 먹여야 합니다. 아이를 모유에 완전히 적응시키기 위해 모유 이외의 것은 먹이지 않습니다. 또한 젖병이나 공갈 젖꼭지도 사용하지 않도록 합니다.

유축기 사용에 익숙해지도록 연습합니다
유축기를 사용하는 경우, 복직 2주 전이 되면 유축기로 짜는 횟수를 늘려 갑니다. 유축기 사용 시 통증이 있다면 유축기의 압력이나 성능에 문제가 없는지, 수유 깔때기의 크기가 유방에 맞는지 등을 확인해 봅니다. 첫 몇 주 동안 먹일 모유를 모아 두어 비상 상황에 대비하세요.

❗ 일반적으로 초유는 손으로 짜는 것이 더 낫습니다. 대한모유수유의사회에서는 출산 전에 손으로 유축하는 법을 교육받기를 권장하니 동영상을 찾아 참고하세요.

> **TIP 손으로 모유 짜는 방법**
>
> 손을 깨끗이 씻고, 모유가 흐를 경우에 받칠 수건과 모유 담을 용기를 준비한 뒤, 다음 순서로 유축합니다.
> 1. 한 손으로 유방 윗부분부터 젖꼭지까지 부드럽게 쓸어내린 뒤, 유방 전체를 젖꼭지 방향으로 마사지합니다.
> 2. 엄지손가락은 유방의 위쪽을 잡고, 나머지 손가락은 유방 아래쪽을 잡은 뒤 유방에 압력을 가하며 젖을 짜냅니다.
> 3. 엄지손가락과 나머지 손가락을 유방 바깥쪽으로 차츰 움직이다가 다시 유방 밑에서 젖꼭지 쪽으로 움직여 젖이 뿜어져 나오게 합니다.
> 4. 한쪽을 3~5분 정도 짠 다음 번갈아 가며 짜면 좋습니다.

직장에서 유축하여 모유 수유하기

복직 2주 전부터 젖병에 담아서 먹입니다

직장을 다니면 낮에 엄마 젖을 직접 물릴 수 없으므로, 복직 2주 전부터 직접 수유하는 횟수를 줄이고 모유를 젖병에 담아 먹입니다. 처음에는 아이가 젖병을 물지 않으려 할 수 있는데, 아이에게 적응하는 시간을 주기 위해 젖병으로 먹는 시간과 횟수를 서서히 늘려 갑니다. 젖병으로 먹는 시간은 엄마가 일하는 시간에 맞춥니다.

출근이 임박해서는 직장에서 유축할 시간에 맞추어 젖을 짜고, 출근 직전과 퇴근 후의 시간에 맞춰서 젖 먹이는 연습을 합니다.

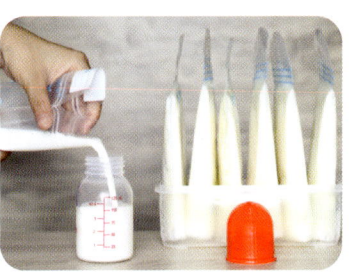

복직 후에는 아침저녁으로 직접 젖을 물립니다

복직 후에 직장에서는 적어도 2회 이상, 오전에 1회, 오후에 1회, 양쪽 유방의 젖을 완전히 다 짜는 것이 좋습니다. 짜낸 모유는 젖병이나 모유 저장 팩에 담은 뒤, 냉장고나 아이스박스에 보관했다가 집에 가져와서 냉장실이나 냉동실로 옮깁니다.

집에서는 출근 전과 퇴근 후에 반드시 아이에게 직접 젖을 물립니다. 짜 놓은 모유만 먹이면 엄마 젖의 양이 줄어들기 때문입니다.

모유 안전하게 보관하기

냉장 보관 모유는 24시간 내에 먹입니다

유축한 모유는 냉장실에서는 72시간, 냉동실에서는 3~4개월, 실온에서는 4~6시간 보관 가능하지만 최대한 빠른 시간 안에 먹여야 합니다. 짜 놓은 지 24시간 안에 먹이지 않을 모유는 냉동 보관하며, 냉장 보관한 모유는 24시간을 넘기지 않습니다. 얼리면 부피가 늘어나므로 용기에 모유를 꽉 채우지 않도록 합니다.

유축한 모유를 데운 뒤 냉동하면 좋습니다

모유를 얼렸다가 해동하면 지방이 분리되면서 뜨기 때문에 천천히 잘 섞어 주어야 합니다. 해동해도 지방이 분리되지 않게 하려면, 유축한 모유를 처음 보관할 때 살짝 데운 뒤 곧바로 냉동시켜 지방층이 섞이게 하면 됩니다. 해동한 모유는 24시간 내에 먹이도록 합니다. 한번 해동했던 모유를 다시 얼려서 먹이거나, 한번 데웠던 모유를 또다시 데워서 먹이면 안 됩니다.

냉동 모유는 따뜻한 물에 녹입니다

냉동한 모유는 먹이기 전날 밤에 냉장실로 옮겨서 녹입니다. 시간이 없다면 따뜻한 물에 담가서 녹이세요. 전자레인지에 녹이면 고루 데워지지 않고, 모유 속 단백질, 비타민, 면역 성분이 파괴될 수 있습니다. 데운 모유를 먹이기 전에 손목에 떨어뜨려 체온과 비슷한지 확인하고, 먹다가 남긴 모유는 버립니다.

> **Ready! Set! Go!**
>
> **직장 내 모유 유축을 위한 준비물**
>
> - 유축기(수동 유축기 또는 전동식 양측 유축기)
> - 밀폐 가능한 모유 보관 용기 및 모유 전용 보관 비닐 팩
> - 보냉 가방과 보냉제(이동 시 필요)
> - 회사 냉장고 사용이 어려운 경우, 소형 아이스박스
> - 유축한 날짜와 시간, 모유의 양을 적을 라벨지

Part 3 모유 수유·분유 수유

Q&A

Q 모유의 양이 적은 것 같은데 어떻게 해야 하나요?

A 아이 몸무게가 잘 늘지 않거나 소변량이 적으면 모유가 부족하기 때문일 수 있습니다. 또한 모유를 먹는 데 30분 이상 걸리거나 먹고 난 후에도 계속 젖꼭지를 빤다면, 모유량이 적은 것일 수 있습니다. 전문가들은 엄마의 모유는 아이가 배를 채울 정도로 충분하다고 말합니다. 젖은 아이가 빨면 빨수록 더 많이 나오게 되므로, 모유의 양이 적다면 수유 자세의 문제가 아닌지 점검하고 자세를 바꿔 봅니다. 아이가 젖을 빨 때 아이 입술과 엄마 젖꼭지 사이에 아이의 혀가 보이지 않는다면, 엄마 젖 대신 자기 혀를 빠는 것입니다. 이때는 유륜을 아이 입에 더 깊숙하게 넣어야 합니다. 자세의 문제가 아니라면, 모유량을 늘리는 데 도움이 되는 마사지를 시도해 보세요.

Q 모유의 양이 많은 것도 문제가 될까요?

A 아이가 한 번에 삼킬 수 있는 양보다 많은 모유가 입안으로 들어가면, 사레들리거나 토할 수 있습니다. 만약 아이가 젖을 빨면서 자주 숨가빠하거나, 소란스럽게 꿀꺽꿀꺽 먹는 모습을 보이면 모유의 양이 많은 것입니다. 모유의 양이 많은 경우에는 젖을 물리기 전에 미리 젖을 조금 짜내거나, 모유의 양을 줄이기 위해 한쪽 젖만 집중적으로 물리는 방법을 써 봅니다.

Q 젖꼭지에 상처가 났어요. 어떻게 하죠?

A 엄마 젖꼭지의 피부가 약하거나, 수유 자세가 잘못된 경우에 아이가 힘을 주며 젖을 빨다가 젖꼭지에 상처가 생기기도 합니다. 이때 난 피를 아이가 삼켜도 문제는 없으니, 유두 보호기 등을 사용해 수유를 계속해도 됩니다. 모유에는 항균 및 피부 상처 치유 성분이 있으므로, 손을 깨끗이 닦은 다음 모유를 조금 짜서 유두와 유륜에 바르고 완전히 마를 때까지 공기 중에 자연 건조시키는 것이 좋습니다. 그래도 낫지 않는다면 의사의 진료를 받도록 합니다.

Q 젖몸살은 어떻게 예방하나요?

A 출산 직후 조금씩 나오던 젖은 30~40시간쯤 지나면 갑자기 양이 늘어납니다. 이렇게 젖이 돌 때 아이에게 계속 젖을 물리지 않으면 젖이 불면서 유방 울혈이 생기고, 심해지면 젖몸살이 됩니다. 유방이 탱탱 부풀면서 통증이 생기는데 산후 10일에서 2주까지도 지속됩니다. 이후에도 수유를 거르거나 모유를 지나치게 빨리 끊는 경우에 언제든 생길 수 있습니다. 젖몸살의 가장 좋은 해결책은 유방 마사지가 아니라 젖을 물리는 것입니다. 힘들어도 하루 10번 이상 젖을 물리고, 통증이 심하면 의사와 상담한 후에 안전한 진통제를 처방받아 복용합니다. 젖몸살을 예방하는 최선의 방법은 처음부터 아이에게 젖을 자주, 충분히 빨게 하는 것이라는 점을 기억하세요.

Q 유선염에 걸렸는데 아기에게 젖을 먹여도 되나요?

A 유선염은 젖이 제대로 배출되지 않고 고여서 유방 일부가 울혈되었다가 염증이 생기는 것을 말합니다. 모유 수유를 하는 엄마의 20%가 겪으며 대부분 산후 6주쯤에 생기지만 수유 중 언제라도 생길 수 있습니다. 고열과 오한이 나거나 몸살 증상이 나타나기도 하며, 염증 부위가 벌게지면서 붓고 화끈거립니다.

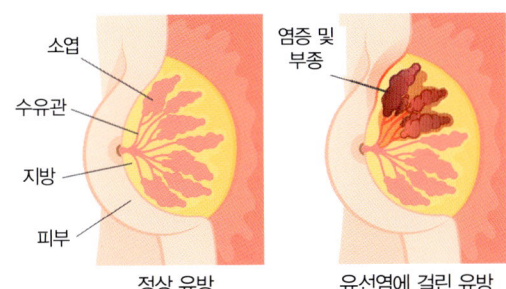

정상 유방 / 유선염에 걸린 유방

다행히 유선염을 앓는 엄마의 모유도 아이에게 해롭지 않으니 젖을 물려도 됩니다. 오히려 젖을 끊으면 농양이 생기기 쉬우므로, 더 자주 젖을 물려 완전히 비워야 합니다. 유선염이 생긴 쪽부터 먹이는데, 너무 아프면 반대쪽부터 먹이다가 아픈 쪽에 젖이 돌기 시작하면 곧바로 아픈 쪽으로 먹이면 됩니다. 수유 전에 온찜질을 하면 젖이 잘 배출되며, 수유 후에 냉찜질을 하면 통증과 부종을 가라앉힐 수 있습니다. 유선염이 생기면 의사의 진료를 받아야 하고, 많이 아프면 부루펜이나 타이레놀 등을 먹습니다. 안정을 취하고 수분과 영양을 충분히 섭취하는 것도 중요합니다.

육아 상식

유선염이 잘 생기는 상황

- 젖꼭지에 상처가 난 경우
- 자주 젖을 먹이지 않거나, 시간에 맞춰서 혹은 수유 시간을 정해 놓고 먹이는 경우
- 수유를 거르는 경우
- 젖을 제대로 물리지 못해 잘 비우지 못한 경우
- 젖의 양이 지나치게 많은 경우
- 갑자기 젖을 끊거나 성급한 젖떼기를 한 경우
- 꽉 끼는 브래지어, 자동차 안전띠를 하는 경우
- 스트레스를 심하게 받거나 피곤한 경우

아이에게 제대로 젖을 빨리지 않아서 모유가 정체되면 유선염이 생길 수 있다는 것을 명심하세요.

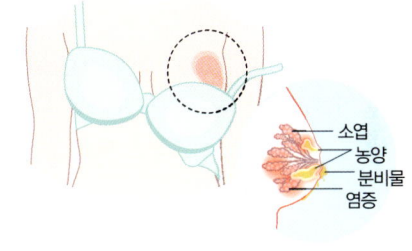

출처 대한모유수유의사회 육아정보

Doctor's guide — 잘못 알려진 모유 수유 상식

- 미역국, 족발, 가물치, 곰국은 **젖의 양**을 늘린다.
- 젖을 먹이기 전에 **유방을 깨끗이 닦**아야 한다.
- 산전에 유방 관리, **유방 마사지를 꼭** 해야 한다.
- 아이가 황달, **설사를 할 때 젖을 끊**는다.
- 먹다 남은 젖은 **모두 짜내야 한다**. (*136쪽 참고)
- 유방에 오래 고인 **젖은 나쁜** 젖이다.
- 모유 수유아는 **과체중이나** 비만이 없다.
- 모든 엄마가 모유 **수유를 할** 수 있다.
- 산후 6개월이면 물젖이다.
- 젖 뗄 때 **유방 마사지를 해야** 한다.

아이에게 좋은 젖, 나쁜 젖이 따로 있는 것은 아니며, 엄마 젖은 모두 좋은 젖입니다. 유방 관리를 해서 유방 상태를 좋게 만들어야 좋은 젖이 나온다는 말은 근거가 없습니다. 돈을 내고 받는 유방 관리 같은 서비스가 굳이 필요한지 생각해 봅시다.

Part 3 모유 수유·분유 수유
분유 수유·혼합 수유

모든 엄마가 모유 수유를 할 수 있는 것은 아니며, 아이에 따라서 분유를 먹이는 것이 권장되는 경우도 있습니다. 모유를 먹일 수 없더라도 미안한 마음을 갖지 말고 아이한테 가장 잘 맞는 안전한 분유를 선택하여 아이를 건강하게 키우면 됩니다.

분유 수유의 기본 상식

분유만 먹어도 아이의 성장에는 문제없습니다

분유는 주성분인 소젖 등을 아이가 소화하기 쉽게 처리하고 단백질, 미네랄 등의 영양소 함량을 모유에 맞춰 만든 것입니다. 특히 요즘 분유는 모유에 최대한 가까운 성분으로 구성되어 영양 면에서 모유에 뒤떨어지지 않습니다. 시판 조제 분유는 DHA를 첨가한 제품, 모유 면역 물질인 락토페린을 강화한 제품 등 종류가 다양합니다.

특수 분유는 의사와 상담 후에 먹입니다

아이가 장기간 설사를 하거나 분유를 먹고 알레르기 증상을 보이면 특수 분유를 먹입니다. 의사와 상담 후 먹이고, 증상이 나아져 끊는 시기도 의사와 상담 후 정합니다.

- **설사 방지 특수 분유** 유당을 줄이거나 분해시키고 단백질을 특수 처리해 만든 분유로, 전해질, 비타민, 미네랄 등 부족해지기 쉬운 영양소를 보강한 것입니다.

- **알레르기 특수 분유** 우유 알레르기의 원인이 되는 단백질 성분을 가수 분해하여 조제한 분유로, 알레르기 진단을 받은 경우에만 의사와 상담 후 먹입니다.

- **대두 분유** 콩 단백질을 사용해 만든 분유로, 유당 분해 효소가 없는 아이나 설사 후 점막이 손상된 아이, 우유 알레르기가 있는 아이가 의사의 처방을 받아 먹습니다.

분유 수유를 해야 하는 상황

엄마의 건강이나 여건에 따른 선택

모유가 잘 나오지 않거나 부족한 엄마, 출산 후 바로 직장으로 복귀해야 하는 엄마는 분유 수유나 혼합 수유를 선택해야 합니다. 엄마가 만성 질환이 있거나 건강상의 문제로 약물 투여를 해야 할 경우에도 분유 수유를 하게 됩니다. 분유 수유는 다른 사람도 할 수 있으므로, 아빠는 적극 참여하여 아이와 유대감을 쌓도록 합니다.

아이의 건강 상태에 따른 선택

아이가 특수 체질을 가진 경우, 분유 수유가 권장됩니다. 설사가 심하거나 유단백을 소화하지 못하는 특수 질환을 가진 아이, 선천적으로 신진 대사에 이상이 있는 아이에게는 특수 분유를 먹여야 합니다.

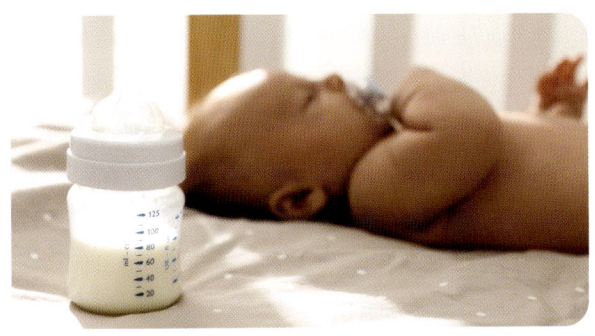

분유 수유량은 아이마다 다릅니다

아이마다 먹을 수 있는 양이 다르므로 분유의 양은 아이에게 맞추면 됩니다. 수유량에 연연하지 말고 아이를 살펴보면서 단계별로 적정량을 먹이다가 돌 무렵에 떼는 것이 좋습니다. 돌 이후에 유아식과 분유를 같이 먹으면 소아 비만이 될 수 있습니다. 대한소아청소년과학회에서는 몸무게 1kg당 140~160mL 정도 수유할 것을 권장합니다. 아래 표에 제시된 1회 수유량은 평균 수유량입니다. 1회 수유량보다 총 수유량을 맞추는 것이 더 중요합니다.

대한소아청소년과학회 권고 분유 수유량

월령	평균 몸무게(kg)	1회 수유량 (mL)	1일 수유 횟수	1일 수유량 (mL)
2주	3.4	80	7~8	560~640
2~4주	4.2	120	6~7	720~840
1~2개월	5.4	120	6	720
2~3개월	6.1	160	6	960
3~4개월	6.6	200	5~6	1,000
4~5개월	7.1	180~210	5~6	1,000
5~6개월	7.5	180~240	4~5	800~1,000

생후 1개월 첫 2~3일 동안은 1회에 30~60mL로 시작해서 점차 늘립니다. 3~4시간마다 60~90mL를 수유하며, 먹지 않고 5시간 이상 자면 깨워서 먹입니다.

생후 1개월 이후 적어도 4시간 간격으로 120mL 정도씩 먹입니다. 차츰차츰 양을 늘려서 생후 6개월까지 180~240mL씩 하루에 4~5회 수유합니다.

Doctor's guide 분유의 양보다 중요한 것은?

아이가 권장 수유량보다 덜 먹더라도 잘 자고 잘 자란다면 수유량을 늘릴 필요는 없습니다. 영유아 건강 검진을 통해 아이가 건강에 문제가 없는지, 잘 성장하고 있는지를 확인하면 됩니다. 만약 생후 4개월 아이가 하루에 1,000mL를 먹는데도 만족하지 않는다면, 분유를 더 원하는 것이 아니라 안락한 분위기에서 먹기를 원하는 것일 수도 있습니다.

출처: 대한소아청소년과학회 육아 정보

분유 안전하게 바꿔 먹이기

다른 제품으로 바꾸거나 다른 단계로 바꿔 먹이기

분유를 다른 회사 제품이나 다른 단계로 바꿔 먹여야 할 때는 서서히 바꿔야 새 분유에 적응되고 설사나 소화 장애 등을 예방할 수 있습니다. 4~7일 정도는 원래 먹이던 분유와 새 분유의 비율을 7:3에서 5:5, 3:7 등으로 섞어 먹이면서 아이의 변을 관찰하세요. 문제가 없다면 새 분유를 더 추가하는 식으로 진행합니다.

특수 분유로 바꾸기

아이가 장기간 설사를 하여 설사 방지 특수 분유를 먹이자 설사가 멈췄다 해도 곧바로 일반 분유로 바꿔 먹이지 않습니다. 설사가 멈추고 2~3일이 지난 후부터 조금씩 일반 분유로 바꿔 가는 것이 좋습니다. 점막이 회복되지 않아 다시 설사를 할 수 있기 때문입니다.

모유 수유에서 분유 수유로 바꾸기

분유는 모유보다 소화 흡수가 잘 안 되기 때문에 모유 수유에서 분유 수유로 바꿀 때는 주의가 필요합니다. 특히 아토피성 피부나 우유 알레르기가 있는 등 예민한 아이는 모유와 분유를 번갈아 먹이면서 변이 정상인지, 소화 불량은 없는지 등을 잘 살펴봐야 합니다. 문제가 없다면 분유 수유량과 수유 간격을 조금씩 늘려 가며 서서히 분유로 바꿔 갑니다.

❗ 모유나 분유를 먹이다가 생우유로 바꾸는 경우도 있습니다. 그런데 생우유는 우유를 가공하지 않고 소독만 한 것이어서 아이가 소화하기 힘들고 영양소도 부족하므로 생후 10~12개월이 지난 후에 먹이는 것이 좋습니다.

Doctor's guide — 기억해야 할 젖병 수유 주의 사항

- 전자레인지에 분유(모유)를 데우지 마세요.
- 젖꼭지 구멍이 알맞은 크기인지 확인하세요.
- 아이가 선호하는 다양한 모양의 젖꼭지를 사용하세요.
- 아이가 공기를 빨아들이지 않도록 젖병을 기울이세요.
- 수유 후 반드시 트림을 시켜 주세요.
- 아이 치아가 나오기 시작하면 젖병을 물고 잠들지 않도록 하세요.
- 수유하고 나서 아이를 눕히기 전에 잇몸에서 분유 잔여물을 부드럽게 닦아 내세요.
- 살균 반복 시 젖꼭지가 휠 수 있으니 잘 살펴보세요.

출처: 대한소아청소년과학회 육아 정보

혼합 수유

혼합 수유는 아이에게 젖을 물려 직접 수유하는 것과 함께 유축한 모유를 젖병에 넣어 먹이기, 분유를 젖병에 먹이기 등 모유와 분유를 섞어서 먹이는 것입니다. 구강 구조 문제로 아이가 엄마 젖꼭지를 물기 힘들거나 엄마의 모유량이 늘지 않을 때 하게 됩니다. 모유를 먹이다가 분유로 바꿀 때도 혼합 수유 과정을 거칩니다.

모유를 먼저 먹이고 분유는 보충으로 먹입니다

아이에게는 엄마 젖을 빠는 것이 젖병을 빠는 것보다 훨씬 힘들기 때문에 젖병에 익숙해진 아이는 엄마 젖을 빨려고 하지 않습니다. 이런 일을 방지하려면 모유를 먼저 먹이고 나서 부족한 양을 분유로 먹입니다.

밤에도 직접 젖을 물려 모유량이 줄지 않게 합니다

직접 젖을 물리지 않을 때는 3~4시간에 한 번씩 손으로 유축을 합니다. 밤중 수유를 할 때에도 되도록 직접 젖을 물려서 모유량이 줄지 않도록 합니다.

젖병을 잘 물지 않으면 배고플 때 물게 합니다

모유 수유아가 분유를 함께 먹게 되면 먼저 젖병과 젖꼭지의 감촉에 익숙해져야 합니다. 처음에는 하루에 한 번 젖병을 물리고 천천히 시간을 늘려 갑니다. 아이가 젖병을 잘 물지 않는다면 낮에 배고파 하는 시간에 젖병을 물리는 것이 좋습니다. 분유 맛에 적응하지 못하는 아이에게는 모유를 젖병에 담아서 먹이는 것으로 시작해 보세요.

Part 3 모유 수유·분유 수유

분유 타기·젖병과 젖꼭지 선택하기

분유 타기의 기본 상식과 분유 타는 방법을 숙지하여, 모유 못지않은 영양식인 분유로 아이를 건강하게 키우도록 합니다. 아이의 먹거리를 담는 그릇인 젖병과 아이 입에 직접 닿는 젖꼭지도 안전한 것을 택하고 깨끗하게 관리해야 합니다.

분유 타서 먹이기

분유 타기의 기본 상식

✓ 식은 분유는 비린 맛이 날 수 있으니 먹이기 직전에 타야 합니다. 어린 젖먹이 아이는 탄수화물을 소화하지 못하기 때문에 탄수화물이 들어 있는 보리차 등은 분유 타기에 적당하지 않고, 생수로 타는 것이 좋습니다.

✓ 타 놓은 분유가 차가워지면 뜨거운 물에 젖병을 잠깐 담갔다가 먹입니다. 전자레인지에 데우면 골고루 데워지지 않고 젖병에서 환경 호르몬이 나올 우려가 있습니다.

✓ 끓인 물을 식혀 50~70℃ 온도의 물에 분유를 타서 30~40℃ 정도로 식힌 뒤에 먹이는 것이 좋습니다.

✓ 먹다 남은 분유는 다시 먹이지 않는 것이 원칙입니다. 하지만 분유가 많이 남았다면 20분 이내에 먹입니다. 1~2시간 후에는 침에 들어 있던 박테리아가 번식을 시작하기 때문입니다.

분유 타는 방법

1. 분유 정확히 계량하기

계량스푼은 분유가 수평이 되도록 깎아서 정확히 계량합니다. 분유 한 스푼당 물 20mL를 넣는 것이 원칙입니다. (사용 후 계량스푼은 젖병과 함께 소독합니다.)

2. 물 온도 맞추고 젖병에 붓기

팔팔 끓인 생수를 50~70℃로 식힌 다음, 젖병에 정량의 1/3 만큼 먼저 붓습니다. 계량한 분유를 젖병에 넣은 뒤, 남은 물을 마저 붓습니다.

❗ 요즘에는 간편하게 분유 탈 물을 끓이고 식혀 주는 분유 포트를 사용하기도 합니다. 정확한 온도와 농도로 분유를 타 주는 분유 제조기도 많이 사용합니다.

3. 젖병 흔들어 분유 녹이기

젖병을 손바닥 사이에 두고 좌우로 가볍게 흔들어서 분유를 녹입니다. (위아래로 흔들면 거품이 생깁니다.) 분유가 다 녹으면 마개를 열어 공기를 뺀 뒤 닫습니다.

4. 분유의 온도 맞추기

체온과 비슷한 30~40℃ 정도로 식힙니다. 손목 안쪽이나 손등에 분유를 몇 방울 떨어뜨려 체온과 비슷한지 확인합니다. 뜨거우면 젖병을 찬물에 담가서 식힙니다.

분유 먹이는 자세

분유 수유 시 아이를 안는 방법이나 트림시키는 방법은 모유 수유와 같습니다. 단, 수유 중에 아이가 공기를 삼키지 않도록 젖병을 세워야 하며, 바로 눕힌 자세에서 먹이지 않도록 합니다. 바로 누워서 먹이면 기도가 막히거나 분유가 귀로 흘러 들어가 중이염을 일으킬 수 있으니 주의합니다.

1. 아이를 옆으로 안고 눈을 맞추며, 양육자의 심장 소리를 들을 수 있도록 아이를 가슴에 밀착시킵니다.

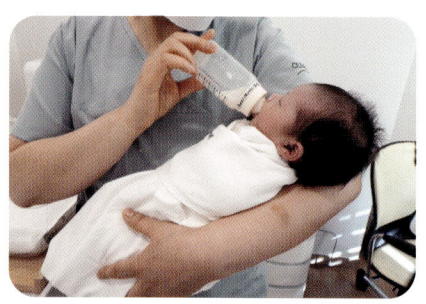

2. 젖병은 45° 정도의 각도로 세웁니다. 모유 수유 시 유륜까지 물리듯, 젖병의 젖꼭지가 안 보일 정도로 깊이 물려야 합니다.

❗ 아이의 입을 강제로 벌려서 수유하지 말고, 젖꼭지로 뺨을 자극해 보세요. '찾기 반사' 행동으로 아이가 입을 벌릴 것입니다.

3. 모유 수유 때와 마찬가지로 트림을 시킵니다.

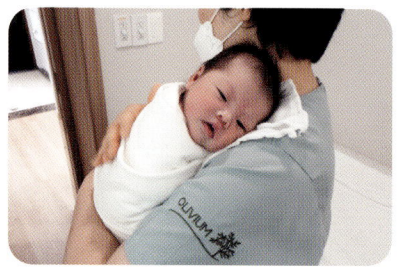

젖병 세척과 소독

1. 다 먹은 젖병은 물에 헹궈 놓아 분유 찌꺼기를 미리 제거한 뒤 닦거나 그 자리에서 바로 닦아요.

2. 젖병 재질에 맞는 전용 솔에 세제를 묻혀 병 속까지 꼼꼼히 닦고 헹굽니다. 남아 있는 분유 찌꺼기는 세균 번식을 유발할 수 있으니 깨끗이 씻어 내야 합니다.

3. 젖꼭지는 더러워지기 쉬우므로, 가느다란 전용 솔에 세제를 묻혀 구석구석 닦아 줍니다. 세제가 남지 않도록 흐르는 물에 깨끗이 헹굽니다.

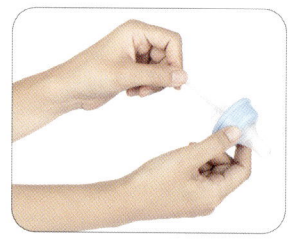

4. 소독을 한 뒤, 위생적인 곳에서 완전히 말립니다.

생후 3개월 이전의 아이는 면역력이 약하므로, 젖병은 매번 소독해서 씁니다. 냄비에 물을 끓여 열탕 소독하거나 스팀 소독기 등을 활용합니다. 열탕 소독 시에 젖병은 2~3분, 젖꼭지는 30초 정도 소독합니다. 생후 4개월부터는 젖병 세정제를 사용해서 씻고 주 2~3회 열탕 소독을 하면 좋습니다.

▲ 스팀 젖병 소독기 외관과 내부

젖병과 젖꼭지 선택하기

젖병 선택의 기준

젖병은 소재와 모양이 다양한데 무엇보다 환경 호르몬으로부터 안전한 재질로 만든 것을 골라야 합니다. 대표적인 재질은 다음과 같습니다.

✅ **PES(폴리에스테르설폰)** 가볍고 사용하기 편하고 열탕 소독 시에도 환경 호르몬이 검출되지 않아 안전합니다. 하지만 불투명한 갈색 재질이기 때문에 내용물의 색깔이 잘 안 보이는 단점이 있습니다.

✅ **PPSU(폴리페닐설폰)** 요즘 많이 사용하는 재질로, 가볍고 내열성과 내구성이 강하지만, 흠집이 생기면 세균이 쉽게 번식하는 단점이 있습니다. 열탕 소독을 해도 환경 호르몬으로부터 안전합니다.

✅ **유리병** 깨질 염려가 있고 무겁지만, 환경 호르몬으로부터 안전하며 반영구적입니다.

✅ **PP(폴리프로필렌)** 고온에도 환경 호르몬이 검출되지 않고 가벼우나 흠집이 잘 생깁니다.

젖병은 눈금이 잘 보이며 병 안이 투명하게 들여다보여야 분유 조제가 쉽고, 내용물과 젖병의 상태를 확인하기 쉽습니다. 또한 아이가 잡기 편하고 가벼우며 구석구석 손쉽게 세척할 수 있는 것을 선택합니다.

젖병의 용량

신생아 때는 120~150mL의 소형 젖병을, 생후 3개월쯤에는 250mL 정도의 중형 젖병을 씁니다. 생후 8개월 이후에는 300mL 정도의 대형도 필요하지만, 소형과 중형 젖병을 여러 개 쓰면 됩니다.

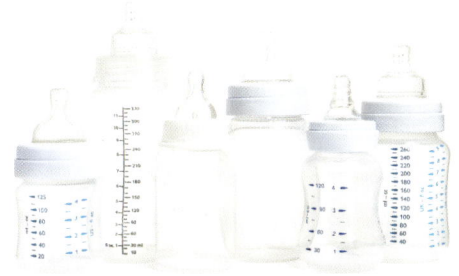

젖꼭지 선택과 종류

젖꼭지의 재질은 실리콘 고무와 천연고무가 있습니다. 아이에게 맞는 걸 선택하면 됩니다. 젖꼭지는 수유 속도를 조절하는 역할을 하므로 분유의 농도나 먹는 양에 맞춰 단계와 형태를 선택합니다. 젖꼭지 구멍의 모양에 따라 신생아용, 우유용, 이유식용으로 구분됩니다.

✅ **O자형** 분유만 먹일 때 주로 사용합니다. 단계별로 구멍 수와 크기가 다르니, 점차 늘려 줍니다.

✅ **+자형** 빠는 힘에 따라 분유의 양이 조절되기 때문에 빠는 힘이 강해진 아이에게 적합합니다. 쉽게 찢어질 수 있어 이가 나기 시작할 무렵의 아이는 조심해야 합니다.

✅ **-자형** 젖꼭지 방향이나 빠는 힘에 따라 내용물이 나오는 속도와 양이 달라지며 걸쭉한 이유식이나 과즙을 먹이는 데 사용되기도 합니다.

✅ **Y자형** 분유와 초기 이유식을 먹이는 데 사용됩니다.

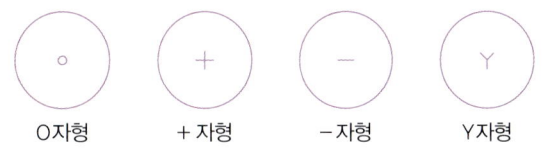

⚠️ 젖꼭지 구멍이 너무 작으면 분유가 잘 안 나와서 빨기 힘듭니다. 반대로 너무 크면 급하게 빨 경우 많은 양이 갑자기 나와서 호흡이 곤란해질 수도 있습니다.

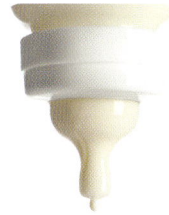

젖병과 젖꼭지 교체 주기

플라스틱 젖병은 6개월 주기로 바꾸고, 젖꼭지는 장시간 사용하면 착색되기 쉽고 이가 나면서 아이가 씹기도 하므로 3개월 주기로 바꾸는 것이 안전합니다.

Part 3 모유 수유 · 분유 수유

젖떼기 · 밤중 수유 끊기

엄마 젖이나 젖병을 떼어야 할 때, 아이도 엄마도 힘들고 스트레스를 받기도 합니다. 젖이나 젖병은 아이에게 영양원일 뿐만 아니라 애착의 대상이므로 젖을 떼는 과정에서 아이가 정서적 불안을 느끼지 않도록 해야 합니다.

모유 수유아의 젖떼기

아이 상황에 맞게 자연스럽게 젖을 뗍니다
모유는 엄마나 아이의 상황을 고려하여 자연스럽게 떼는 것이 좋습니다. 보통 돌이 지난 후에 아이가 원할 때 젖을 떼라고 하는데, 돌 무렵에 아이는 다양한 음식을 접하고 새로운 흥밋거리가 생기면서 젖을 덜 찾기 때문입니다. 대한소아청소년과학회에서는 최소한 돌까지 모유 수유를 지속할 것을 권하고 있습니다.

시간 여유를 가지고 점진적으로 뗍니다
이유식 완료기에 접어들면 모유는 영양소 섭취라는 주된 역할이 끝나지만, 아이는 젖을 떼는 과정에서 분리 불안이나 애정 결핍을 느낄 수 있습니다. 아이가 엄마 젖과 서서히 이별하며 마음의 정리를 할 수 있는 시간을 주세요. 젖을 떼는 과정에서 이전보다 더 많은 애정 표현과 스킨십을 해 주는 것이 좋습니다.

컵 사용하는 연습을 더 자주 합니다
6개월부터는 컵을 이용해 모유나 분유를 먹는 연습을 하는 것이 좋습니다. 모유를 먹는 아이는 처음에는 하루에 소량의 모유를 컵으로 먹이다가 젖을 뗄 시기에 컵으로 먹는 양과 횟수를 점차 늘려 갑니다.

❗ 분유를 먹는 아이는 12개월부터 젖병 끊는 연습을 시작합니다. 이때부터 모든 음료를 컵으로 먹게 하여 18개월까지는 젖병을 완전히 끊게 합니다.

젖을 떼는 단계
1. **젖 주는 시간 줄이기** 1회 수유 시간을 조금씩 줄여 모유가 분비되는 양을 억제합니다.
2. **젖 주는 횟수 줄이기** 2~3일간 수유 시간을 줄였으면, 1일 수유 횟수를 줄여 모유 분비량을 감소시킵니다.
3. **3일 정도 모유 주지 않기** 횟수를 줄이고 일주일쯤 후에 3일간 모유를 주지 않습니다. 아이가 울어도 젖을 물리지 않으며 놀잇감 등을 가지고 놀도록 합니다.
4. **젖 짜내기** 3일간 모유를 주지 않았으면 젖을 짜냅니다.

> **육아 상식**
>
> ### 모유를 24개월까지 먹여도 된다?
>
> 젖을 떼는 시기를 정하는 것은 엄마가 아니며, 아이가 스스로 원할 때 떼어야 한다는 전문가 의견도 있습니다. 세계보건기구에서는 두 돌까지 모유 수유를 지속할 것을 권장합니다. 생후 1년 이후에도 모유에 함유된 면역 성분이 강화되며, 생후 2년까지 영양과 면역 측면에서 장점이 지속되기 때문입니다. 다만 아이의 영양소 섭취는 이유식이나 밥으로 보충해 줘야 합니다.

밤중 수유 끊기

밤중 수유를 끊어야 하는 이유

✅ 성장 호르몬의 3분의 2는 잠자는 동안 나오기 때문에 아이가 밤에 잠을 푹 자야 몸도 잘 자라고 두뇌도 발달합니다. 밤중 수유는 아이의 수면을 방해하여 아이의 성장 발달에도 부정적인 영향을 끼칩니다.

✅ 수면 중에는 장의 기능이 떨어지기 때문에 밤중에 먹는 모유나 분유는 소화·흡수가 잘되지 않습니다.

✅ 자는 동안에 입안에 남아 있는 분유의 당분으로 유치가 썩을 수도 있고, 젖병을 문 채 잠들면 부정 교합이 생길 수도 있습니다.

✅ 밤중 수유는 젖병으로 하기 때문에 젖병만 쓰던 아이는 컵 사용을 꺼리게 되어 젖병 떼기가 쉽지 않습니다. 적당한 시기에 밤중 수유를 끊어야 돌 무렵에 생우유를 컵으로 마실 수 있게 됩니다.

✅ 밤중 수유를 하면 이유식을 하루 3회, 수유를 4회 정도 하는 생후 6~9개월 시기에 이유식 진행이 순조롭지 않을 수 있습니다.

밤중 수유 끊는 시기

모유는 소화가 더 잘되어 배가 자주 고프기 때문에 밤중 수유를 끊는 시기는 모유를 먹는 아이가 분유를 먹는 아이보다 늦습니다.

✅ 분유를 먹는 아이는 생후 3~5개월 무렵에 밤중 수유 끊기를 시작할 수 있습니다. 대개 생후 5개월 무렵에 아이는 밤에 깨지 않고 통잠을 잘 수 있기 때문입니다. 늦어도 생후 6개월까지는 밤중 수유를 끊도록 합니다.

✅ 모유를 먹는 아이는 생후 6개월 이후부터 밤중 수유를 끊기 시작합니다. 아이가 보채더라도 늦어도 생후 9개월까지는 밤중 수유를 끊는 것이 좋습니다.

밤중 수유 끊는 법

✅ 자기 전 마지막 수유 시 아이가 만족할 만큼 먹입니다.

✅ 낮잠을 잘 때도 먹이지 않습니다. 그래야 잘 때마다 습관적으로 젖을 빠는 습관이 들지 않습니다.

✅ 아이가 자다가 깨어도 수유를 하지 말고 다독이면서 다시 잠들게 합니다.

✅ 생후 7개월부터는 밤에 아이가 젖을 찾으면 모유 대신 끓여서 식힌 보리차를 먹입니다.

Part 3 모유 수유·분유 수유

Q&A

Q 분유의 단계를 맞춰서 먹여야 할까요?

A 시판되는 분유는 월령별로 단계가 나뉘어 있지만 영양 성분에 큰 차이는 없습니다. 예를 들어 신생아용에는 더 많은 열량을 낼 수 있도록 지방이 많이 들어 있고, 생후 4개월용에는 성장을 돕는 단백질이 많이 들어 있습니다. 그 시기에 더 필요한 영양분의 양이 다르게 들어 있으니 맞춰서 먹이면 좋다는 것일 뿐이므로 먹던 분유가 남았다면 굳이 새 분유로 바꾸지 않아도 됩니다.

Q 돌 이후에 우유를 먹일 때 생우유만 먹여야 하나요?

A 돌이 지나면 컵에 생우유를 담아서 먹게 하는데, 생우유 양은 점차 늘리고 분유 양은 줄입니다. 생우유와 분유의 섭취량은 총 500mL를 넘지 않게 합니다. 이때 생우유 대신 멸균 우유를 먹여도 됩니다. 멸균 우유는 생우유를 살균한 것으로, 데우지 않고 먹일 수 있으며 실온에서 보관 가능하다는 장점이 있습니다. 살균 과정에서 일부 영양소가 파괴되기도 하지만 단백질과 칼슘 함량은 유지되기 때문에 괜찮습니다. 유통 기한이 길고 보관이 쉬운 멸균 우유를 외출 시에 활용하면 편리합니다.

Q 모유에서 분유로 바꾸면 변비가 생기나요?

A 분유의 주된 성분은 카세인이라는 단백질인데, 위산에 잘 녹지 않으며 응고가 잘됩니다. 이 때문에 분유를 먹는 아이는 변비에 걸리기 쉽습니다. 생후 6개월 이후에 먹이는 분유에는 성장을 돕기 위한 단백질 성분이 더욱 많이 들어 있고, 철분 등의 영양분이 보강되어 변비에 걸릴 확률이 더 높아집니다. 분유로 바꾸는 과정에서 장이 적응하느라 변비가 나타날 수 있는데, 대개 며칠 내에 좋아지니 너무 걱정하지 않아도 됩니다.

Q 공갈 젖꼭지는 언제 끊어야 하나요?

A 공갈 젖꼭지도 젖병과 마찬가지로 12개월부터 끊는 연습을 시작합니다. 젖병을 끊고 나서도 일상생활에서 공갈 젖꼭지를 습관적으로 무는 아이들이 있는데 늦어도 세 돌 전에는 끊어야 합니다. 끊을 시기가 되면 공갈 젖꼭지를 되도록 눈에 보이지 않는 곳에 보관합니다. 공갈 젖꼭지를 턱받이 옆에 달아 두었다면 떼도록 합니다. 아이가 잠들기 힘들어할 때, 주사를 맞고 나서 진정되지 않을 때와 같이 꼭 필요한 순간에만 잠깐 물게 합니다.

PART 4

영양 만점!
건강한 이유식과 유아식

아이가 모유와 분유 외에 가장 먼저 접하는
음식인 이유식은 평생의 식습관에 영향을 줍니다.
미음, 죽부터 시작해서 서서히 밥으로 넘어가는
이유식을 통해 아이는 스스로 밥을 먹는 능력을
기르게 됩니다. 이유식의 기본 원칙을 이해하고
초보 양육자들의 고민거리인 이유식 메뉴 및
재료와 조리법을 알아봅니다.

Part 4 영양 만점! 건강한 이유식과 유아식
이유식의 기초 지식

모유와 분유만 먹던 아이도 언젠가는 어른이 먹는 음식을 먹게 되는데, 그 중간 과정에 먹는 음식이 이유식입니다. 이유식은 아이가 고형식(형태가 있고 딱딱한 음식)으로 영양분을 섭취할 수 있도록 연습하는 과정이랍니다.

이유식은 왜 필요할까요?

수유만으로 필수 영양분을 섭취하기 어렵습니다
신생아는 모유나 분유만으로 성장과 발달에 필요한 모든 영양분을 섭취할 수 있지만, 생후 6개월 무렵부터는 수유만으로는 부족합니다. 따라서 이유식이라는 음식을 통해 단백질, 칼슘과 무기질, 비타민, 탄수화물, 지방 등 5대 영양소를 섭취해야 합니다.

고형식 먹는 연습을 할 수 있습니다
모유나 분유 같은 액체를 먹던 아이가 고형식을 먹는 것은 큰 변화입니다. 딱딱한 음식을 씹어서 먹고 소화시키기 위해서는 이유식이라는 연습이 필요합니다. 미음, 죽부터 시작하여 서서히 덩어리진 음식을 먹는 연습을 통해 돌 무렵에는 진밥을 먹을 수 있습니다.

스스로 밥 먹는 능력과 올바른 식습관을 기릅니다
이유식은 영양 섭취뿐만 아니라 스스로 음식을 조절해서 먹는 능력을 기르기 위해 필요합니다. 배고프면 먹고 배부르면 그만 먹는 식습관을 배우고, 정해진 시간에 한자리에 앉아서 식사하는 것을 배우며, 함께 식사하는 즐거움을 통해 평생의 식습관을 형성하는 중요한 과정입니다.

Quiz! 이유식에 대해 얼마나 알고 있나요?

이유식에 대한 설명이 맞으면 ○, 틀리면 × 하세요.
1. 이유식은 아이가 좋아하는 과즙부터 시작합니다. (　)
2. 이유식을 빨리 시작할수록 영양 공급이 잘됩니다. (　)
3. 이유식은 수시로 상황에 따라 주는 것이 좋습니다. (　)
4. 이유식은 꼭 숟가락으로 떠먹입니다. (　)
5. 직접 만든 것보다 시판 이유식이 건강에 더 좋습니다. (　)
6. 이유식을 시작할 때는 한 번에 한 가지 음식으로 시도하는 것이 좋습니다. (　)
7. 모든 과일이 우리 아이의 이유식에 좋은 것은 아닙니다. (　)

❶ 이유식을 과즙으로 시작하면 아이가 단맛에 익숙해져서 단맛이 나지 않는 음식을 거부할 수 있기 때문에 미음, 채소, 과즙의 순서로 진행하는 것이 좋습니다.

❷ 이유식은 최소한 생후 4개월 이후에 시작하는 것이 좋습니다. 너무 이른 시기에 시작하면 이유식이 각종 알레르기를 유발할 수 있기 때문입니다. 사람이 음식을 먹으면 장에서 소화 작용을 거치면서 단백질을 아미노산으로 분해·흡수하여 알레르기가 생기는 것을 막아 줍니다. 하지만 생후 4개월 이전

〈정답〉 ❶× ❷× ❸× ❹○ ❺× ❻○ ❼○

이유식은 언제 시작할까요?

이유식을 먹을 만큼 발달이 이루어져야 합니다

이유식은 아이의 몸무게가 출생 시의 두 배가 되고, 침을 많이 흘리며, 젖꼭지를 빨기 위해 혀를 내미는 반사적 행동이 없어질 무렵에 시작한다고 알려져 있습니다. 대개는 생후 4~6개월 사이에 이유식을 시작하지만, 세계보건기구와 대한소아청소년과학회는 생후 6개월 이후에 시작할 것을 권장하고 있습니다.

이유식의 시작 시기는 정해진 기준이 따로 있는 것이 아닙니다. 아이가 를 먹을 수 있는 만큼 발달이 이루어졌는지를 확인하는 것이 더욱 중요합니다. (※이 책에서는 6개월에 시작하는 것을 기본으로 합니다.)

TIP 이유식을 시작할 수 있는 신호들

- 어른들이 식사하는 모습을 쳐다보며 입을 오물거리거나 침을 흘리며 음식에 관심을 보여요. (입을 움직이는 씹는 운동을 할 준비가 된 것입니다.)
- 고개를 잘 가누고 이유식 의자에 앉는 것을 힘들어하지 않아요.
- 손에 숟가락이나 음식을 주면 입으로 가져가는 모습을 보여요.

늦어도 생후 6개월에는 이유식을 시작합니다

5개월이 된 아기가 어른들이 먹는 음식을 보며 입을 오물거리고 침을 흘린다 해도, 고개를 제대로 못 가누고 이유식 의자에 앉는 것을 힘들어하면 이유식을 시작하기 어려울 것입니다. 또래보다 성장이 늦은 아이는 이유식을 약간 늦게 시작해도 됩니다. 다만, 늦어도 생후 6개월부터는 시작하는 것이 좋습니다. 생후 6개월이 넘어서도 모유나 분유만 먹는다면 영양 불균형이 올 수 있기 때문입니다.

영아의 경우, 분해되지 않은 단백질이 미숙한 소화 기관을 통해 그대로 흡수됨으로써 알레르기를 일으킬 수도 있습니다.

❸ 이유식을 먹일 때는 바람직한 생활 습관 형성을 위해 정해진 시간에 규칙적으로 식사하는 습관을 기르도록 노력해야 합니다.

❹ 이유식은 고형 음식물을 섭취하는 연습을 하는 것이기 때문에 숟가락을 사용하는 습관을 들여야 합니다. 젖병에 여러 가지 음식을 섞어서 마시게 하는 것은 올바른 식습관 형성에 도움이 되지 않습니다.

❺~❻ 시판 이유식은 편리하지만 첨가제가 들어 있는 것도 있어 직접 만든 이유식이 영아의 건강에 더 좋습니다. 시판 이유식을 먹여야 할 경우에는 한 가지 재료로 만들어진 제품으로 시작하는 것이 편식 예방에 도움이 됩니다. 어릴 때부터 자극받은 미각에 대해서는 거부감이 적기 때문입니다.

❼ 오렌지, 딸기, 복숭아, 키위, 망고 등 일부 과일은 알레르기 위험도가 높아 주의해야 합니다. 반드시 1작은술 이하로 먹이고 반응을 확인해야 하며, 또 과육에 작은 씨를 포함하고 있는 딸기나 키위 등은 씨앗이 목에 걸릴 위험이 있어 12개월 이후 먹이는 것이 좋습니다.

어떻게 진행할까요?

아이의 상태에 맞춰서 여유 있게 진행합니다

이유식을 통해 음식을 씹고 삼키는 능력, 소화·흡수 능력이 발달하고, 손가락 조절 능력과 정서도 발달하게 됩니다. 하지만 이유식은 아이의 컨디션을 살피면서 여유 있게 진행해야 한다는 것을 잊지 마세요. 이유식을 거부하는 아이에게 무리해서 먹이려고 하는 것은 좋지 않습니다. 아이도 기분 좋은 상태에서 이유식을 먹어야 먹는 즐거움을 느낄 수 있답니다.

먹는 데 집중할 수 있는 환경을 만듭니다

어른들이 식사를 할 때 아이도 함께 식탁에 앉아서 이유식을 먹는 것이 바람직합니다. 식사 시간에는 텔레비전을 끄고 장난감을 치우는 등 아이가 먹는 데만 집중할 수 있는 환경을 만들고, 먹는 시간과 노는 시간이 구별될 수 있도록 합니다.

숟가락을 사용하도록 합니다

이유식은 숟가락으로 음식을 떠서 입에 넣은 다음 혀를 사용하고 이로 씹으며 먹는 것을 연습하는 과정입니다. 따라서 반드시 숟가락으로 음식을 떠먹도록 가르쳐야 합니다. 이유식 초기에 양육자가 숟가락으로 떠먹여 줄 때는 아이가 혀로 음식을 밀어낼 수 있으므로 혀 중간에 음식을 올려놓습니다.

쌀죽으로 시작하여 재료를 한 가지씩 첨가합니다

쌀은 장에 부담이 적고 알레르기를 거의 일으키지 않는 식품이므로, 쌀죽 한 숟가락부터 시작하여 한 번에 한 가지씩 재료를 첨가하여 2~3일 정도 먹여 봅니다. 피부나 변에 이상 반응이 없다면 다른 재료를 추가하면서 가짓수를 점차 늘려 나가면 됩니다. 이렇게 하면 이상 반응의 원인이 되는 재료를 파악할 수 있고, 아이의 장이 음식에 적응할 수 있게 됩니다. 새로운 음식에 대한 적응이 힘들면 7일 주기로 새로운 재료를 추가합니다.

> **TIP 이유식의 기본 원칙**
> - 6개월경에 이유식을 시작해요.
> - 쌀죽으로 시작해서 한 가지씩 재료를 추가해요.
> - 하루 한 끼에서 시작하여 세 끼까지 늘려 가요.
> - 10배 죽으로 시작하여 돌 때는 진밥까지 나아가요.
> - 되도록 간을 하지 않아요.
> - 초기를 제외하고 아이 스스로 먹도록 가르쳐요.
> - 필수 영양소 5대 식품군을 빨리 첨가해요.
> - 아이의 상태에 맞게 진행해요.
> - 초기에는 수유에 이어서 이유식을 먹이다가 점차 따로 먹여요.

재료나 굳기, 조리법에 변화를 주며 진행합니다

아이의 씹는 힘과 소화 능력에 맞게끔 재료를 적당한 크기와 굳기로 조리합니다. 이유식의 횟수와 양을 점차 늘리면서 질감을 높이면 됩니다. 쌀죽, 무른 밥, 진밥으로 나아가다 보면 돌 무렵에는 진밥과 반찬을 주식으로 먹을 수 있고, 돌부터 두 돌 사이에 이유식을 완료하여 어른이 먹는 음식과 비슷하게 먹을 수 있습니다.

❶ 10배 죽(쌀미음)

❷ 7배 죽(쌀죽)

❸ 3배 죽(무른 밥)

❹ 2배 죽(진밥)

이유식의 단계

초기(6개월) | 음식을 꿀꺽 삼켜 먹어요

- 영양분의 10~20%를 이유식으로 섭취해요.
- 수유 횟수 중 1회를 이유식으로 바꾸어 시작하며 몸 상태와 기분이 좋은 날에 첫 숟가락을 떠요. 잘 먹으면 이유식 횟수를 2~3회까지 늘려 나가요.
- 이가 없지만 음식을 꿀꺽 삼켜서 먹을 수 있어요.

이 시기의 아이는?
- 받쳐 주면 앉을 수 있어요.
- 대부분 이는 아직 없어요.
- 혀를 앞뒤로 움직일 수 있어요.

중기(7~8개월) | 혀로 으깨어 먹어요

- 영양분의 30~35%를 이유식으로 섭취해요.
- 하루 2~3회의 이유식을 시간을 정해서 매일 같은 시간에 먹여요.
- 음식을 혀로 위턱에 밀어붙인 뒤 으깨어 우물우물 먹을 수 있어요.

이 시기의 아이는?
- 안정적으로 앉을 수 있어요.
- 혀를 앞뒤, 상하로 움직일 수 있어요.
- 아래쪽 앞니가 나기 시작해요.

후기(9~11개월) | 잇몸으로 으깨고 앞니로 끊어 먹어요

- 영양분의 40~45%를 이유식으로 섭취해요.
- 하루 3회의 이유식을 매일 같은 시간에 먹여요.
- 혀와 잇몸으로 으깨어 먹고, 큰 덩어리는 앞니로 끊어 먹을 수 있어요.

이 시기의 아이는?
- 기어다니고, 뭔가를 잡고 설 수 있어요.
- 손으로 움켜쥐려고 해요.
- 혀를 앞뒤, 상하, 좌우로 움직일 수 있어요.
- 위쪽 앞니가 나기 시작해요.

완료기(12~18개월) | 앞니로 음식을 잘라 먹어요

- 영양분의 70%를 이유식으로 섭취해요.
- 하루 3회의 이유식을 매일 같은 시간에 먹여요.
- 씹는 힘이 강해지며, 앞니로 음식을 잘라 먹고, 손으로 직접 집어 먹어요.

이 시기의 아이는?
- 걸음마를 시작해요.
- 숟가락과 포크를 쓰려고 해요.
- 혀를 자유롭게 움직이고 입 주위 근육이 발달해요.
- 1세 무렵에 위아래 앞니가 나요.

Part 4 영양 만점! 건강한 이유식과 유아식
성장에 맞는 단계별 이유식 진행

이유식의 4단계인 초기, 중기, 후기, 완료기는 절대적인 기준이 아니라 아이의 성장 발달에 따른 최소한의 기준일 뿐입니다. 개인차가 있으니 기계적으로 맞출 필요는 없습니다. 단계에 따라 재료의 크기와 음식의 묽기, 굳기 등을 순차적으로 진행하면서 아이에게 속도를 맞춰 주세요. 초기나 중기에도 아이가 음식에 잘 적응하면 그다음 단계의 크기로 넘어가도 됩니다.

	초기(4~6개월)	중기(7~8개월)
모유·분유 : 이유식 비율 전반 ↓ 후반	모유·분유 90% / 이유식 10% 모유·분유 80% / 이유식 20%	모유·분유 70% / 이유식 30% 모유·분유 65% / 이유식 35%
수유량	500~900mL	500~800mL
이유식 양	한두 숟가락부터 시작하여 서서히 양을 늘려 30~90g (1일 총 80~90g ➡ 예: 1회 30g씩 3회, 또는 1회 90g)	한 끼에 70~120g (이유식과 수유를 이어서 해요.)
이유식 횟수	1일 1~3회	1일 2~3회, 간식 1~2회
이유식 형태	수프 정도의 묽기, 10배 죽에서 시작하여 점차 7~8배 죽까지 조절	부드러운 두부 정도의 무르기, 7배 죽에서 시작하여 5배 죽까지
이유식 재료	곡류, 채소류, 쇠고기와 닭 가슴살	곡류, 채소류, 과일류, 육류, 달걀노른자, 흰살생선류
주의가 필요한 음식 (알레르기 유발 가능)	밀가루, 돼지고기, 사과, 바나나, 배	밀가루, 돼지고기, 달걀흰자, 등 푸른 생선, 갑각류(새우살), 수박, 참외, 자두, 귤, 땅콩버터, 견과류
피해야 할 음식	육류의 기름기 많은 부위, 조개, 참치와 같은 큰 생선, 갑각류, 대두, 과일주스, 꿀, 유제품	육류의 기름기 많은 부위, 조개, 참치와 같은 큰 생선, 멸치, 과일주스, 꿀
조리법	• 잎채소의 질긴 부위는 제거하고 잎 부분만 갈아서 주고, 당근은 완전히 익혀서 갈아요. • 찜기나 냄비에 푹 삶기, 손절구로 으깨기, 믹서나 분쇄기로 갈기	• 3mm 정도 크기로 다지고 천천히 크기를 키워 가요. • 찜기나 냄비에 푹 삶기, 손절구로 부드럽게 하기, 칼로 잘게 다지거나 3mm 크기로 썰기
이렇게 주세요	숟가락으로 떠먹이기를 시도해요. 양육자의 무릎에 앉히고, 안기 쉬운 자세로 먹여요.	숟가락으로 먹는 것에 익숙해지도록 하며, 생후 8개월부터 핑거 푸드를 주어요. 시간을 정해 매일 같은 시간에 이유식을 주어요.

이유식 단계별 재료의 크기 예시

초기(4~6개월)
- 믹서로 갈기
- 절구로 으깨기

중기(7~8개월)
- 잘게 다지기
- 3mm 두께로 자르기

후기(9~11개월)
- 5~7mm 두께로 자르기

완료기(12~18개월)
- 7mm 두께로 자르기
- 10mm 이상의 두께로 자르기

후기(9~11개월)	완료기(12~18개월)
모유·분유 60% / 이유식 40% 모유·분유 55% / 이유식 45%	모유·분유 30% / 이유식 70%
500~700mL	400~500mL (생우유 포함한 총량)
한 끼에 120~150g (이유식과 수유를 따로 해요.)	한 끼에 120~180g
1일 3회, 간식 2~3회	1일 3회, 간식 2~3회
바나나 정도의 무르기에 5~7mm 크기의 입자가 있는 음식, 3배 죽에서 2배 죽까지	부드러운 고형식(부드럽게 으깨지는 진밥이나 완자 정도의 굳기), 2배 죽의 진밥에서 시작하여 밥까지
곡류, 채소류, 과일류, 육류, 생선류, 견과류	곡류, 채소류, 과일류, 육류, 어패류, 견과류
멜론, 포도, 살구, 홍시, 블루베리, 견과류	생우유 또는 멸균 우유 및 유지류 일부, 파인애플, 단감, 복숭아, 토마토, 오렌지, 딸기, 키위, 망고
민물고기, 참치와 같은 큰 생선, 조개류, 꿀	없음 (어른이 먹는 음식을 대부분 먹을 수 있음)
• 5~7mm 크기로 썰기 • 냄비에 푹 삶거나 조리기, 부치기	• 7~10mm 크기로 썰고 크기를 서서히 조절(어른이 먹는 음식보다 좀 더 부드럽고 크기는 작게 하여 익혀요.) • 냄비에 푹 삶거나 조리기, 볶기, 무치기
무른 밥과 반찬을 따로 주거나 덮밥으로 주며 식판에 담아 주어요. 핑거 푸드와 숟가락으로 먹는 음식을 주어 스스로 먹는 연습을 하게 하고, 컵을 사용하는 연습을 하게 해요.	식판에 진밥과 간을 하지 않은 반찬을 따로 담아서 주며 골고루 먹을 수 있도록 해요.

Part 4 영양 만점! 건강한 이유식과 유아식
이유식의 기본 조리법

이유식의 기본은 쌀죽입니다. 요리 초보도 쌀죽 만들기의 기본을 알면 10배 죽부터 2배 죽까지 농도를 맞춘 쌀죽을 쉽게 만들 수 있습니다. 퓌레나 육수 등도 미리 만들어 두면 도움이 될 것입니다.

쌀죽 만들기

쌀죽의 농도
쌀과 물의 비율이 1 : 10이면 10배 죽, 1 : 5이면 5배 죽이 됩니다. 예를 들어, 10배 죽을 만들 때 쌀이 10g이면 물은 100mL가 필요합니다.

불린 쌀로 죽 만드는 방법
쌀을 씻어 찬물에 20분~1시간 정도 불렸다가 믹서로 갈아서 죽을 쑤는 방법입니다. 예를 들어, 10배 죽을 만들 때는 쌀과 물을 1:1의 비율로 넣고 갈아서 냄비에 부은 뒤, 남은 물 9를 더 넣어 센 불에서 끓입니다. 부르르 끓어오르면 약불로 줄여 쌀이 잘 퍼질 때까지 충분히 익힙니다. 쌀을 갈지 않고 죽을 끓일 경우, 마지막에 체에 내리면 됩니다.

밥으로 죽 만드는 방법
쌀로 만드는 것보다 더 편한 방법으로, 쌀을 이용할 때보다 물을 더 적게 넣어야 합니다. 죽을 끓이기 전에 이유식 단계에 맞게 밥을 절구에 으깨거나, 밥에 물을 약간 넣고 믹서에 갈아 주면 됩니다. 적은 양의 죽을 만들면, 7배 죽부터는 밥을 이용하는 것이 더 편합니다.

밥이 50g이면 물 50~70mL만 넣고 갈다가 물을 더 넣고 갈아야 잘 갈려요.

밥을 절구로 으깨면 곱게 갈리지 않아요. 절구로 으깨기는 중기 이후에 가능해요.

퓌레 만들기

퓌레는 육류, 채소, 과일 등을 익혀서 으깬 것입니다. 일반 요리에서는 맛을 내는 재료로 쓰이며 아기에게는 건강한 이유식이 됩니다. 아이가 쌀죽, 채소와 고기를 넣은 죽을 잘 먹는다면 퓌레를 특별 이유식으로 활용해 보세요.

당근, 사과, 호박 등 재료를 썰어서 충분히 익힌 다음 으깨거나 갈고, 여기에 모유·분유나 물을 넣어 농도를 조절하면 퓌레가 완성됩니다. 냉동 큐브로 만들어 보관했다가 필요할 때 꺼내 쓰면 편리합니다.

쌀죽의 농도에 따른 물의 비율

죽	불린 쌀로 죽 만들기			밥으로 죽 만들기		
	10배 죽	8배 죽	5배 죽	10배 죽	8배 죽	5배 죽
쌀/밥 g	10	10	10	10	10	10
물 mL	100	80	50	50	40	25

*쌀 100g으로 밥을 지으면 180~200g 정도가 됩니다.

맛국물, 육수 만들기

간을 하지 않은 이유식에 맛을 더하고 싶을 때는 고기 육수나 채소, 다시마 등을 이용한 맛국물을 활용해 보세요. 재료는 아이가 먹고 나서 이상 반응이 없었던 것으로 선택합니다. 만든 국물은 1회 분량씩 나누어 담으며 냉장실에서는 1~2일, 냉동실에서는 1~2주 정도 보관 가능합니다. 냉장 보관 시에는 병에 담고, 냉동 보관 시에는 얼음 틀에 얼렸다가 꺼내어 지퍼 백에 담고 종류와 만든 날짜를 적어 놓습니다.

TIP

채소수
재료 당근 50g, 무 50g, 양파 50g, 단호박 50g, 양배추 50g, 물 1L
1. 재료들을 씻어서 적당한 크기로 자른 뒤, 냄비에 물과 함께 모두 넣고 센불에서 끓여요.
2. 물이 끓어오르면 불을 줄인 뒤 뭉근하게 더 끓여요.
3. 한 김 식힌 국물을 체에 내린 뒤, 1회 사용할 만큼씩 나누어 담아요.

멸치 국물
재료 국물용 멸치 100g, 무 20g, 물 720mL
1. 내장과 머리를 제거한 멸치를 기름 없이 팬에 볶아요.
2. 물에 1과 무를 넣고 센불에서 팔팔 끓이다가, 끓어오르면 약불로 줄여서 20분 정도 더 끓여요.
3. 우러난 국물을 식히고 체에 거른 뒤 통이나 병에 담아 보관해요.

쇠고기 육수
재료 국거리용 쇠고기 100g, 대파 20g, 물 720mL
1. 쇠고기는 찬물에 담가 핏물을 빼요.
2. 물에 쇠고기와 대파를 넣고 센불에서 끓여요.
3. 물이 끓어오르면 약불로 줄여 15~20분 더 끓여요. 불순물은 걷어 내며 끓여 주세요.
4. 국물이 우러나면 고기는 건지고 육수를 식힌 뒤 응고된 기름을 걷어 내고 통이나 병에 담아 보관해요.

닭고기 육수
재료 닭다리 2개, 대파 20g, 물 720mL
1. 닭다리는 껍질과 지방을 제거해요.
2. 물에 닭고기와 대파를 넣고 센불에서 15~20분간 끓여요. 불순물을 걷어 내며 끓여 주세요.
3. 국물이 우러나면 고기는 건지고 육수를 식힌 뒤 응고된 기름을 걷어 내고 통이나 병에 담아 보관해요.

Part 4 영양 만점! 건강한 이유식과 유아식
초기 이유식_6개월

4~5개월에 이유식 시작을 권하기도 하지만 6개월에 시작하는 것이 무난합니다.

쌀죽을 시작으로 새로운 음식을 경험합니다
쌀죽으로 시작하여 2~3일에 한 번씩 새로운 식재료를 추가합니다. 아이마다 음식을 받아들이는 데 차이가 있으니 아이가 보이는 반응에 맞춰서 진행하면 됩니다. 쌀, 고기, 채소, 과일의 순서로 첨가하면서 음식의 맛과 식감을 느낄 수 있도록 해 주세요. 이유식을 시작할 때는 밤중에 수유를 하지 않는 것이 좋습니다.

묽기와 굳기는 점차 조절합니다
10배 죽으로 시작해 7배 죽까지 나아갑니다. 10배 죽은 숟가락을 기울이면 뚝뚝 떨어지는 정도의 묽기입니다. 모든 재료를 갈아서 부드럽게 만들고, 아이가 잘 먹으면 더 진한 농도로 넘어가도 됩니다.

아이가 먹기 힘들어하면 묽게 만들어 주다가 점차 물을 줄여 걸쭉한 농도로 조절합니다. 5가지 식품군을 모두 경험하면 7개월 이전에 조금씩 질감을 느낄 수 있도록 조리해 주세요.

식사 요령 및 상차림
처음에는 엄마가 아기의 고개를 잘 받치고 안고서 먹이다가, 점차 의자에 앉혀서 먹입니다. 재료를 한꺼번에 섞어서 죽으로 주다가 차츰 죽 위에 고명처럼 얹어 주면 아기가 재료 고유의 맛을 느낄 수 있어 좋습니다.

 추천 이유식

쌀죽(10배 죽)

아이가 잘 먹으면 질감을 빨리 높여도 좋습니다. '몇 배 죽'에 맞추려 하지 마세요.

재료 불린 쌀 15g, 물 150mL
1. 20분 정도 불린 쌀을 물 30~50mL와 함께 믹서에 넣고 곱게 갈아요.
2. 냄비에 1과 남은 물을 붓고 주걱으로 저으면서 센불에서 끓이다가, 끓어오르면 약불로 줄여요.
3. 쌀이 푹 퍼질 때까지 충분히 끓여요. (몇 회 분량을 한꺼번에 만들어 두면 편해요.)

쇠고기죽

재료 밥 15g, 쇠고기 10g, 물 60mL
1. 믹서에 물을 약간 넣고 밥을 갈아요.
2. 쇠고기는 얇게 썰어서 남은 물과 함께 냄비에 넣고 5분 정도 삶아요.
3. 쇠고기를 건져서 절구에 으깨거나 믹서에 육수를 조금 넣고 갈아요.
4. 냄비에 1, 3과 육수를 넣고 센불에서 끓이다가, 약불에서 더 끓여요.

고구마양배추죽

재료 8배 죽 30g, 고구마·양배추 10g씩
1. 8배 죽 쌀죽을 준비해요.
2. 고구마는 얇게 썰고, 양배추는 심 부분을 제거하고 잎 부분을 준비해요.
3. 찜기에 2를 넣고 익힌 뒤, 잘게 다지거나 으깨요.
4. 쌀죽 위에 3을 얹어요.

추천 이유식

닭고기죽

재료 밥 15g, 닭가슴살 10g, 물 80mL

1. 믹서에 물을 약간 넣고 밥을 갈아요.
2. 닭가슴살은 삶아서 곱게 다져요.
3. 냄비에 1과 2의 국물과 다진 닭고기를 넣고 센불에서 끓여요. 끓어오르기 시작하면 약불로 줄인 뒤 5분 정도 더 끓여요.

시금치죽

재료 8배 죽 30g, 시금치 잎 10g

1. 8배 죽 쌀죽을 준비해요.
2. 손질한 시금치의 잎 부분만 끓는 물에 익혀서 으깨거나 곱게 다져요.
3. 쌀죽 위에 2를 얹어요.

❗ 시금치, 배추, 당근은 생후 6개월 이전에는 시작하지 않는 것이 좋습니다.

간식

삼색뿌리핑거푸드

재료 당근, 브로콜리, 고구마(단호박, 무, 비트 등의 뿌리채소)

1. 여러 가지 재료를 손질한 뒤, 아기가 잡기 편하도록 가늘고 길게 썰어요.
2. 찜기에 1을 넣고 한꺼번에 쪄요.
3. 충분히 물러지면 식혀서 그릇에 담아요.
   (비트는 다지고, 단호박은 다지거나 으깨서 먹여도 좋아요.)

💬 이유식을 잘 먹는 아이의 간식이나 '아이 주도 이유식'으로 활용할 수 있어요.

사과퓌레

재료 사과 1개, 물 100mL

1. 씨를 제거하고 껍질을 벗긴 사과를 얇게 썰어요.
2. 냄비에 1과 물을 함께 넣고 사과가 투명하고 부드러워질 때까지 익혀요.
3. 절구에 2를 넣고 약간의 질감을 느낄 수 있을 정도로 으깨요.

당근사과퓌레

재료 당근 50g, 사과 50g, 물 100mL

1. 당근은 껍질을 벗기고, 사과는 씨를 제거한 뒤 껍질을 벗겨 적당한 크기로 잘라요.
2. 냄비에 1의 당근과 물을 넣고 끓이다가 사과를 넣고 푹 익혀요.
3. 2를 믹서에 넣고 간 뒤, 그릇에 담을 때 농도를 조절해요.

TIP 퓌레 냉동 큐브의 활용

퓌레를 넉넉히 만들었다면 얼음 틀에 담아 얼렸다가 지퍼 백에 담아 냉동실에 보관합니다. 냉동 큐브는 1~2주 정도 보관 가능한데, 중탕 또는 해동하여 죽 위에 고명처럼 얹거나, 이유식 재료와 같이 넣고 끓입니다. 여러 재료로 만든 퓌레 큐브를 다양한 조합으로 섞어 간편하게 이유식을 만들 수도 있어요. 한번 해동한 퓌레는 다시 얼리지 마세요!

Part 4 영양 만점! 건강한 이유식과 유아식

중기 이유식_7~8개월

작은 덩어리 음식을 경험합니다

아직은 모유·분유가 주식인 시기이므로 이유식을 잘 먹더라도 모유·분유는 하루에 최소 500~600mL 이상 먹입니다. 탄수화물, 단백질, 비타민과 무기질, 지방을 고루 섭취할 수 있도록 쌀죽, 고기와 생선, 달걀과 두부, 채소와 과일로 구성된 식단을 준비합니다. 또한, 아이가 삼킬 수 있는 3mm 정도 크기의 작은 덩어리 음식을 경험하게 합니다.

재료를 잘게 썰어 으깨어 먹을 수 있게 합니다

쌀죽은 7배 죽에서 5배 죽까지 나아가며, 재료를 갈지 말고 잘게 썰어 으깨어서 줍니다. 두부 정도 무르기의 음식을 주면, 이가 나지 않은 아이도 으깨어 먹을 수 있어요.

식사 요령 및 상차림

모든 재료를 섞어 만든 죽을 주어도 되지만, 점차 음식을 따로 담아 재료 각각의 맛을 느낄 수 있게 해 주세요. 늦어도 이 시기에 핑거 푸드를 시작하는 것이 좋습니다.

 추천 이유식

쇠고기배추죽

재료 불린 쌀 20g, 쇠고기(안심) 10g, 배추·당근 10g씩, 물 100mL

1. 쌀에 물 5큰술 정도 넣고 갈아요.
2. 얇게 썬 당근은 푹 익히고, 배추는 끓는 물에 데쳐 각각 3mm로 다져요.
3. 쇠고기는 끓는 물에 익혀 3mm 정도로 다진 뒤, 절구로 으깨요.
4. 냄비에 1과 물을 넣고 끓이다가, 끓어오르면 약불에서 저어 가며 끓여요.
5. 4에 2와 3을 넣고 5분쯤 푹 끓여요.

대구살당근죽

재료 불린 쌀 20g, 대구 살 10g, 당근 5g, 물 120mL

1. 쌀에 물을 5큰술 정도 넣고 갈아요.
2. 가시를 제거한 대구 살을 끓는 물에 데친 뒤 건져요.
3. 껍질을 벗긴 당근과 2의 대구 살을 잘게 다져요.
4. 냄비에 1과 물을 넣고 끓이다가, 끓어오르면 약불에서 저어 가며 끓여요.
5. 4에 2, 3을 넣고 한소끔 더 끓여요.

오트밀죽

재료 오트밀(첨가물 없는 100% 오트밀) 30g, 물 240mL, 분유 물(쌀죽)

1. 냄비에 오트밀과 물을 넣고 3~5분 정도 끓여요.
2. 1이 끓어오르면 약불로 줄이고, 물이 졸아들면 물을 더 넣고 끓여요.
3. 죽이 완성되면 분유 물을 넣어 가며 농도를 맞춰요. (아이가 먹기 좋은 농도의 쌀죽을 섞어도 돼요.)

추천 이유식

두부애호박죽

재료 5배 죽 25g, 두부 20g, 애호박 10g
1. 애호박은 껍질을 벗기고 3mm 크기로 썰어, 끓는 물에서 충분히 익혀요.
2. 두부를 끓는 물에 익힌 뒤 3~4mm 크기로 썰어요.
3. 쌀죽 위에 애호박과 두부를 얹어요

사이드

달걀토마토무침

재료 토마토 20g, 달걀노른자 완숙 반 개
1. 토마토에 칼집을 十자로 내어 살짝 데친 뒤 껍질을 벗겨요. 씨를 제거하고 과육 부분만 5mm 정도로 썰어요.
2. 1을 끓는 물에 삶아서 익혀요.
3. 완숙 달걀노른자를 체에 내린 뒤, 토마토 위에 뿌려 주어요.

사이드

도미무조림

재료 도미 살 10g, 무 20g, 채소수 100mL
1. 껍질과 가시를 제거한 도미 살을 다져요.
2. 강판에 무를 갈아요.
3. 냄비에 채소수를 붓고 1과 2를 넣어 중불에서 끓이다가, 부르르 끓어오르면 약불에서 2분간 더 끓여요.

사이드

돼지고기토마토조림

재료 돼지고기 15g, 토마토 25g, 당근·감자·양파 15g씩, 채소수 100mL, 다진 마늘
1. 토마토는 十자를 내고 데쳐서 껍질을 벗기고 씨와 심을 제거한 뒤 3mm 크기로 썰어요.
2. 당근, 감자, 양파는 3mm 크기로 썰고, 돼지고기는 3mm 크기로 썰어 다져요.
3. 냄비에 모든 재료와 채소수를 넣고 15분쯤 충분히 끓여요.

간식

바나나아보카도매시

재료 바나나 1개, 아보카도 1개
1. 바나나는 껍질을 벗겨 작게 자른 뒤 포크나 매셔로 으깨요.
2. 아보카도의 과육을 작게 잘라 포크나 매셔로 으깨요. (세로로 칼집을 낸 아보카도를 손으로 비틀어 반으로 나눈 다음 숟가락으로 씨를 파내면 돼요.)
3. 2에 1을 적당히 섞어 농도를 맞춰요.

간식

브로콜리수프

재료 브로콜리 10g, 감자 30g, 양파 10g, 분유 물 100mL
1. 브로콜리 꽃 부분, 감자, 양파를 썰어서 물에 끓이거나 전자레인지에 물과 함께 돌려서 익혀요.
2. 익힌 브로콜리와 양파는 믹서에 넣어 다지고, 감자는 으깨요.
3. 2에 분유 물을 넣어 잘 섞은 뒤, 냄비에 넣고 저어 가며 끓여요.

Part 4 영양 만점! 건강한 이유식과 유아식

후기 이유식_9~11개월

약간 큰 알갱이가 있는 음식을 경험합니다
모유나 분유는 하루에 최소 500~600mL 이상 먹이고, 하루 세 끼의 이유식과 2~3번의 간식을 줍니다. 이유식 양이 늘기 때문에 낮에 먹는 수유량은 서서히 줄이며 밤중 수유는 중단하도록 합니다. 잡곡, 고기, 채소, 과일을 골고루 섭취할 수 있는 식단을 구성하고, 약간 큰 알갱이가 있는 음식을 경험하게 합니다.

바나나 무르기의 음식을 잇몸으로 씹어 먹습니다
아이는 이제 좀 더 크고 단단해진 음식을 잇몸으로 씹어서 먹을 수 있게 됩니다. 손가락으로 쉽게 으깨지는 바나나 정도의 무른 음식을 주면 잇몸으로 으깨어 먹습니다. 으깨는 힘은 약하지만 거의 어른과 같은 방법으로 씹을 수 있으며, 덩어리가 큰 것은 앞니로 끊어 먹을 수도 있습니다. 3배 죽 정도의 무른 밥을 주고, 잘 먹으면 좀 더 질감 있는 진밥을 먹여도 됩니다.

식사 요령 및 상차림
스스로 먹도록 가르치며, 혼자서 숟가락으로 먹고 컵으로 마시는 연습도 하게 합니다. 먹다가 흘려도 격려해 주세요. 어른의 밥상처럼 무른 밥과 반찬을 따로 주거나 반찬을 얹은 덮밥으로 주고, 식판에 차려 주면 더욱 좋습니다. 간식은 스스로 집어 먹을 수 있는 핑거 푸드를 주면 됩니다.

 추천 이유식

쇠고기우엉무른밥
재료 불린 쌀 30g, 쇠고기 30g, 우엉 20g, 물 240mL
1. 쇠고기는 3mm 정도로 다져서 푹 삶고, 국물은 면보에 걸러 두어요.
2. 껍질 벗긴 우엉은 식초 물에 담갔다가 끓는 물에 익혀 5mm 크기로 다져요.
3. 냄비에 쌀과 1, 2, 쇠고기 국물 120mL를 넣고 센불에서 끓여요.
4. 끓어오르면 약불로 줄이고 쌀알이 퍼질 때까지 저어 가며 뭉근히 끓여요.

닭가슴살채소무른밥
재료 밥 50g, 닭 가슴살 20g, 애호박·양파·배추 각 15g씩, 닭고기 육수 80mL, 생우유 적당량
1. 닭 가슴살은 우유에 담갔다가 건진 뒤 5mm 크기로 썰어요.
2. 애호박과 양파는 5mm 크기로 썰고, 배추는 잎 부분만 채 썰어요.
3. 냄비에 닭고기 육수와 1을 넣고 끓이다가, 끓어오르면 2와 밥을 넣고 무른 밥이 될 때까지 끓이면서 잘 섞어 주어요.

추천 이유식

생선채소무른밥

재료 밥 50g, 대구 살 15g, 양파 5g, 당근 5g, 물 80mL

1. 가시를 제거한 대구 살을 삶은 뒤 7mm 정도로 썰거나 결대로 부수어요.
2. 껍질을 벗긴 당근과 양파를 5mm 크기로 썰어요.
3. 냄비에 물과 당근을 넣고 끓이다가 끓어오르면 밥, 양파, 대구 살을 넣고 무른 밥이 될 때까지 뭉근히 끓여요.

사이드

달걀새우애호박찜

재료 달걀 1개, 애호박 20g, 새우 5g, 우유 100mL

1. 애호박은 손질하여 4~5mm 정도 크기로 썰어요.
2. 새우는 손질하여 잘게 다져요.
3. 달걀을 잘 푼 뒤, 우유를 넣고 섞어요.
4. 3에 1과 2를 넣고 중탕으로 충분히 익혀요. (또는 그릇에 랩을 씌우고 구멍을 내서 전자레인지에 돌려요.)

사이드

돼지고기채소조림

재료 돼지고기 10g, 두부 10g, 당근 20g, 양파 10g, 채소수 50mL

1. 당근은 껍질을 벗기고 잘라서 물에 익힌 뒤 3~5mm 크기로 썰어요.
2. 양파는 3~5mm 크기로 썰고, 두부는 5~7mm로 썰어요.
3. 돼지고기는 삶은 뒤 잘게 다져요.
4. 냄비에 채소수를 붓고 양파를 먼저 넣고 끓이다가 돼지고기, 당근, 두부를 넣고 약불에서 졸여요.

간식

핑거푸드삼색스틱

재료 단호박, 당근, 애호박, 달걀(오이, 무, 닭 가슴살 등) 적당량

1. 단호박, 당근, 애호박을 손질해요.
2. 당근은 20분, 단호박은 15분, 애호박은 10분 정도 쪄서 한 김 식혀요.
3. 달걀을 풀어 체에 내리고, 두께감 있게 지단을 부쳐 한 김 식혀요.
4. 아이가 들고 먹을 수 있도록 2와 3을 길이 3cm, 폭 7mm 정도로 썰어요.

간식

당근프렌치토스트

재료 식빵 2장, 달걀 1개, 당근 30g, 우유 30mL, 버터 약간

1. 당근을 익힌 뒤 믹서에 갈아요.
2. 달걀을 풀어 1과 우유를 넣고 섞어요.
3. 식빵의 가장자리를 제거해요.
4. 프라이팬에 약간의 버터를 넣어 녹인 뒤, 3을 2에 담갔다가 구워요.
5. 노릇하게 구워지면 먹기 좋게 잘라요.

간식

양송이감자수프

재료 양송이버섯 20g, 감자 30g, 쇠고기 육수 180mL, 분유 물 100mL

1. 껍질을 벗긴 감자와 양송이버섯을 각각 삶아 익혀요.
2. 1을 절구에 으깨고 양송이버섯 일부는 으깨지 않고 남겨 두어요.
3. 냄비에 쇠고기 육수와 분유 물을 넣고 끓이다가 끓어오르면 2를 넣고 푹 끓여요.
4. 남겨 둔 양송이버섯을 수프 위에 올려요.

Part 4 영양 만점! 건강한 이유식과 유아식
완료기 이유식_12~18개월

이유식을 주식으로, 진밥과 반찬을 먹습니다

모유나 분유의 비율은 30% 이내로 줄입니다. 이제 수유는 간식이고, 이유식이 주식이 됩니다. 어른 밥에 가까운 진밥과 반찬을 하루 세 끼 먹이고, 간식도 2~3번 먹입니다. 엄마와 아기가 원하면 모유는 먹여도 됩니다.

앞니로 음식을 잘라서 씹어 먹습니다

이 시기의 아이는 음식을 손으로 집어 먹고, 앞니로 잘라 먹어요. 잇몸을 이용하여 씹어 먹을 수 있지만, 아직은 서툴 테니 푹 익혀 잘게 해서 주세요. 포크로 으깰 수 있는 고기 완자 정도의 부드러운 음식이면 됩니다. 아이가 앞니로 씹기 편하게 납작한 형태로 만들어 주면 더 좋아요.

식사 요령 및 상차림

가족과 함께 밥을 먹되, 한자리에 앉아서 스스로 밥을 먹도록 합니다. 식사 시간과 간식 시간 이외에는 먹을 것을 주지 마세요. 배고파도 식사 시간까지 참는 것을 배워야 합니다. 진밥 위에 재료를 얹은 덮밥 형태로 주거나, 밥과 반찬을 따로 차려 줍니다. 스스로 음식을 선택할 수 있도록 밥과 반찬을 따로 주는 횟수를 점차 늘리세요.

 추천 이유식

쇠고기채소영양밥

재료 밥 60g, 다진 쇠고기 10g, 애호박·당근 10g씩, 쇠고기 육수 60mL, 달걀 1개, 참기름, 식용유

1. 쇠고기는 참기름으로 밑간 후 볶아요.
2. 손질한 애호박, 당근은 곱게 채를 썬 뒤, 기름을 두른 팬에 볶아요.
3. 냄비에 밥과 쇠고기 육수를 넣고 끓여 진밥으로 만들어요.
4. 달걀 지단을 부쳐 곱게 채를 썰어요.
5. 3의 진밥에 모든 재료를 얹어요.

백김치볶음밥

재료 밥 60g, 백김치 15g, 간 쇠고기·당근·양파 10g씩, 물 50mL, 식용유

1. 간 쇠고기는 핏물을 제거해요.
2. 껍질을 벗긴 당근, 양파와 물기를 꼭 짠 백김치를 각각 잘게 다져요.
3. 팬에 식용유를 두르고 1, 2를 볶다가 밥과 물을 넣어 끓여요.

닭고기채소덮밥

재료 밥 60g, 닭고기 안심 30g, 양파·청경채 5g, 파프리카 20g, 물 50mL, 식용유

1. 닭고기는 손질하여 1cm 크기로 썰어서 삶고, 육수는 면포에 걸러 두어요.
2. 잎 부분만 손질한 청경채와 양파, 파프리카를 각각 7mm 크기로 썰어요.
3. 식용유를 두른 팬에 2의 채소를 볶다가 육수와 닭고기를 넣어서 조려요.
4. 밥 위에 3을 얹어요.

추천 이유식

시금치버섯우동

재료 우동 면 50g, 시금치 20g, 양송이버섯 10g, 물 50mL, 삶은 달걀 반 개, 멸치 다시마 육수 200mL

1. 양송이버섯을 얇게 썰어 살짝 데쳐요.
2. 시금치를 다듬어 끓는 물에 데친 뒤 1cm 길이로 썰어요.
3. 삶은 달걀은 사방 1cm 크기로 썰어요.
4. 우동 면은 데쳐서 물기를 빼요.
5. 그릇에 모든 재료를 담고 따뜻한 멸치 다시마 육수를 부어요.

사이드

삼색채소볶음

재료 애호박·당근·양파·감자 각 20g, 채소수 100mL, 식용유

1. 당근, 양파, 감자의 껍질을 벗겨요.
2. 애호박, 당근, 양파, 감자를 5mm 크기로 썰어요.
3. 기름을 두른 팬에 감자와 당근을 먼저 볶은 뒤, 양파와 애호박, 채소수를 넣고 충분히 익혀요.

사이드

새우채소스크램블

재료 새우 15g, 양송이버섯·양파 각 15g, 당근·피망 각 10g, 달걀 1개, 식용유

1. 새우는 등쪽의 내장을 제거한 뒤, 7mm 크기로 썰어요.
2. 양송이버섯, 양파, 피망은 7mm 크기로 썰고, 당근은 5mm 크기로 썰어요.
3. 기름을 두른 팬에 당근 → 피망 → 양파 → 버섯 → 새우의 순서로 볶아요.
4. 3에 달걀을 풀어 스크램블 하여 충분히 익혀요.

간식

버섯김주먹밥

재료 진밥 50g, 쇠고기 20g, 브로콜리 20g, 느타리버섯 20g, 구운 김 1장, 식용유

1. 느타리버섯은 데쳐서 잘게 다지고, 브로콜리는 꽃 부분만 손질해서 잘게 다져요.
2. 핏물을 뺀 쇠고기를 잘게 다져요.
3. 달군 팬에 식용유를 약간 두른 뒤 1의 채소를 볶고, 2의 쇠고기도 볶아요.
4. 구운 김을 비닐팩에 넣어 잘게 부수어요.
5. 볼에 진밥과 채소, 쇠고기, 김 가루를 넣어 섞은 다음 아이의 한입 크기로 빚어요.

간식

감자오이샌드위치

재료 감자 40g, 오이(또는 브로콜리) 30g, 유아용 치즈 1장, 식빵 1장, 플레인 요구르트·마요네즈 각 1작은술

1. 감자는 껍질을 벗긴 뒤 쪄서 으깨요.
2. 오이는 껍질을 벗기고 씨 부분을 도려 낸 뒤 2.5mm 정도로 썰어요. 오이를 살짝 데친 뒤 찬물에 헹구고 물기를 빼요. (오이 대신 브로콜리를 데쳐 5mm 정도로 썰어서 넣어도 돼요.)
3. 식빵과 치즈는 작게 자르거나 모양 틀로 찍어요. 식빵은 구워도 됩니다.
4. 1, 2와 플레인 요구르트, 마요네즈를 섞은 다음 식빵 사이에 치즈와 함께 넣어요.

Part 4 영양 만점! 건강한 이유식과 유아식

유아식_18개월 이후

이유식이 끝나면 어른이 먹는 음식과 비슷하게 먹을 수 있지만, 바로 일반적인 식사를 할 수 있는 것은 아닙니다. 간은 적게 하고 아이 반찬을 따로 만드는 유아식 단계로 넘어가 식생활의 기본을 다지도록 합니다.

다양한 모양과 식감의 메뉴를 경험해요

생후 18개월이 지나면 어금니가 나고, 24개월이 지나면 유치가 거의 다 납니다. 이 시기에는 앞니로 잘라서 잇몸과 어금니로 으깨는 연습을 할 수 있도록 해 주면 좋습니다. 섬유질이 많은 채소와 육류가 포함된 식단으로 준비하여 다양한 모양과 식감을 느낄 수 있도록 해 주세요.

❗ 18개월이 지나도 아이는 아직 면역력이 충분하지 않으므로 날달걀이나 생선회 같은 음식은 주지 않습니다. 간은 어른 음식의 반 정도로 하면 됩니다.

식재료의 색깔, 모양을 알 수 있도록 해요

아이가 편식을 한다고 식재료를 알아보지 못하도록 갈아서 주는 것은 바람직하지 않습니다. 재료의 색깔이나 모양을 알 수 있게 조리해 주세요. 아이와 함께 장을 보거나, 조리 전에 식재료를 탐색하며 함께 요리하는 것도 좋습니다. 아이 자신이 고른 재료라면 좋아하지 않는 음식일지라도 흥미를 가질 수 있습니다.

식판에 밥과 반찬을 골고루 차려 주어 아이가 스스로 음식을 선택해서 먹게 합니다.

아이가 편식하지 않고 밥과 고기, 채소, 과일 등을 먹을 수 있게 식단을 준비합니다.

> **TIP 유아식 준비의 원칙**
> - 한 끼에 3군 이상, 하루에 4군 이상의 식품을 먹도록 합니다.
> - 새로운 음식을 꾸준히, 자주 접할 수 있게 합니다.
> - 설탕, 소금, 지방은 되도록 적게 씁니다.
> - 아이가 먹기에 적당한 크기와 양으로 줍니다.
> - 과일, 음료수보다는 물로 갈증을 해소하게 합니다.
> - 첨가물이 적고 안전한 음식을 줍니다.

제철 식재료를 사용해요

제철에 나오는 식재료보다 좋은 것은 없습니다. 아이의 성장과 발달을 돕는 제철 음식으로 식단을 짭니다.

		채소 및 과일		해산물
봄	3월 달래, 비트	4월 쑥, 냉이	5월 상추, 피망, 오이, 양배추	주꾸미, 바지락, 키조개
여름	6월 참외	7월 깻잎, 토마토, 애호박, 감자, 가지, 옥수수, 블루베리, 수박, 자두	8월 포도, 복숭아	문어, 오징어, 보리새우
가을	9월 고구마, 표고버섯, 사과, 배	10월 청경채, 느타리버섯, 양송이버섯, 밤	11월 배추, 무, 단호박, 파프리카, 감	고등어, 갈치, 게, 홍합, 모시조개, 대하
겨울	12월 당근, 브로콜리, 연근, 키위	1월 우엉, 팽이버섯, 감귤	2월 시금치, 딸기	가자미, 굴, 꼬막, 대게

 추천 유아식

쇠고기뭇국

재료 불고기용 쇠고기 100g, 무 100g, 물 500mL, 참기름 1/2 작은술, 다진 마늘과 국간장 각각 1/4 작은술, 대파

1. 쇠고기는 핏물을 빼요.
2. 무는 먹기 좋게 나박썰기를 해요.
3. 냄비에 참기름을 두르고 쇠고기를 볶다가 무를 넣고 볶아요.
4. 3에 물을 붓고 무가 익을 때까지 끓이다가 다진 마늘과 국간장을 넣어 간을 맞춰요.
5. 다 끓으면 대파를 넣어 마무리해요.

안심스테이크

재료 쇠고기 안심 50g, 당근 20g, 감자 반 개, 브로콜리 10g, 우유·소금·식용유 약간

1. 껍질을 벗긴 당근은 모양을 내어 자르고, 브로콜리는 꽃 부분만 잘라요.
2. 1을 끓는 물에 데쳐요.
3. 감자는 껍질을 벗기고 푹 삶은 뒤 약간의 우유를 넣어 으깨요.
4. 팬에 식용유를 두르고 쇠고기에 소금을 약간 뿌려서 구워요.
5. 4를 한 입 크기로 잘라서 그릇에 담고, 모든 재료를 곁들여요.

달걀볶음밥

재료 달걀 1개, 쪽파 10g, 밥 100g, 간장 1/4 작은술, 올리브유·깨소금 약간

1. 쪽파를 잘게 다진 뒤, 기름을 두른 프라이팬에 볶아서 파 향을 내요.
2. 파를 팬의 한쪽에 몰아 놓은 뒤, 달걀을 풀어서 주걱으로 저으며 볶아요.
3. 2에 밥을 넣어 볶은 다음, 간장을 넣고 재빨리 볶아요.
4. 볶음밥을 그릇에 담고 위에 깨소금을 약간 뿌려요.

추천 유아식

가지쇠고기죽

재료 다진 쇠고기 40g, 가지 35g, 불린 쌀 50g, 쇠고기 육수 500mL, 참기름 약간

1. 쇠고기는 핏물을 제거해요.
2. 가지는 곱게 다져요.
3. 참기름을 두른 냄비에 다진 쇠고기를 볶다가 가지를 넣고 함께 볶아요.
4. 3에 불린 쌀과 쇠고기 육수를 넣고 저어 가며 쌀알이 퍼질 때까지 끓여요.

잔치국수

재료 애호박 20g, 당근 15g, 소면 60g, 김 약간, 멸치 다시마 국물(국물용 멸치 10g, 건새우 2g, 다시마 5g, 물 500mL)

1. 냄비에 멸치 다시마 국물을 내요.
2. 당근과 애호박은 비슷한 크기로 썰어 팬에 각각 볶아요.
3. 소면을 삶다가 물이 끓어오르면 찬물을 부어서 면발을 쫄깃하게 해요.
4. 3을 찬물에 헹군 뒤 체에 받쳐요.
5. 그릇에 면과 볶은 채소를 담고 국물을 부은 뒤 김을 얹어요.

천연 조미료 만들기

마늘 가루

1. 마늘을 깨끗이 씻어 얇게 저며요.
2. 오븐에서 95℃ 이하로 3시간 정도 돌려서 말리거나, 식품 건조기로 수분을 완전히 말려요.
3. 2를 블렌더로 곱게 갈아요.

양파 가루

1. 껍질 벗긴 양파를 씻어서 얇게 썰어요.
2. 오븐에서 95℃ 이하로 3시간 정도 돌려서 말리거나, 식품 건조기로 수분을 완전히 말리고 블렌더로 곱게 갈아요.

다시마 가루

1. 다시마의 표면을 닦고 작게 잘라요.
2. 마른 팬에 살짝 볶아 블렌더로 곱게 갈아요.

멸치 가루

1. 멸치의 머리와 내장을 제거해요.
2. 마른 팬에 살짝 볶아 블렌더로 곱게 갈아요.

표고버섯 가루

1. 말린 표고버섯의 먼지를 닦아요.
2. 블렌더로 곱게 갈아요.

간식

고구마사과요구르트

재료 고구마(또는 감자나 단호박) 40g, 사과 20g, 플레인 요구르트 3큰술

1. 고구마는 껍질을 벗기고 5분 정도 물에 담갔다가 쪄서 으깨요.
2. 사과는 껍질과 씨를 제거하고 아이가 잘 씹을 수 있는 크기로 다져요.
3. 1과 2를 섞은 뒤 그 위에 플레인 요구르트를 얹어요.

TIP 국물 주머니 활용하기

국물 재료를 주머니로 만들어 활용하면 시간도 절약되고 편리합니다.

재료 밴댕이(또는 멸치)·다시마 각 15g, 건새우 10g

1. 내장을 제거한 밴댕이(멸치)와 건새우, 다시마를 천 주머니에 넣어 일회용으로 만들어요.
2. 냉동실에 보관했다가 국물을 낼 때 하나씩 꺼내 써요.

Part 4 영양 만점! 건강한 이유식과 유아식

아이 주도 이유식

'아이 주도 이유식'이 주목받게 되면서, 최근의 이유식 방식은 숟가락으로 죽을 떠먹여 주는 기존의 이유식, 아이 주도 이유식, 그리고 이 두 가지를 병행하는 이유식, 이렇게 세 가지로 나뉩니다.

기존 이유식과의 차이점

아이 주도 이유식은 말 그대로 아이가 주도성을 가지고 하는 이유식 방법입니다. 즉, 아이가 자신의 본능과 발달 정도에 따라 스스로 먹는 음식과 양, 먹는 방법을 결정하고 식사하는 것을 말합니다. 아이 스스로 음식을 선택한다고 하지만 영양소를 고루 섭취할 수 있도록 식단은 양육자가 선택하여 제공합니다. 제공한 음식 중에서 아이가 선택하여 손으로 집어 먹는 것이지요. 따라서 초기부터 숟가락을 사용하지는 않으며, 다진 음식이 아닌 핑거 푸드 같은 덩어리 음식을 먹는다는 차이가 있습니다.

단계	아이 주도 이유식의 포인트
1단계 6개월	음식과 친해지는 시기. 아이 주먹만 한 음식이나 긴 스틱 형태의 음식을 주세요.
2단계 7~8개월	먹는 것과 아닌 것을 구별하는 시기. 스틱보다 작은 크기의 국수, 완자, 전 등을 주세요.
3단계 9~11개월	'식사'에 대해 인지하는 시기. 숟가락, 포크에 관심이 생겨요. 다양한 크기와 질감의 음식을 주세요.
4단계 12~15개월	식사량이 느는 시기. 도구를 사용하면서 먹은 일에 흥미가 생기고, 음식에 대한 선호도가 생겨요.
5단계 16~24개월	먹는 것보다 노는 것이 좋은 시기. 어른 음식에서 간을 적게 한 음식을 먹을 수 있어요.

아이 주도 이유식의 장점

아이가 스스로 음식을 선택해서 먹는 능력을 기르면서 손과 입의 협응력을 키울 수 있고, 음식 고유의 맛을 느낌으로써 미각이 발달합니다. 또한 덩어리 음식으로 이유식을 시작하기 때문에 씹고 삼키는 능력이 발달하고, 두뇌 발달에도 도움이 됩니다. 스스로 선택하고 판단하고 뭔가를 해내는 과정을 통해 자존감이 높아지고, 스스로 먹는 습관을 기를 수 있다는 것도 장점입니다.

아이 주도 이유식의 단점

덩어리를 잘게 나누지 못하는 아이가 덩어리째 음식을 먹다가 숨이 막히는 위험한 상황이 생길 수 있습니다. 따라서 이유식을 먹을 때 양육자가 항상 함께 있어야 하며 하임리히법과 같은 응급 처치법을 숙지해야 합니다. 또한 죽으로 시작하는 단계를 건너뛰기 때문에 밥을 먹는 우리의 음식 문화와는 안 맞는 부분이 있으며, 숟가락 사용법을 다시 가르쳐야 합니다.

어떤 이유식 방법을 선택할까요?

어떤 쪽이든 양육자가 확신이 드는 방법으로 진행하세요. 한번 해 볼까 하는 마음으로 시작했다가는 시행착오를 겪을 수 있습니다. 기존의 방법대로 양육자가 숟가락으로 먹여 주더라도 7~8개월쯤에 핑거 푸드를 주고, 아이 스스로 선택해서 먹을 수 있도록 하면 됩니다. 아이는 놀면서 손과 입의 협응력도 키우고 두뇌 발달도 원활히 이루어지니 걱정하지 마세요. (*이 책은 기존 방법을 기준으로 했습니다.)

> **TIP 아이 주도 이유식의 성공 조건**
> - 배고플 때 스스로 먹는 연습이 되어 있어야 합니다.
> - 양육자의 권위가 있어야 합니다. 아이가 양육자의 말을 들어야 한다는 것을 알면, 문제가 쉽게 해결됩니다.
> - 가족이 같이 식사하면서 아이가 어른의 식사 모습을 보고 배우며 따라 할 수 있어야 합니다.

Part 4 영양 만점! 건강한 이유식과 유아식

Q&A

Q 아이가 아토피 피부염이 있습니다. 이유식의 시작 시기나 방법을 달리해야 할까요?

A 아토피 피부염이 있는 아이도 6개월에 이유식을 시작하고, 이유식의 진행도 다른 아이들과 똑같이 해주면 됩니다.

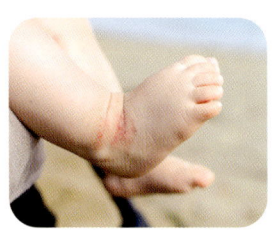

어떤 음식을 먹어서 아토피 피부염이 심해진다고 추측될 경우, 의사와 상의한 후에 그 음식을 제한하면 됩니다. 예전에는 아토피 피부염이 있으면 토마토, 딸기는 돌 이후에, 새우, 생선, 조개는 두 돌 이후에, 견과류는 세 돌 이후에 먹이라고 하였지만, 요즘에는 돌 이전에라도 먹이기를 권장합니다. 단, 처음 먹일 때 먹고 나서 알레르기 반응이 나타나는지 잘 살펴봐야 합니다. 이상이 없다면 먹여도 되는 것이지요. 고기도 무조건 제한하면 안 됩니다. 복합적인 원인에 의한 아토피 피부염인 경우, 고기를 안 먹어도 별로 나아지지 않고, 신체 발달이나 두뇌 성장이 제대로 이루어지지 않습니다. 또한 피부가 재생되어야 피부염이 호전되는데, 고기는 피부 재생에 중요한 음식입니다. 모든 고기에 알레르기가 있는 경우는 드무니, 쇠고기를 먹었을 때 문제가 생기면 돼지고기나 닭고기로 대체해 줍니다. 어떤 음식이 원인인지 알아보기 위해 식사 일지를 적어 확인하고, 그 음식을 제외하는 식으로 진행합니다.

Q 돌이 지난 후에 먹여야 하는 음식이 있나요?

A 꿀과 생우유는 돌이 지나서 먹여야 합니다. 꿀에는 '보툴리눔' 균이 들어 있는데, 끓는 물에 꿀을 넣고 1시간을 끓여도 안전하지 않기 때문입니다. 생우유를 돌 이전에 먹이면 알레르기가 생기기 쉽고 장 출혈을 일으켜 빈혈이 생길 수 있다고 알려져 있습니다. 돌 이후에도 아이는 여전히 뇌와 신경 발달이 빠르게 진행 중이라 지방과 콜레스테롤이 필요합니다. 비만 위험, 고지혈증 가족력, 특정 질환(조기 심혈관질환 등)이 있는 경우에만 의사의 판단에 따라 저지방·무지방 우유로 바꿉니다.

Q 이유식에 되도록 간을 하지 말라는데, 소금 이외의 다른 양념을 써도 될까요?

A 돌이 되기 전까지 가능하면 음식에 간을 하지 않는 것이 좋지만, 간을 하고 싶다면 소량만 합니다. 파나 마늘 등의 향신료는 중기 이유식부터 사용해도 되고, 올리브유, 버터, 참기름 등 기름 종류는 7~8개월 중기부터 필요한 경우에 소량 사용합니다.

PART 5
예방 접종과 응급 처치

아이 건강에 꼭 필요한 예방 접종 종류와 스케줄을 정리했습니다.
국가 예방 접종으로 정해진 백신들의 종류와
예방하는 질병을 살펴보고, 접종 시기를 놓치지 않도록 합니다.
또한 아이의 발달 과정에서 겪을 수 있는
안전사고와 응급 처치법도 소개합니다.
초보 양육자에게 낯선 것들도 있겠지만
무서운 질병과 위험한 사고로부터
우리 아이를 건강하게 지켜 주세요.

Part 5 예방 접종과 응급 처치
예방 접종의 종류와 스케줄

우리나라는 '어린이 국가 예방 접종 지원 사업'을 통해 12세 이하 어린이의 필수 예방 접종 비용을 지원, 지정 의료 기관에서 무료 접종합니다. 기타 예방 접종은 일반 의료 기관에서 비용 부담 후 접종합니다.

국가 표준 예방 접종 일정표

대상 감염병	백신 종류 및 방법	횟수	출생 시	4주 이내	1개월	2개월	4개월	6개월	12개월	15개월	18개월	19~23개월	24~35개월	4세	6세	11세	12세
B형 간염	HepB	3	HepB 1차		HepB 2차			HepB 3차									
결핵	BCG(피내용)	1		BCG 1회													
디프테리아 파상풍 백일해	DTaP	5				DTaP 1차	DTaP 2차	DTaP 3차		DTaP 4차				DTaP 5차			
	Tdap/Td	1														Tdap/Td 6차	
폴리오	IPV	4				IPV 1차	IPV 2차	IPV 3차						IPV 4차			
b형 헤모필루스 인플루엔자	Hib	4				Hib 1차	Hib 2차	Hib 3차	Hib 4차								
폐렴구균 감염증	PCV	4				PCV 1차	PCV 2차	PCV 3차	PCV 4차								
	PPSV	–										고위험군에 한하여 접종					
로타바이러스 감염증	RV1	2				RV 1차	RV 2차										
	RV5	3				RV 1차	RV 2차	RV 3차									
홍역 유행성 이하선염 풍진	MMR	2							MMR 1차						MMR 2차		
수두	VAR	1							VAR 1회								
A형 간염	HepA	2							HepA 1~2차								
일본 뇌염	IJEV (불활성화 백신)	5							IJEV 1~2차				IJEV 3차	IJEV 4차		IJEV 5차	
	LJEV (약독화 생백신)	2							LJEV 1차				LJEV 2차				
사람 유두종 바이러스 감염증	HPV	2														HPV 1~2차	
인플루엔자	IIV	–							IIV 매년 접종								

출처: 질병관리청 예방접종도우미

예방 접종 기본 상식

접종 시기에 맞춰 접종을 합니다
접종 권장 시기가 정해져 있는 감염병은 시기를 확인하고 접종합니다. 하지만 아이의 몸 상태가 좋지 않다면 시기를 미루는 게 좋습니다. 접종 시기를 놓친 경우에는 의사와 상담을 하고 적절한 시기를 찾도록 합니다.

접종의 우선 순위를 정해서 받습니다
생후 2~3개월부터 가능한 것은 서둘러 받으며, 우선 순위를 정해서 중증화되기 쉬운 병에 대한 예방 접종부터 합니다.

동시 접종을 하면 효율적입니다
생후 3년 전까지 받아야 할 예방 접종을 모두 받으려면 병원이나 보건소에 20여 차례 가야 합니다. 의사와 상담하여 같은 날에 다른 종류의 백신을 동시에 접종하도록 합니다.

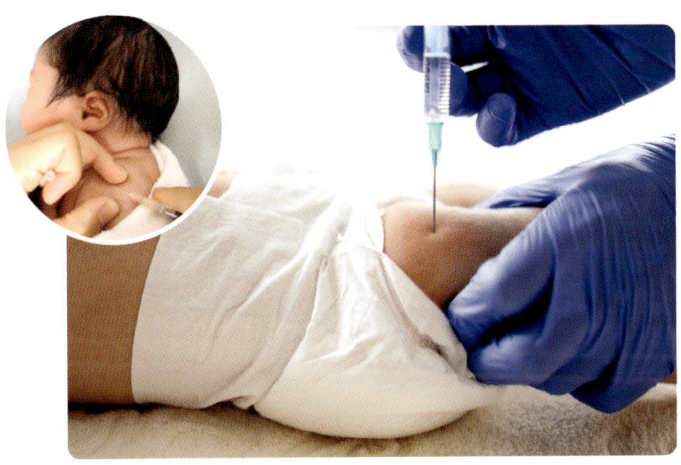

> **TIP** **'예방접종도우미'를 활용하세요**
>
> 질병관리청의 '예방접종도우미'를 활용하면 편리하게 예방 접종에 관한 각종 정보를 얻을 수 있습니다. 아이의 생년월일을 입력하면 예방 접종 시기가 정리된 일정표를 확인할 수 있습니다. 또한 '우리 아기 등록하기'에 정보를 입력하면 예방 접종 내역의 조회가 가능하며 예방 접종 증명서 발급도 가능합니다.

 육아 상식

예방 접종, 이렇게 하세요

1. 일정 잡기
예방 접종 수첩이나 안내 문자를 보고 예방 접종 가능 월령을 확인한 후 일정을 잡습니다. 가까운 지정 병원을 정해 놓습니다. 접종 후에는 목욕을 삼가야 하는 경우가 많으므로 접종 전날에 목욕을 미리 하는 것이 좋습니다.

2. 집을 나서기 전에
- 체온을 재고 아이의 몸 상태를 확인합니다. 의료 기관에 제시할 신분증과 모자 보건 수첩이나 아기 수첩(예방 접종 기록 확인용)을 지참합니다.
- 보호자가 아이를 안고 접종하는 경우도 많으므로 장식 없는 편한 복장과 신발을 갖춥니다. 아이도 체온 측정, 진찰, 접종이 순조롭게 진행될 수 있도록 소매나 밑단을 걷어 올리기 쉬운 옷을 입혀 주세요.

3. 보건소나 병원에서
의사에게 아이의 상태에 대해 알려 주어야 합니다. 최근 1개월 이내에 홍역, 볼거리, 수두 감염 여부, 특정 식품이나 약품에 대한 알레르기 여부, 특정 백신에 대한 가족의 부작용 여부, 출산 시 특이 사항 등이 있으면 미리 알려야 합니다.

국가 예방 접종의 종류

Hib_ b형 헤모필루스 인플루엔자 예방 　정기 접종

예방 질병 뇌수막염, 후두개염, 폐렴 등
접종 대상 생후 2~59개월 아이, 침습성 Hib 감염 위험이 높은 5세 이상 소아
접종 시기 생후 2, 4, 6개월에 4~8주 간격으로 3회 접종하고, 생후 12~15개월에 추가 1회 접종
접종 부위 돌 이전에는 허벅지, 돌 이후에는 팔이나 다리

🩹 Hib는 발병률이 낮지만 일단 걸리면 중증화되기 쉽고 청각·시각 장애 등의 후유증을 동반하기도 합니다. 되도록 이른 시기에 접종하며, 접종 시기를 놓쳤더라도 2세 이전에 접종합니다. 첫 접종을 7개월 이후 시작한다면 총 3회, 생후 12개월 이후 시작한다면 총 1회밖에 접종하지 못합니다. 이상 반응은 흔하지 않으며 접종 후 2일째에 발열 증상이 나타나거나 주사 부위가 붓거나 응어리가 생기는 경우가 있습니다. 하지만 대개 12~24시간 안에 사라집니다.

HepB_B형 간염 예방 　정기 접종

예방 질병 B형 간염
접종 대상 모든 영유아
접종 시기 생후 0, 1, 6개월에 총 3회 접종
접종 부위 허벅지

🩹 엄마가 B형 간염 보균자일 경우에는 출산 시 모자 감염이 될 가능성이 있으므로, 출생 후 12시간 이내에 1차 접종을 합니다. 엄마가 보균자가 아니더라도 출생 당일 접종할 것을 권합니다. 아주 드물게 접종 부위가 붓기도 합니다.

PCV_폐렴구균 감염증 예방 　정기 접종

예방 질병 수막염, 폐렴, 중이염
접종 대상 생후 2개월 이후 아이
접종 시기 생후 2, 4, 6개월에 4~8주 간격으로 3회 접종하고, 생후 12~15개월에 추가 1회 접종
접종 부위 돌 이전에는 허벅지, 돌 이후에는 팔이나 다리

🩹 폐렴구균은 침투한 부위에 따라 수막염, 폐렴, 중이염, 균혈증을 일으키는데 영유아에게 치명적입니다. 또한 5세 미만에서 발병 빈도가 높은 급성 중이염을 일으킵니다. 기침, 재채기, 손이나 구강에 의한 접촉으로 전염되며, 보육 시설에서 감염되기 쉽습니다. Hib와 같이 이른 시기에 접종하도록 합니다. 10% 정도는 접종 후 38℃ 이상의 열이 나기도 합니다.

BCG_결핵 예방 　정기 접종

예방 질병 결핵
접종 대상 모든 영유아
접종 시기 생후 4주 이내(늦어도 생후 12개월 이전)
접종 부위 팔

🩹 결핵에 감염되면 수막염 같은 합병증이 올 수 있고 심하면 목숨을 잃을 수도 있습니다. 접종 시기를 놓쳤더라도 하루빨리 접종하는 것이 좋습니다. 접종 3~4주 뒤에 접종 부위가 빨갛게 되거나 곪기도 하는데 정상 반응이니 걱정하지 마세요. 접종 부위를 청결히 하고 바람이 잘 통하게 해 줍니다. 만약 곪은 부위에서 발열과 두드러기 증상이 있고 고름이 계속 나오면 병원에 가서 진찰을 받도록 합니다.

※내피용과 경피용, 2가지 중에 선택 가능한데 '불주사'라고 불리는 내피용은 팔에 흉터가 생깁니다. WHO에서 권장하는 백신으로, 무료 접종이 가능합니다. 도장처럼 생긴 것을 두 번 찍는 '경

피용'은 시간이 지나면서 흉터가 옅어지는데, 6~7만 원 정도의 비용을 부담해야 합니다.

DTaP_디프테리아, 파상풍, 백일해 예방 〈정기 접종〉

예방 질병 디프테리아(D), 파상풍(T), 백일해(P)
접종 대상 생후 2개월 이후 아이
접종 시기 생후 2, 4, 6개월에 3회 접종하고, 생후 15~18개월, 4~6세에 각각 1회씩 추가 접종
접종 부위 돌 이전에는 허벅지, 돌 이후에는 팔이나 다리

디프테리아, 파상풍, 백일해 예방 백신을 혼합한 것입니다. 접종 후 1~3일 동안 열이 나거나 접종 부위가 빨갛게 붓거나 응어리가 생기기도 하는데, 별문제는 없습니다. 횟수를 거듭할수록 이상 반응이 나오기 쉬운데, 증세가 심하면 의사의 진료를 받습니다.

※11세 이상이면 DTaP 대신 Td나 Tdap를 추가 접종하세요. 국가 예방 접종 중 하나로, 무료 접종입니다.

IPV_폴리오 예방 〈정기 접종〉

예방 질병 폴리오(척수성 소아마비)
접종 대상 생후 2개월 이후
접종 시기 생후 2, 4, 6개월에 3회 접종하고, 4~6세에 추가 접종
접종 부위 돌 이전에는 허벅지, 돌 이후에는 팔이나 다리

폴리오 바이러스에 감염되면 손과 발에 마비 증상이 남거나 사망하는 경우도 있습니다. 몸이 약한 아이는 접종 시기를 늦추며, 2차는 1차 접종 2개월 뒤 아이의 몸 상태를 보고 접종합니다.

※DTaP와 폴리오 백신을 결합한 DTaP-IPV 또는 DTaP-IPV/Hib 혼합 백신을 접종하면 접종 횟수를 줄일 수 있습니다.

RV1, RV5_로타바이러스 감염증 예방 〈선택 접종〉

예방 질병 로타바이러스 감염증(급성 설사 및 구토)
접종 대상 생후 2~6개월
접종 시기 로타릭스(RV1)는 생후 2, 4개월에 총 2회 접종, 로타텍(RV5)은 생후 2, 4, 6개월에 총 3회 접종
접종 방법 생백신으로 마시는 유형

로타바이러스에 감염되면 감기처럼 시작해서 설사, 구토, 복통, 발열이 일어납니다. 5세 미만이 잘 걸리며 감염력이 강합니다. 심하면 하루에 10회 이상 설사를 하여 아이가 탈수증을 일으키기도 하고, 중증이 되면 뇌염 등의 합병증이 올 수 있습니다. 별다른 치료법이 없으므로 예방 접종으로 감염을 예방합니다. 생백신을 마시는 유형입니다. 국가 필수 예방 접종으로, 로타바이러스 백신 종류와 상관없이 무료입니다.

IIV_인플루엔자 예방 〈선택 접종〉

예방 질병 인플루엔자 바이러스 독감
접종 대상 생후 6개월~12개월 이하
접종 시기 사백신은 생후 6개월 이후 접종 가능하며, 1개월 간격으로 2회 접종 후 매년 1회 접종
접종 부위 돌 이전에는 허벅지, 돌 이후에는 팔이나 다리

독감은 폐렴, 중이염, 심근염 등의 합병증을 동반할 수 있으므로 유행 시기 이전인 10~12월에 온 가족이 접종하도록 합니다. 접종 2주 후부터 생기는 항체는 1개월 뒤에 최고치에 달하며 효과는 6~8개월 지속됩니다. 어린이집에 다니거나 만성 호흡기 질환을 앓는 아이는 반드시 접종하도록 합니다.

※독감 예방 접종을 해도 일반 감기에 걸릴 수 있습니다.

HPV_사람 유두종 바이러스 감염증 예방 〈선택 접종〉

예방 질병 사람 유두종 바이러스 감염증(자궁 경부암, 생식기 사마귀, 항문암 등)
접종 대상 12세 여아(12~17세 여성 청소년, 18~26세 저소득층 여성도 비용 지원)
접종 시기 13세 미만 여아의 경우, 가다실과 서바릭스는 1차 접종을 하고 6개월 후에 2차 접종
접종 부위 팔, 엉덩이

사람 유두종 바이러스는 사람에게 종양을 일으키는데, 자궁 경부암은 대부분 이 바이러스에 의해 발병합니다. 백신 접종을 통해 70% 정도 예방 가능합니다.

*VAR(수두 및 대상 포진), MMR(홍역, 유행성 이하선염, 풍진), HepA(A형 간염), IJEV(일본 뇌염) 백신 접종의 자세한 내용은 97쪽 참고

Part 5 예방 접종과 응급 처치

실내 안전사고

안전사고를 예방하기 위해 위험 요소를 확인하고 구체적으로 안전 대책을 세웁니다.

침실
안전 가드가 없는 침대에서 굴러떨어지는 사고

아이가 누워만 지내는 시기라 해도 안전 가드가 없는 침대에서 재우면 안 됩니다.

서랍에 손이 끼이거나 서랍장에 매달렸다가 넘어지는 사고

거실
콘센트나 전자 기기로 인한 사고, 소파에서 굴러떨어지거나 서랍장에 매달렸다가 넘어지는 사고, 서랍에 손이 끼이는 사고 ➡ 콘센트에 안전 덮개를 씌우고, 사고가 일어나지 않도록 주변을 정리합니다.

서랍에 든 위험한 물건이나 약품에 손 대거나 삼키는 사고 ➡ 서랍을 열지 못하도록 잠금 장치를 해 놓습니다.

세탁실
문이 열린 세탁조에 들어가거나, 세제를 만지거나 먹는 사고

세탁기 안에 들어가는 사고 ➡ 세탁기의 '어린이 보호 기능'을 활용하여 문이 열리지 않도록 하고, 주변에 디딤대가 될 만한 물건을 놓지 않습니다.

발달 단계별 사고 유형

| 신생아 시기, 몸 뒤집는 시기 | 아이를 보다가 떨어뜨린다.
누워 있는 아이 위로 물건을 떨어뜨린다.
아이가 이불이나 커튼 등에 얼굴이 가려 질식한다.
아이가 작은 물건을 입에 넣는다.
침대나 소파에서 굴러떨어진다. | ➡ | 혼자 앉을 수 있는 시기, 기어다니는 시기 | 넘어져서 머리를 부딪친다.
턱에 걸려 넘어진다.
뜨거운 물건을 만져서 화상을 입는다.
작은 물건을 삼키거나 액체를 마신다. | ➡ |

| Check! Check! | 실내 위험 요소 |

- ✓ 물이 들어 있는가?
- ✓ 미끄러지기 쉬운가?
- ✓ 턱이 있는가?
- ✓ 불이 있고 김이 나는가?
- ✓ 삼킬 만한 작은 물건이 있는가?

부엌
가스레인지, 오븐, 칼 등 위험한 물건에 가까이 가지 않도록 부엌 입구에 안전문을 설치합니다.

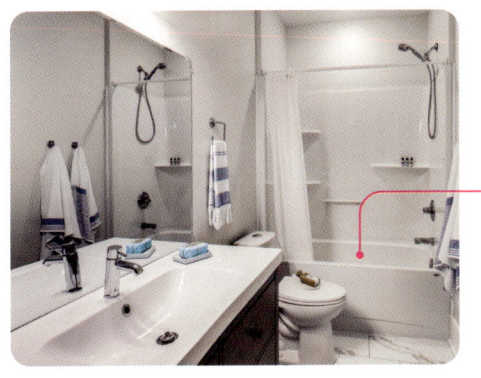

화장실 / 욕실
욕조에 받아 놓은 물에 빠지거나 미끄러지는 사고 ➡ 욕실 문을 잠그고, 디디고 올라갈 만한 물건을 놓지 않습니다.

머리가 변기에 빠지는 사고 ➡ 아이는 10cm 깊이의 물에서도 익사할 수 있으므로, 아이 혼자 화장실에 들어가지 못하도록 합니다.

베란다
추락 사고 ➡ 아이가 베란다에 나가지 못하도록 합니다. 안전문을 설치하고 창문을 잠가 둡니다.

계단 및 현관
계단을 오르내리다가 굴러떨어지거나 현관 턱에서 떨어지는 사고 ➡ 계단과 현관 입구에 안전문을 설치합니다.

| 무언가를 잡고 서거나 걸을 수 있는 시기 | 욕조에서 넘어진다.
가구 모서리에 머리를 부딪친다.
불안정한 물건을 잡다가 넘어진다.
작은 물건을 삼킨다. | | 혼자 걸을 수 있는 시기 | 넘어져서 머리를 부딪친다.
그네, 미끄럼틀에서 굴러떨어진다.
문이나 서랍에 손이 끼인다.
도로로 뛰어나간다. |

Part 5 예방 접종과 응급 처치
안전사고별 응급 처치

이물질을 삼켰어요!

아이가 무엇이든 입으로 가져가는 시기에 자주 일어나는 사고입니다. 삼킨 이물질은 대부분 자연 배출되지만 크기가 큰 것은 수술 등으로 제거해야 합니다. 목구멍에 손을 넣어 억지로 토하게 하면 안 되고, 위험물을 삼켰다면 얼른 병원에 갑니다. 연령에 따라 조치법이 다릅니다.

⚕ **12개월 미만** 아이 다리를 들어 올려 거꾸로 세운 뒤 등을 두드려 이물질이 빠져나오게 합니다.

12개월 이후 양육자가 선 자세로 아이가 앞을 보게 안고, 한 손으로 주먹을 쥔 다음 다른 손으로 주먹 쥔 손을 감싸고 복부를 압박합니다.

❗ 질식할 위험이 있다면 토하게 해야 하지만, 휘발성 있는 물품, 강산성·강알칼리성 물품, 전류가 흐르는 물품, 예리한 물품은 토하게 하면 더 위험합니다.

물에 빠졌어요!

2세 미만 아이의 익사 사고는 대부분 욕조에서 발생하니, 목욕 시에는 아이에게서 눈을 떼면 안 됩니다. 물에 빠진 아이를 꺼냈더니 바로 울음을 터뜨린다면 물을 뱉어 내고 숨을 쉬게 해 주세요. 물을 마시지 않은 것입니다. 의식이 없고 아무 반응도 없다면 인공호흡을 합니다. 시간이 지나면서 호흡이 가빠지고 안색이 나빠지거나 졸면 병원에 데리고 갑니다.

⚕ 아이를 거꾸로 안고 목 안에 손가락을 넣어 물을 토하게 합니다. 좀 더 큰 아이라면 그림과 같이 무릎을 세우고 그 위에 아이를 엎드리게 한 뒤, 손으로 견갑골 사이를 두들겨 물을 토하게 합니다.

물을 뱉어 낸 후에는 옷을 벗기고 물기를 닦은 뒤 담요로 감싸 몸을 따뜻하게 해 줍니다.

화상을 입었어요!

뜨거운 음료가 엎어지면서 아이가 화상을 입거나, 바닥에 놓인 주전자, 다리미 등에 의해 화상을 입는 경우가 많습니다. 가벼운 화상이라도 부위가 넓다면 위험하며, 화상 부위가 작더라도 피부가 흰색 또는 검은색으로 변색되었다면 피부 안쪽까지 데인 것이므로 위험합니다. 병원에 갈 때는 깨끗한 천이나 거즈로 화상 부위를 느슨하게 덮습니다. 옷을 입은 채로 화상을 당한 경우, 옷을 빠르게 벗기거나 가위로 자릅니다. 화상 부위에 옷이 이미 달라붙었다면 억지로 떼지 말아야 합니다. 피부가 떨어져 나가므로 샤워기로 물을 뿌리거나 욕조 물에 몸을 담그게 합니다.

⚕ 화상 부위가 넓지 않다면, 흐르는 물에 화상 부위를 20분 이상 식힌 뒤 찬물에 적신 천으로 감싸고 병원에 갑니다. 동전 크기의 물집이 생겼다면 터뜨리지 않도록 주의합니다. 물로 식히기 어려운 눈, 귀 등은 오랫동안 차가운 수건을 대 줍니다.

감전되었어요!

감전 사고로 인한 화상은 흉터가 남을 수 있습니다. 감전으로 인한 쇼크로 의식을 잃을 수 있기 때문에 감전 사고가 나면 아이의 호흡을 확인하고 아이가 숨을 쉬지 않으면 인공호흡을 실시합니다. 구급차가 올 때까지 아이를 편안하게 눕히고 담요로 덮어 줍니다.

🏥 먼저 플러그, 두꺼비집 등의 전기를 차단합니다. 차단하기 힘들면 물기 없는 막대 등으로 전기로부터 아이를 떼어 놓습니다. 상처 부위를 차가운 수건으로 식힌 뒤, 가제 손수건으로 아이 손을 감싸고 병원에 속히 데리고 갑니다.

눈·코에 이물질이 들어갔어요!

눈에 이물질이 들어가면 절대 비비지 말고 눈 밑을 눌러서 눈물이 흐르게 하거나 수돗물로 씻어 냅니다. 코에 이물질이 들어가면 실 같은 것을 반대쪽 콧구멍에 넣고 간질여 재채기를 유발하여 밖으로 나오게 합니다. 눈이 아파서 못 뜰 정도라면 즉시 병원에 갑니다. 이물질이 코나 귀 안쪽 깊이 박혀 있으면 바로 병원에 가도록 합니다.

🏥 눈을 자주 깜빡거리게 하여 눈물이 흐르게 한 뒤 남아 있는 이물질이 있으면 깨끗한 면봉 같은 것으로 찍어 냅니다. 그래도 빠지지 않으면 누운 상태에서 머리를 높게 한 뒤, 눈에 식염수를 부어 흘러내리게 합니다. 하지만 이물질이 깊이 박힌 경우에는 아무런 조치를 하지 말고 병원에 갑니다.

떨어져서 머리를 다쳤어요!

아이들은 몸에 비해 머리가 커서 균형 잡기가 어렵기 때문에 잘 넘어집니다. 살짝 부딪쳐서 별 이상이 없다면 열을 식혀 주면 되지만 다음과 같은 경우에는 병원에 즉시 가야 합니다.

- 의식이 없거나 꼬집어도 반응이 없을 때
- 머리를 다치면서 날카로운 것에 찔렸을 때
- 얼굴이 시퍼렇고 온몸이 축 늘어졌을 때
- 눈동자의 움직임이 비정상적일 때

🏥 아이를 안아 진정시킨 뒤 다친 곳이 없는지 살펴봅니다. 이때 아이 몸을 흔들면 안 됩니다. 의식이 없다면 호흡을 확인하고, 호흡에 문제가 없으면 목을 베개로 받치고 턱을 위로 향하게 하여 기도가 막히지 않게 합니다.

손가락이 끼였어요!

🏥 큰 부상이 아니라면 흐르는 차가운 물이나 얼음으로 환부를 식히면 괜찮아집니다. 손톱이 빠지거나 손을 움직일 때마다 아파하면 인대나 뼈에 이상이 있는지 병원에 가서 확인해야 합니다. 환부가 검푸르게 변하면 골절이나 내출혈일 가능성이 있으니 붕대로 부목에 고정시키고 병원에 갑니다.

코피가 나요!

🏥 비강 내 점막이 약하면 코피가 자주 날 수 있습니다. 코피가 나면 아이를 앉힌 뒤, 엄지와 집게손가락으로 콧망울을 2~3분 정도 꼭 누릅니다. 그래도 멈추지 않으면 솜을 말아 콧속에 넣고 4~5분간 콧망울을 누릅니다. 목을 뒤로 젖히면 안 됩니다. 목으로 피가 넘어가 피를 삼키면 기도를 막을 수 있기 때문입니다.

베이거나 긁혔어요!

🏥 긁힌 상처는 흐르는 물로 환부를 씻어 낸 뒤 보습용 반창고를 붙입니다. 베인 상처는 환부를 꾹 눌러서 지혈합니다. 환부에서 배어나는 액체에는 상처를 낫게 하는 성분이 들어 있으니 소독약을 바르지 않습니다.

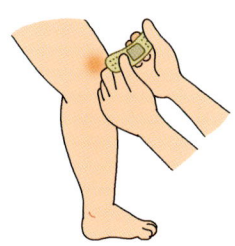

Part 5 예방 접종과 응급 처치

Q&A

Q 백신을 연이어 접종하면 부담이 되는 것 아닐까요?

A 예방 접종은 바이러스나 병원균을 다량으로 체내에 넣는 것이 아니며, 연속으로 접종해도 부담이 없도록 만들어져 있습니다. 따라서 연달아서 백신 접종을 해도 전혀 문제가 없습니다. 예방 접종을 받아야 하는 병은 걸렸을 때 증상이 심각해지는 경우가 많습니다. 자연 감염이 되기 전에 예방하기 위해 낮은 월령일 때 연이어 접종하도록 되어 있습니다.

Q 몸이 작게 태어난 아이에게 접종이 부담되지 않을까요?

A 예방 접종은 발육 상태와 관계없습니다. 작게 태어난 아이도 출생일로 계산하여 접종 가능한 월령이 되면 접종을 받아야 합니다. 오히려 작게 태어난 아이는 체내 면역력이 충분하지 않기 때문에 병에 걸렸을 때 중증화될 수 있습니다. 백신이 몸에 부담되는 경우는 없으므로 작게 태어난 아이일수록 적극적으로 접종을 받아야 합니다.

Q 부작용에 대한 보도를 접하면 접종을 받아야 할지 고민이 되어요.

A 백신 접종을 받고 나면 접종 부위가 붓거나 열이 나는 등 가벼운 부작용이 나타나기도 하지만, 대부분 며칠 뒤에 괜찮아집니다. 백신의 경우, 위험할 정도의 부작용이 나타나는 경우는 매우 드물며, 또한 부작용의 원인이 백신 때문인지 정확히 모르는 경우가 많습니다. 부작용보다는 자연 감염되어 중증화되거나 합병증, 후유증이 일어날 수 있는 위험이 더욱 높습니다.

Q 접종 예정일이 휴일이면 날짜보다 먼저 병원에 가야 할까요?

A 아기 수첩에 적힌 날짜가 병원 휴진일이거나 사정이 생겨 못 가게 될 경우에는 정해진 날짜 이후에 방문해야 합니다. 일찍 병원에 가면 접종을 받을 수 있는 시기가 안 됐거나 이전에 받은 접종과의 간격이 짧아서 접종을 못하게 될 수 있습니다.

Q 접종 시기를 놓쳤는데 어떻게 할까요?

A 예방 접종은 현재 유행하는 질병과 중증화되기 쉬운 질병을 우선으로 합니다. 시기를 놓쳤으면 의사와 상담하여 일정을 정합니다. 동시 접종 스케줄도 다시 잡고, 되도록 빨리 접종을 받습니다.

PART

6

아기 질병과 홈케어

모든 양육자는 아이를 감기 한 번 안 걸릴 만큼
건강하게 키우고 싶은 마음이 있을 겁니다.
하지만 아이는 감기, 열, 설사 등 크고 작은 병에
걸려서 병원에 가야 할 일들이 생깁니다.
병은 조기 발견과 치료가 중요합니다.
아이가 아플 때 신속하게 대처할 수 있도록
병의 증상과 원인, 치료와 관리법을 정리했습니다.

Part 6 아기 질병과 홈케어
0~3세 아기들이 자주 걸리는 병

아이들은 환절기가 되면 열이 나기도 하고 잘 놀다가 토하거나 갑자기 경련을 일으키기도 합니다. 아직은 신체적으로 미숙하고 면역력이 약한 아이들이 어떤 병에 잘 걸리는지 알아봅니다.

열이 나요!

감기

주로 바이러스에 감염되어 발병하는 감기는 코나 목 등의 점막에 염증이 생기는 호흡기 질환입니다. 염증 발생 부위에 따라 인두염, 후두염, 편도염이라 합니다. 콧물, 기침, 목 통증으로 시작하여 열이 나기도 하고, 식욕이 없고, 심하면 토하거나 설사, 두통, 근육통을 동반하기도 합니다. 천식, 모세 기관지염, 폐렴, 축농증에 걸려도 감기처럼 보일 수 있으니 종합 감기약을 복용하기 전에 병원 진료를 받는 것이 좋습니다.

➕ 치료와 간호 감기에 특효약은 없으므로 안정을 취하며 수분을 충분히 섭취합니다. 중이염이나 염증이 확대되어 기관지염, 폐렴으로 발전할 수 있으므로, 귀가 아프거나 며칠 뒤에도 열이 내리지 않고 기침이 심해지면 병원 진료를 받습니다.

인플루엔자

인플루엔자 바이러스에 의한 급성 호흡기 질환으로 전염성이 매우 강합니다. 목 통증, 콧물, 기침 등 감기와 같은 증상도 나타나지만, 38℃ 이상의 열이 3~4일간 지속됩니다. 열이 내렸다가 다시 오르기도 하고 두통, 관절통, 근육통 등이 강하게 나타나는데, 감기보다 증세가 심하고 몸이 축 처집니다. 짜증을 내고 식욕이 없으며 설사, 구토를 할 수도 있습니다. 합병증을 일으키기 쉬운 무서운 병으로, 기관지염이나 폐렴 등으로 발전하여 종종 중증이 되기도 하며, 영유아는 급성 뇌염을 일으키기도 합니다.

➕ 치료와 간호 고열과 피로가 주요 증상이므로 푹 쉬며 잠을 충분히 자고, 수분 섭취를 자주 해야 합니다. 집에서 치료하지 말고 병원 진료를 받으며 폐렴 등으로 발전했는지 확인합니다. 전염성이 강하므로 다른 아이들과 격리합니다.

볼거리(유행성 이하선염)

2~3주간의 잠복 기간을 거쳐, 귀밑에서부터 턱에 걸쳐서 볼록하게 부어오르고 38~39℃의 고열이 납니다. 1~3일째 최고로 붓다가 점차 가라앉고, 열은 2~3일이 지나면 내려갑니다. 기침이나 재채기로 옮으며 전염성이 강한 급성 유행성 전염병입니다. 일단 걸리면 영구 면역이 되어 다시 걸리지는 않습니다.

➕ 치료와 간호 볼이 부어서 잘 먹지 못할 때는 죽, 수프 등 부드럽게 삼킬 수 있는 음식을 줍니다. 가벼운 병이지만 바이러스가 다른 부위를 감염시켜 합병증이 생길 수 있습니다. 발병 1~3주 뒤에 아이가 잘 듣지 못하면 이비인후과 진찰을 받아야 합니다.

심하게 기침을 해요! 호흡이 곤란해요!

반복성 천명

반복적인 쌕쌕거림, 기침, 호흡곤란이 특징이고 반복적으로 앓는 경우 천식으로 이행할 가능성이 많아 소아호흡기, 알레르기 분과 진료를 필요로 합니다.

➕ 치료와 간호 가래 배출을 돕기 위해 가슴과 등을 가볍게 두드려 주고, 충분한 수분 섭취가 필요합니다. 건조한 공기나 대기오염, 담배, 호흡기 바이러스 감염 같은 자극을 피해야 합니다.

급성 기관지염

콧물, 기침, 가래 등의 감기 증상이 나타나며, 열이 나고 숨 쉴 때 쌕쌕 소리가 나기도 합니다. 월령이 어린 경우, 가래를 스스로 뱉지 못해 숨이 넘어갈 듯 기침을 하다가 토하기도 합니다.

+ 치료와 간호 수분 공급을 자주 하여 가래를 묽게 만들어 주면 좋습니다. 기운이 없고 몸이 늘어져 있으면 끓여서 식힌 물을 자주 먹입니다. 적정한 실내 온도(23~24℃)와 높은 습도(60% 이상)를 유지하고, 환기를 자주 합니다.

급성모세기관지염
주로 생후 2세 이하 영아에서 발생하는데, 모세기관지의 점막이 바이러스 감염으로 인해 부종, 점액 분비 증가, 세기관지 폐쇄를 일으킵니다. 쌕쌕거림, 호흡 곤란, 기침, 빈호흡, 흉곽 함몰을 보이며 심한 경우 산소포화도 감소, 청색증, 모유 수유나 분유 섭취가 힘들어지기도 합니다.

+ 치료와 간호 나이가 어릴수록(특히 6개월 미만), 먹지 못하거나, 호흡 곤란을 동반할 때는 빠른 병원 치료가 필요합니다. 가래 배출을 돕기 위해 가슴과 등을 가볍게 두드려 주고, 충분한 수분 섭취와 휴식이 필요합니다. 손 위생과 감염 전파에 주의하고, 호흡기 치료, 수액 요법, 필요시 산소 치료가 요구됩니다.

백일해
기침이 100일 동안 지속된다는 뜻으로 붙여진 병명입니다. 잠복기는 3~12일 정도이며, 전염성이 강합니다. 처음 1~2주는 미열, 기침, 콧물 등 감기 비슷한 증상을 보이다가 점차 기침이 심해집니다. 열은 없거나 미열에 그치지만, 밤새 기침을 심하게 하며 호흡 곤란이나 경련을 일으킬 수 있습니다. 기침이 심해 체력 소모가 크고, 월령이 낮은 아이는 사망에 이를 수 있습니다.

+ 치료와 간호 되도록 빨리 병원에서 치료를 받아야 합니다. 기침이 심하고 구토를 하므로 수분 공급을 자주 하고 실내 습도를 올립니다. 생후 2개월부터 DTaP 예방 접종을 받습니다.

설사를 해요! 토를 해요!

장겹침증(장중첩증)
장과 장이 겹친 상태로, 장의 일부가 장 안쪽으로 말려 들어가 장이 막히는 병입니다. 아이가 자지러지게 울었다 그쳤다를 반복하는데, 장의 연동 운동이 일어나면 통증이 심해졌다가 끝나면 가라앉기 때문입니다. 방치하면 장이 괴사할 수 있으니 빨리 치료를 받습니다.

+ 치료와 간호 문진과 초음파 검사로 진단이 가능하며 발병 후 24시간 이내에 항문으로 공기나 조영제를 넣는 고압 관장으로 중첩된 장을 풀어 줄 수 있습니다. 이 방법이 실패하면 장이 괴사했을 가능성이 높으며 개복 수술이 필요합니다.

비후성 유문 협착증
생후 1개월 안팎의 아이에게 주로 나타나며, 모유·분유를 먹을 때마다 분수처럼 토하는 증상을 보입니다. 위의 출구인 유문 근육이 두꺼워져 십이지장으로 가는 통로가 좁아지면서 모유·분유가 이동하지 못하고 입으로 역류하여 나오는 것입니다. 증세가 가볍고 몸무게가 순조롭게 증가한다면 심각한 병이 아니니 모유·분유를 조금씩 여러 번 나누어 먹이면 됩니다. 하지만 토하는 횟수가 증가하고 먹을 때마다 심하게 토한다면 비후성 유문 협착증인지 검사해 봅니다. 몸무게가 줄거나 탈수 증세를 일으키기도 합니다.

+ 치료와 간호 초음파 검사로 진단할 수 있으며 의사와 상담하여 치료법을 정합니다. 간단한 수술을 통해 완치가 가능하므로 일반적으로는 수술을 권합니다. 수술 후 8~12시간 이내에 다시 수유할 수 있습니다.

유당 불내증
선천적으로 유당(젖당) 분해 효소인 락타아제가 부족한 아이에게 나타나며 유당이 함유된 우유, 분유, 아이스크림 등을 먹으면 설사나 구토를 합니다. 감기, 세균 감염에 의해서도 발병합니다.

+ 치료와 간호 의사 진단에 따라 유당이 함유되지 않은 두유나 특수 분유를 먹입니다. 알레르기 증상을 보인 아이에게는 가급적 유제품을 먹이지 않습니다.

피부에 발진이 생겨요!

홍역

생후 6개월 이후에 나타나며 1~2세 아이가 걸리기 쉬운 급성 유행성 전염병입니다. 초기에는 발열, 기침, 콧물이 나고 결막염 증상도 나타납니다.

발병 4~5일 후 기침이 심해지고 39~40℃의 고열이 계속되면서 분홍색의 작은 발진이 목, 얼굴부터 시작하여 몸 전체에 퍼집니다. 발병 7~20일 이후 열이 내리고 발진이 거무스름해지며 몸 상태가 좋아집니다.

+ 치료와 간호 발진이 있는 동안에는 고열에 식욕도 떨어지므로 죽 같은 유동식이나 보리차를 조금씩 자주 먹입니다. 전염성이 강하고 공기로도 전염되므로 외출을 삼갑니다.

수두

수두 대상 포진 바이러스가 원인균으로, 기침, 재채기에 의한 비말 감염으로 순식간에 전염됩니다. 1~5세 사이의 아이들이 잘 걸리는데, 출

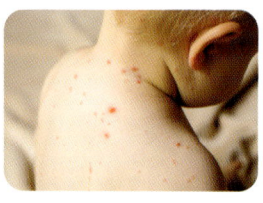

생 후 얼마 지나지 않아 걸리는 아기도 있습니다. 급성 미열로 시작되며 가슴이나 등에 나타난 빨간색 작은 발진이 점차 수포로 변하면서 심하게 가려워집니다. 수포는 7~10일 이내에 가라앉지만 긁으면 흉터가 남거나 세균 감염으로 인한 합병증이 생길 수 있습니다.

+ 치료와 간호 가려움증을 억제하기 위해 경구용 항히스타민제를 사용하는 경우도 있습니다. 아이가 긁지 못하도록 손을 싸매 주거나 손톱을 짧게 깎아 주는 것이 좋습니다.

수족구병

호흡기를 통해 감염되며 전염성이 매우 강한 급성 질환입니다. 5세 이하의 아이들이 주로 걸리며, 감염된 지 4~5일 후 증상이 나타납니다. 손바닥, 손가락 사이나 발등, 발바닥, 뺨 안쪽, 입술, 잇몸에 빨간색 작은 물집이 생기는데 미열이 있기도 합니다. 입안과 목구멍에 점막 궤양이 잘 생기는데, 아이들이 무척 아파합니다. 7일쯤 후에 수포가 없어지면서 낫지만, 여러 번 걸릴 수도 있습니다. 간혹 뇌수막염이나 뇌염, 심근염 등 심각한 합병증이 생길 수 있으므로 소아 청소년과 전문의의 진찰을 받습니다.

손(수), 발(족), 입안(구)에 작은 물집이 생겨서 붙은 병명이에요!

+ 치료와 간호 근본적인 치료는 없고, 7~10일 후 자연스럽게 낫습니다. 탈수의 우려가 있으므로 수분을 충분히 공급합니다.

풍진

미열이 나면서 빨간색 작은 발진이 귀 뒷부분에서 시작해 온몸에 생깁니다. 증상이 가벼운 홍역이라는 의미로 '3일 홍역'이라고 합니다. 1년 미만의 아이도 걸리는데, 3~4일 후 열과 발진은 저절로 없어집니다.

+ 치료와 간호 특별한 치료법은 없으며 집에서 안정을 취합니다. 합병증은 거의 없지만 전염성이 강하므로 다른 사람과 접촉을 피합니다. 풍진으로 진단을 받았어도 열이 3일 이상 계속되거나 몸이 처져 있으면 다시 진찰을 받아야 합니다.

성홍열

갑자기 시작된 38℃의 고열이 2~3일간 지속되며 목이 아프고 허리, 넓적다리, 겨드랑이를 중심으로 붉은색 발진이 온몸에 생깁니다. 혀가 빨개지고 혀 표면이 딸기처럼 오톨도톨해지면서 잘 먹지 못하는 병입니다.

+ 치료와 간호 병원에서 항생제 치료를 받아야 하며 발진이 나타나는 동안에는 안정을 취합니다. 수분을 충분히 보충해 줍니다.

농가진

세균 감염으로 인한 전염성 질환으로 고온 다습한 여름철

에 주로 발생합니다. 얼굴, 몸, 팔다리 등에 생긴 빨간색 물집에 고름이 잡히고 터지면서 딱지가 앉습니다. 가려움증을 유발하는 물집 속에 균이 들어 있는데, 긁으면 터지면서 손가락에 묻은 균이 순식간에 온몸에 퍼지므로 물집을 하나라도 발견하면 병원에 갑니다. 기저귀 찬 부위에 생기는 신생아 농가진은 치료 시기를 놓치면 패혈증, 뇌막염 등 합병증이 생겨 사망할 수도 있습니다.

+ 치료와 간호 바르는 약과 먹는 약으로 치료됩니다. 물집이 터지면 고름을 닦아 내고 소독한 뒤 항생제 연고를 바르는데, 반창고는 붙이면 안 됩니다. 전염성이 강하므로 수건을 따로 쓰고, 아이가 긁지 않도록 손톱을 짧게 깎아 줍니다.

경련을 일으켜요!

뇌수막염
뇌와 척수를 감싸고 있는 뇌수막이 바이러스나 세균에 감염되어 생기는 병입니다. 고열, 두통, 구토 등이 나타나며 목 뒤가 경직되어 앞으로 숙여지지 않습니다.

- 바이러스성(무균성) 수막염: 바이러스 감염에 의한 것으로 38~39℃의 고열이 3~4일간 계속되고 두통과 구토 등의 증상이 나타납니다. 2~3일에서 10일 정도 지나면 나으며 후유증이나 합병증이 비교적 적습니다.
- 세균성 수막염: 39~40℃의 고열과 경련, 구토 증상이 나타나며 조기 치료가 중요합니다.
- 결핵성 수막염: 결핵균이 혈관을 통해 뇌수막에 감염될 때 발병하며, 발병 후 2주 이내에 치료하지 않으면 지능 장애나 뇌성 마비를 일으킬 수 있습니다.

+ 치료와 간호 세균성 수막염은 서둘러 항균제나 스테로이드제로 치료합니다. 치사율이 10~15% 정도이고, 나아도 후유증이 남기 쉽습니다.

뇌염
38~39℃의 열이 3~4일간 계속되고 경련과 두통, 구토를 동반하는데 증상이 뇌수막염과 비슷합니다. 뇌염에 의한 경기는 조기에 치료하면 완치되지만, 늦으면 합병증으로 사망하거나 후유증이 남기도 합니다.

+ 치료와 간호 일반적으로 입원하여 증상 완화 및 보존적 치료, 원인에 따른 치료를 하게 됩니다. 바이러스성 질병이므로 외출 후에는 항상 손을 깨끗이 씻는 습관을 들입니다.

열성 경련
편도염, 인후염, 홍역, 돌발성 발진 등에 걸려 39℃ 이상의 고열이 날 때, 의식을 잃고 눈이 약간 돌아가거나 팔다리와 전신에 경련이 일어나는 것입니다. 영유아의 8~10%에서 나타나며, 1~3분 정도 경련을 일으킨 뒤 멈춥니다. 후유증이 없으며, 열성 경련이 자주 재발해도 5세 이후에는 잘 나타나지 않습니다.

+ 치료와 간호 경련을 처음 일으킨 경우에는 병원 진찰을 받습니다. 이미 경련이 일어난 상태라면 물, 약을 포함해 아무것도 먹이지 않습니다.

분노 경련(호흡 정지 발작)
일종의 소아 히스테리 증상입니다. 심하게 울거나 화를 내다가 갑자기 호흡이 곤란해지고 낯빛이 창백해지며 몇 초간 몸이 경직되었다가 의식이 돌아옵니다. 이유기에서 3세 전후의 신경질적인 아이에게 나타납니다.

기타_눈, 코, 귀의 질병

급성 외이도염 세균 감염으로 귀의 바깥 통로에 생기는 염증으로 환부가 부어 열이 나며 통증을 느낍니다. 고름이 나오기도 합니다. 초기에는 항생제로 치료합니다.

만성 비염 콧물, 재채기가 나고, 코가 건조하여 딱지가 생기면서 호흡이 곤란해집니다. 고름 같은 콧물이 나오고 냄새를 못 맡을 수도 있습니다. 콧물을 빼 주어야 하며 병원에서 약을 처방받아 복용합니다.

유행 각결막염 각막과 결막에 동시에 염증이 생겨 흰자위가 충혈되며 발열, 설사, 목의 통증을 동반합니다. 감염력이 강하므로 수건을 따로 쓰게 하고, 손을 자주 씻게 합니다. 아이의 경우 시력 저하를 가져올 수 있으므로 반드시 병원에서 진료를 받아야 합니다.

Part 6 아기 질병과 홈케어

땀띠와 기저귀 발진, 아토피 피부염

아이 피부는 연약해서 꼼꼼하게 관리해 주어야 합니다. 아이에게 나타나는 대표적 피부 질환인 땀띠, 기저귀 발진에 대해 알아보고, 아토피 피부염의 치료에 도움이 되는 관리법과 생활 수칙을 소개합니다.

땀띠

원인과 증상

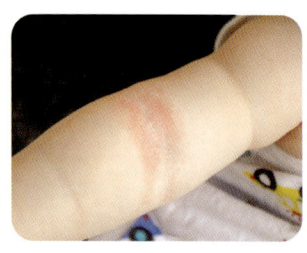

아이의 몸에도 어른과 같은 수의 땀구멍이 있습니다. 작은 몸에 땀구멍이 가득하기 때문에 아이들은 땀을 많이 흘리는데, 외부 자극에 의해 땀구멍이 막히면 땀이 배출되지 못합니다. 이로 인해 염증이 생기면서 하얗고 좁쌀만 한 물집인 땀띠가 생깁니다. 얼굴, 목 주변이나 겨드랑이, 사타구니, 팔꿈치 안쪽처럼 피부가 접히는 부위에 잘 생기며, 처음에는 가렵지 않지만 심해지면 붉게 변하면서 가렵고 따끔거립니다. 환부를 깨끗하지 않은 손으로 긁으면 이차적으로 세균에 감염될 수 있습니다.

예방

- 땀 나는 부위를 시원하게 해 주고 땀구멍이 막히지 않게 합니다.
- 땀을 흘릴 때마다 미지근한 물수건으로 닦아 줍니다.

관리

- 선풍기와 에어컨을 사용하여 시원하게 해 줍니다.
- 땀띠가 나면 병원에서 처방받은 연고를 발라 줍니다.
- 통풍이 잘 되는 면 소재의 헐렁한 옷을 입힙니다.
- 땀띠가 난 곳에 파우더를 바르지 않는데, 땀구멍을 막아 염증을 일으킬 수 있기 때문입니다.
- 보습력이 강한 아토피 피부염용 비누를 사용합니다.

기저귀 발진

원인과 증상

자극성 접촉 피부염의 일종입니다. 기저귀를 제때 갈아 주지 않을 경우, 암모니아에 자극을 받은 피부가 손상을 입으면서 생깁니다. 염증이 생기면 피부가 붉어지고 거칠어지는데, 손상된 피부는 '칸디다'라는 균에 2차 감염되기 쉽습니다.

예방

- 기저귀를 자주 갈아 주고, 엉덩이와 성기 부분을 잘 닦은 뒤, 5분 이상 노출해 물기를 완전히 말려 줍니다.
- 엉덩이가 숨 쉴 수 있게 기저귀를 낙낙히 채웁니다.
- 더운 날은 하루 1~2시간 기저귀를 벗겨 놓습니다.
- 사용한 천 기저귀를 장시간 물에 담가 두면 세균이나 곰팡이가 생기므로 잠시만 담급니다. 남은 세제가 없도록 깨끗이 헹군 다음, 햇볕에 바짝 말려 살균해야 세균 번식을 막을 수 있습니다.

 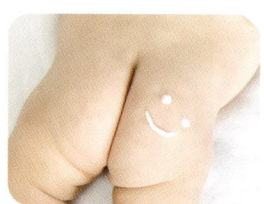

관리

- 기저귀를 자주 벗기고 엉덩이를 시원한 녹찻물로 닦아 줍니다. 발진이 심하면 천 기저귀를 채웁니다.
- 엉덩이를 씻긴 뒤 기저귀 발진 크림을 발라 주는데 이때 파우더를 덧바르지 않습니다.

- 반드시 처방받은 연고를 용법에 맞게 바르며 아무 연고나 바르지 않습니다.
- 설사를 하면 엉덩이 전체를 깨끗이 씻겨 줍니다.

아토피 피부염

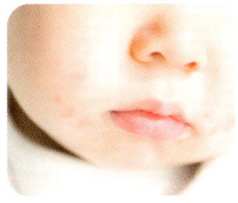
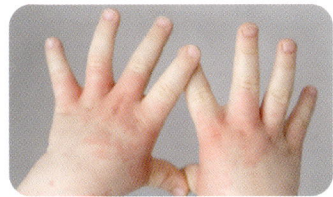

증상

외부 자극에 과민한 반응을 일으켜 좁쌀만 한 발진이 얼굴 부위에 생기다가 차츰 몸통이나 팔다리로 퍼져 나가는 염증성 피부 질환입니다. 계속되면 면역 기능이 떨어져서 감기에 자주 걸리거나, 비염, 천식 등 다른 알레르기 증상을 동반하기 쉽습니다. 증상의 호전과 악화를 반복하며 정상적인 성장 발달을 저해하고 정서에도 악영향을 미치므로, 초기에 적극 치료하는 것이 바람직합니다. 많은 경우 아이가 성장하면서 완화되지만, 시간을 들여서 고쳐야 하는 병이라는 것을 잊지 말아야 합니다.

아토피 피부염을 일으키는 주요 원인

- 침대, 소파 밑에 서식하는 집먼지진드기의 배설물은 식품 알레르기로 인한 아토피 피부염을 악화시킵니다.
- 부모가 모두 아토피 피부염이 있는 경우 70~80%, 부모 중 한쪽만 있는 경우 30~50%의 확률로 유전된다고 알려져 있습니다. 하지만 환경적 요인이 50% 이상이므로 유전적 요인이 있다고 해도, 환경적 요인을 제거해 주면 많은 도움이 됩니다.
- 새 가구의 접착제, 페인트, 단열재 등에 포함된 유해 물질이 시공 후에도 배출되어 피부를 자극합니다.
- 색소나 방부제 등의 식품 첨가물도 원인이 됩니다.
- 모유를 먹는 신생아는 엄마가 먹은 달걀과 우유의 단백질이 전달되면서 알레르기 반응을 일으키기도 하므로, 엄마도 음식을 가려 먹어야 합니다.

치료와 관리

- 피부의 방어 기능을 회복시키는 것이 중요하기 때문에 절대 긁어서는 안 됩니다. 긁으면 증상이 악화되므로 손톱은 항상 짧은 상태로 유지해 주고 손톱 줄로 갈아 줍니다. 가려운 부위에 찬 물수건을 대면 가려움을 가라앉힐 수 있고, 알로에 즙을 바르는 것도 좋습니다.
- 가려움을 덜어 주는 스테로이드계 약으로 염증을 억제하는 경우, 부작용이 두렵다고 임의로 사용을 중지하면 안 되고 의사의 처방에 따라야 합니다. 중증 아토피 피부염 치료에 스테로이드제만큼 효과 있는 약물은 없습니다.
- 아토피 피부염 진단 및 검사에서 원인이 음식물이라고 밝혀진 경우, 의사의 지시에 따라 식단에서 그 음식을 제외시킵니다. 하지만 개인적 판단으로 달걀이나 우유를 제외하는 것은 바람직하지 않습니다.

생활 수칙

- 순면 옷을 입히며, 꽉 끼는 옷, 털 소재 옷은 피합니다. 세탁 시 세제 찌꺼기가 남지 않도록 충분히 헹굽니다.
- 목욕은 30~35℃의 미지근한 물로 10분 정도에 마칩니다. 물기는 부드러운 천으로 누르듯 닦아 내고, 3분 이내에 보습제를 충분히 바릅니다.
- 아이가 심하게 가려워하거나 피부가 건조한 경우, 하루 3회 보습제를 몸 전체에 발라 줍니다.
- 알레르기를 일으키는 음식이 있다면 피합니다.
- 인체에 무해한 친환경 자재로 집을 꾸밉니다.
- 환기를 자주 하여 진드기를 없애고 침구는 햇볕에 말립니다.

Part 6 아기 질병과 홈케어

아이가 아플 때 돌보는 방법

아이가 아플 때 병원에 입원하는 경우가 아니라면 집에서 간호를 해야 합니다. 아이가 빨리 낫게 하려면 어떻게 돌보고 약을 먹여야 할지 알아봅니다.

열이 있을 때는 몸 상태를 확인하고 병원에 가요

열이 난다고 해서 무조건 병원에 가야 하는 것은 아닙니다. 열이 나면서 아이가 계속 처져 있고 호흡이 힘들며 안색도 안 좋고 수분 섭취를 잘하지 못한다면 체온에 상관없이 즉시 병원에 갑니다. 하지만 열이 나더라도 잘 놀고 물도 잘 마시면 진료 시간 안에 병원에 가면 됩니다.

❶ 체온계로 체온을 잽니다. 아이의 정상 체온은 성인보다 조금 높은 36.5~37.5℃인데, 보통 38℃ 미만이면 미열, 38℃보다 높으면 고열입니다.

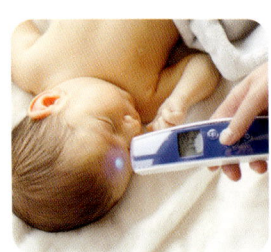

측정 부위에 따른 정상 체온(℃)

- 겨드랑이   36.5~37.5℃
- 입안   35.5~37.5℃
- 항문   36.6~37.9℃
- 귀   35.7~37.5℃

출처: 대한성장의학회

> **TIP 다양한 체온계**
>
> - **고막 체온계**: 적외선을 이용해 고막의 체온을 측정하며 겨드랑이 체온보다 0.5℃ 높게 나옵니다.
> - **전자 체온계**: 혀 밑과 겨드랑이, 항문으로 측정 가능하며 온도 측정 센서가 달려 있어 간편하고 정확한 편입니다.
> - **비접촉식 체온계**: 피부에 직접 닿지 않아, 아이가 자고 있는 중에도 체온을 측정할 수 있습니다. 목욕물이나 분유 등의 온도도 측정할 수 있습니다.

❷ 열이 나기 시작할 때는 몸을 따뜻하게 해 주고, 열이 완전히 올라 얼굴이 빨개지며 땀이 난다면 얇은 옷으로 갈아입혀서 아이를 시원하게 해 줍니다.

❸ 열이 날 때는 모유, 분유, 보리차 등을 수시로 먹입니다.

❹ 실내 온도는 23~25℃(여름 25~28℃)에 맞추고 습도도 확인하여 쾌적한 곳에서 안정을 유지하게 해 줍니다. 땀을 흘리면 수시로 옷을 갈아입힙니다.

설사하거나 토했을 때는 수분을 보충해 줘요

설사나 구토를 하면 수분이 많이 빠져나가게 되므로 수분을 보충해서 탈수증을 예방해야 합니다.

❶ 아이 상태를 보면서 수분을 공급해 줍니다. 구토 증세가 있거나 한 번에 많이 먹지 못할 때는 간격을 짧게 하여 몇 번에 걸쳐 먹이며, 신맛이 나는 음식은 먹이지 않습니다.

❷ 집 안에 균이 퍼지지 않도록 기저귀나 토사물이 묻은 옷을 치우고 손을 깨끗이 합니다.

❸ 설사를 하면 설사의 변은 자극이 강하기 때문에 바로 기저귀를 갈아서 청결을 유지합니다. 좌욕이나 샤워기로 씻기거나 물을 적신 가제 손수건으로 닦아 줍니다.

❹ 토했을 때는 옷이나 침구를 바로 바꿔 주고 입 주변과 입안을 젖은 가제 손수건으로 닦아 주며, 토사물이 기도를 막지 않도록 옆으로 눕힙니다.

콧물이 심할 때는 콧물 제거기를 이용해요

❶ 코가 막히면 젖을 빨 때 힘들어집니다. 아이가 코를 풀 수 있으려면 2세가 되어야 하므로, 그 전에는 콧물 제거기로 콧물을 없애 주면 호흡이 편해집니다.

❷ 코밑이 헐고 피부가 거칠어지지 않도록 바셀린이나 보습 크림을 발라 줍니다.

❸ 코딱지는 억지로 떼어 내지 않으며, 목욕 후 콧구멍이 습해졌을 때 입구 부근만 면봉으로 닦아 줍니다.

기침을 하거나 쌕쌕거릴 때는 환경을 바꿔 줘요

환기를 하거나 습도만 조절해도 기침이 완화됩니다.

❶ 습도를 50~60%로 유지하고, 창문을 열어 환기를 합니다. 건조하지 않은 환경을 만들어야 기도의 점막이 마르지 않고 기침을 덜하게 됩니다.

❷ 재울 때는 상반신을 조금 높게 하여 호흡하기 편하게 해 줍니다.

❸ 기관지에 가래가 달라붙어 있으면 가슴에서 그렁그렁 소리가 납니다. 이때는 아이 등을 가볍게 다독여 가래가 떨어지도록 합니다.

경련을 일으키더라도 침착하게 대처해요

몇 분 내에 진정되는 열성 경련이 대부분이니 경련이 일어나면 다음과 같이 침착하게 대처합니다.

❶ 평평한 곳에 아이를 옆으로 누이고 옷을 느슨하게 풀어 줍니다. 토사물이 기도를 막지 않도록 목을 한쪽으로 돌려 줍니다.

❷ 경련이 지속되는 시간을 재어 보고 5분 이상 지속되면 구급차를 부릅니다.

❸ 몸이 경직되는 모습, 손발을 떠는 모습, 눈동자의 움직임 등을 유심히 살펴보고 진찰 시 의사에게 전달합니다. (열성 경련은 좌우 대칭으로 경련이 일어납니다.)

❗ 경련을 일으킬 때 몸을 흔들면 안 되며, 입안에 물건이나 손가락을 넣어도 안 됩니다.

아이에게 약 먹이는 법

처방되는 약의 종류나 양은 의사의 지시를 따라야 합니다. 개인 판단에 따라 중단하거나 임의로 약을 사용하지 않습니다. 약을 먹이기 전, 다음과 같이 준비합니다.

❶ 복용 횟수와 양, 주의 사항을 확인합니다.

❷ 손을 깨끗이 씻고, 약을 먹일 때 사용하는 그릇이나 숟가락도 청결하게 보관합니다.

❸ 약이 쓴맛이라면, 아이가 먹기 싫어할 경우의 대처법을 생각해 둡니다.

> **TIP 가루약과 시럽, 이렇게 먹여 보세요!**
>
> • 가루약은 물에 개어 볼 안쪽이나 위턱 등에 붙이고 물과 함께 삼키게 합니다. 맛을 느낄 수 있는 혀에는 닿지 않게 합니다.
> • 시럽을 스포이트에 넣어서 토해 내기 어렵게 입안 깊숙이 넣어 삼키게 합니다. 단, 강하게 밀어 넣지는 마세요.

아이의 약과 섞어도 되는 것과 안 되는 것

> **TIP 경련이 일어난 뒤의 대처법**
>
> 1. 눈을 마주 보며 의식이 뚜렷한지 확인합니다. 경련이 일어난 뒤에는 '경련 후 수면'으로 깊이 잠드는 경우가 많은데, 아이가 깨어난 뒤에도 의식이 흐릿하고 눈을 맞추지 못할 때는 바로 병원에 가야 합니다.
> 2. 체온을 재어 몇 도였을 때 경련이 일어났는지 확인하고, 정상 체온과 경련 발생 시의 체온을 의사에게 전달합니다.
> 3. 아이가 경련을 일으켰을 때의 원인을 파악하기 위해 바로 의사의 진찰을 받는 것이 좋습니다.

• 끓여서 식힌 물이나 생수, 정수
• 바나나, 잼
➡ 달고 약의 질에 영향을 주지 않는 것은 괜찮습니다.

• 오렌지 주스, 포도 주스
• 우유, 요구르트, 아이스크림, 이온 음료
➡ 약에 따라 다르며, 섞었을 때 부작용을 일으키거나 쓴맛이 강해지기도 하므로 주의가 필요합니다.

• 가루 분유
• 죽, 우동, 수프
• 뜨거운 물(한방약 제외), 미네랄 워터
➡ 성분을 변질시키는 것은 안 되며, 분유나 이유식에 섞어 주면 그 음식을 싫어하게 될 수 있습니다.

Part 6 아기 질병과 홈케어
Q&A

Q 속눈썹이 안쪽으로 밀리면서 눈곱이 많이 생기는데 치료가 필요할까요?

A 아이의 눈꺼풀 근육은 약해서 볼록하게 부풀어 올라 있는데 눈꺼풀이 속눈썹을 안구 쪽으로 밀기도 합니다. 이때 속눈썹이 눈에 닿으며 눈을 찌르면서 각막을 자극하여 눈물과 눈곱이 많아집니다. 눈을 자주 비비거나 심한 눈부심으로 눈을 잘 뜨지 못하는 등의 증상이 생기기도 합니다. 이런 질환을 '부안검(덧눈꺼풀)'이라고 하는데 생후 6개월경의 영유아에게 흔히 발생합니다.

증상이 심하지 않으면 대부분 성장하면서 호전됩니다. 다만 눈부심, 통증, 지속적인 눈물, 각막미란* 등 각막 자극이 있으면 소아 안과 진료를 받고, 필요시 수술을 받아야 합니다. (*각막미란은 각막에 외상이 생기는 증상으로, 보통 각막 상피의 일부분이 벗겨져 큰 통증이 유발됩니다.)

부안검(덧눈꺼풀)

눈썹이 밖으로 향해 있지 않고 안쪽으로 말려 있어요.

Q 항생제를 일주일 넘게 계속 먹여도 될까요?

A 항생제는 세균을 죽이는 약물입니다. 소아는 성인보다 패혈증(균이 혈액을 타고 퍼지며 전신 염증이나 독소에 의한 중독 증세를 나타내는 병)이 될 확률이 높기 때문에 세균성 감염이라고 판단되면 항생제를 빨리 복용해야 합니다. 아이들이 걸리는 감염병의 90% 이상은 항생제를 쓰지 않아도 되는 바이러스 감염에 의한 것입니다. 하지만 세균성 감염인지, 바이러스 감염인지 구분하는 것은 쉽지 않으며 매번 균 검사를 하기도 어렵습니다. 그러다 보니 의사의 진찰 소견에 따라 세균성 감염일 확률이 높다고 판단되면 항생제를 처방받게 됩니다. 항생제를 오남용했을 경우에는 내성이 생길 수 있지만, 이보다는 '내성균'이 생기는 것이 더욱 심각한 문제입니다. 내성균은 항생제를 충분히 복용하지 않았을 때, 살아 남은 세균 일부가 진화하여 생기는 것을 말합니다. 따라서 병원에서 처방받은 항생제는 반드시 정해진 용량과 복용 기간을 지켜서 먹여야 합니다.

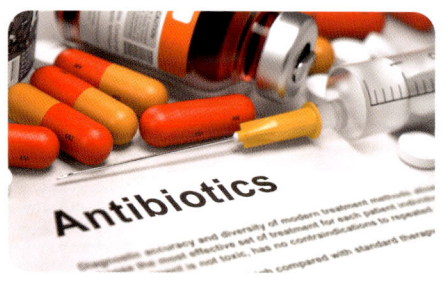

PART 7
튼튼하고 바르게 키우기

세 살 버릇 여든까지 간다는 말이 있듯이
0~3세의 바른 생활 습관은 아이가 앞으로
평생 바르게 살기 위한 기초가 됩니다.
아이가 바른 수면 습관을 들이고, 치아를 잘 관리하며,
바른 식습관을 들이고, 정리정돈과 인사 예절을 익히려면
먼저 양육자가 앞장서서 좋은 모범을 보여야 합니다.
아이를 제대로 칭찬하고 꾸짖기에 대해서도 알아봅니다.

Part 7 튼튼하고 바르게 키우기
잘 자고 이가 튼튼한 아이로 키우기

아이가 평생 건강하게 지내려면 잠을 잘 자고 이가 튼튼해야 합니다. 어떻게 하면 아이가 일찍 자고 일찍 일어나는 습관을 들이고, 제대로 된 치아 관리로 튼튼한 이를 유지할 수 있는지 알아봅니다.

수면 훈련은 어떻게 할까요?

밝을 때는 깨어 있고 어두울 때는 자게 합니다
아이가 낮과 밤을 구분할 수 있게 되면 수면 훈련을 시작합니다. 대체로 생후 4~6개월쯤 되면 아이는 밤에 길게 자고 낮에는 깨어 있는 생활 리듬이 생깁니다. 이때 아이가 일찍 일어나고 일찍 자는 습관을 들이게 해 주세요. 수면 훈련에서 가장 중요한 것은 아이의 수면 패턴을 이해하고 일관성을 유지하는 것입니다. 매일 같은 시간에 재우고, 잠자리 역시 늘 비슷하게 유지합니다.

양육자의 도움 없이 스스로 잠들 수 있게 훈련합니다
많은 양육자들이 아이가 잠들 때까지 안아 줍니다. 하지만 아이가 잠들기 전인 졸릴 때 잠자리에 눕혀 스스로 잠들게 해야 합니다. 아이는 졸리면 보채거나 눈을 비비거나 하품을 합니다. 이걸 신호로 잠자리에 눕히면 스스로 금세 잠이 듭니다. 아이가 울면서 거부해도 양육자가 확고한 태도를 유지해야 합니다.

> **TIP 안정적인 잠자리 만들기**
> - 방의 온도는 22~24℃, 습도는 40~60%를 유지합니다.
> - 침구류는 자주 햇볕에 말려 일광 소독을 해 줍니다.
> - 아이를 재울 때 부분 조명으로 밝기를 조절합니다.
> - 침대 주변에 불필요하고 위험한 물건을 치웁니다.
> - 조용하고 평화로운 분위기를 위해 소음을 관리하고, 잔잔한 자장가를 들려줍니다.

효과적인 수면 의식을 만들어 실행합니다
아이가 스스로 잠들게 하려면 수면 의식이 중요합니다. 수면 의식은 매일 잠자기 전 같은 시간에 목욕하고, 옷을 갈아입히고, 안아 주고, 노래를 불러 주는 등의 활동을 같은 순서로 진행하는 것입니다. 매일 규칙적으로 같은 시간에 같은 순서로 수면 의식을 실행하다 보면 아이도 점차 좋은 반응을 보이며 잠들 준비를 할 것입니다.

> **Ready! Set! Go!**
>
> - **수면 인형**: 수면 인형은 분리 불안을 해소하는 애착 인형으로 사용할 수 있고, 정서 발달에도 좋습니다. 오르골 소리나 자장가, 백색 소음, 자연의 소리 등으로 편안한 수면 환경을 만들어 줍니다.
>
>
>   ▲ 〈새근새근, 코코〉, 블루래빗
>
> - **뮤직 수면등**: 아기가 잠투정할 때 은은한 불빛 속에서 아름다운 음악을 들으면 편안하게 잠들 수 있습니다.
>
>
>   ▲ 〈블루래빗 뮤직 수면등〉, 블루래빗
>
> - **잠자리 동화**: 잠들기 전 동화를 읽어 주면 아이는 하루의 긴장을 풀고, 감정을 정리하며 편안하게 잠들 수 있습니다.
>
>
>   ▲ 〈엄마가 우리 엄마여서 좋아요〉/ 〈정말정말 그랬겠다〉, 블루래빗

아이의 치아 관리는 어떻게 할까요?

유치 나기 전부터 하는 치아 관리

유치가 나기 전에도 아이의 입안을 깨끗이 닦아 관리를 해 주어야 합니다. 생후 0개월부터 수유 후에는 깨끗한 가제 손수건을 양육자의 집게손가락에 감싸고 미지근한 물을 적신 다음 입안을 구석구석 닦아 줍니다. 모유나 우유 찌꺼기가 남지 않도록 안쪽에서 바깥쪽으로 쓸어 내리듯 닦아 줍니다.

> **TIP** 아이의 치아 관리를 위한 기본 원칙
> - 유치가 나기 전부터 관리합니다.
> - 젖병을 물린 채 재우지 않습니다.
> - 첫돌이 되면 치과에 방문하고, 이후 정기적으로 검진 받습니다.
> - 어금니가 나고 뱉기 훈련이 되면 불소 치약을 사용합니다.
> - 칫솔질만으로 충분하지 않을 경우, 치실을 사용하고 불소 도포 등의 적극적인 방법을 사용합니다.
> - 6세까지는 양육자가 칫솔질을 대신해 주거나, 아이 스스로 칫솔질을 하고 난 다음 양육자가 마무리를 해 줍니다.
> - 단 음식과 음료의 섭취를 줄입니다.

6개월부터 18개월까지의 이 닦기

6개월쯤에 첫니가 나오면 바로 이를 닦기 시작합니다. 실리콘으로 된 손가락 칫솔을 집게손가락에 끼고 깨끗한 생수를 묻혀 닦아 줍니다. 12개월이 지나면 아이의 호기심을 자극할 수 있는 칫솔을 선택해 아이가 직접 칫솔질을 하게 합니다. 유치는 자극에 민감하므로 살살 닦도록 합니다. 어금니가 나기 시작하면 충치가 잘 생길 수 있으므로 본격적으로 칫솔질을 해야 합니다.

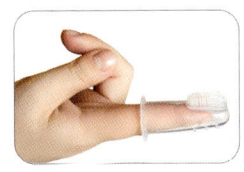 

18개월 이후의 이 닦기

손과 손가락 근육이 발달한 두 살이 되면 아이 스스로 올바른 방법으로 칫솔질을 하게 합니다. 이를 닦는 순서는 왼쪽 위 어금니부터 시작해서 왼쪽 아래 어금니→오른쪽 아래 어금니→오른쪽 위 어금니→위 앞니 앞면→위 앞니 안쪽→아래 앞니 앞면→아래 앞니 안쪽으로 진행합니다. 이의 앞면은 시계 방향으로 둥글게 칫솔을 굴리면서 닦고, 안쪽은 앞뒤로 왔다 갔다 하며 닦습니다. 치약은 불소 치약을 사용합니다. 처음에는 쌀알 크기, 세 살이 되면 완두콩 크기로 칫솔에 묻혀 사용합니다.
18개월 이후부터는 국가에서 지원하는 영유아 구강 검진(4차례, 무료)을 거르지 않고 받도록 하세요.

(영유아 구강 검진에 대한 자세한 내용은 121쪽 참고)

> **Doctor's guide** 이 닦기를 즐거운 가족 이벤트로!
>
> 아이의 이 닦기는 어디까지나 자연스러운 접근이 되어야 하는데, 이것에 실패하면 아이는 이 닦기를 강하게 거부하게 됩니다. 먼저, 아이가 직접 칫솔을 들고 있는 상태에서 양육자가 함께 본인의 이를 아주 천천히 닦으며 아이가 따라 하도록 유도하세요. 아이는 어른의 행동을 따라 하게 되어 있습니다. 이 일을 며칠 반복해 보세요. 아이에게 억지로 이를 닦게 하면 이것이 자연스러운 일상이 될 수 없습니다. 약 한 달 정도는 아이에게 맡기고, 서서히 마무리 양치질에 양육자가 개입해 보세요.
> 이 닦기를 매일 온 가족이 모여서 하는 즐거운 이벤트로 만들어요. 아이가 좋아하는 동요를 함께 부르거나 재미있는 놀이를 하면서요. 이런 노력은 아이에게 이 닦기가 즐거운 놀이라는 인식을 심어 줄 것입니다.

출처: 대한소아치과학회 진료 상담

Part 7 튼튼하고 바르게 키우기
생활 습관이 바른 아이로 키우기

아이가 제대로 식사하고, 몸을 잘 씻고, 정리정돈을 잘하고, 예절을 잘 지키는 것은 평생 영향을 미칠 중요한 생활 습관입니다. 바른 생활 습관은 양육자를 롤 모델로 아이가 스스로 반복해서 해 봐야 길러집니다.

바른 식사 습관 들이기

아이가 식사 시간에 밥을 안 먹고 돌아다닌다고 따라다니며 떠먹이지 마세요. 아이가 정해진 식사 시간에, 정해진 자리에 앉아서 식사하지 않으면 마음이 아파도 밥상을 정리합니다. 아이마다 좋아하는 음식, 싫어하는 음식이 있지만, 편식하지 않도록 싫어하는 음식을 좋아하는 음식 옆에 놓고 먹어 보도록 유도해 보세요.

입안에 음식이 있을 때에는 말하지 않도록 하고, 음식을 천천히 꼭꼭 씹어 먹는 습관을 들입니다.

어린아이는 식사 도구 사용이 서툴겠지만 핑거 푸드가 아닌 음식을 손으로 집어 먹지 않게 합니다.

아이가 정해진 자리에 곧은 자세로 앉아서 식사할 수 있도록 지도해야 합니다.

맛있게 먹겠습니다~!

정리정돈 습관 들이기

양육자가 정리정돈의 모범을 보입니다
평소에 양육자가 집 안을 잘 정리하지 않고 어질러 놓으면 아이는 그대로 따라 합니다. 아이에게 정리하는 습관을 들이려면 양육자가 먼저 모범을 보여야 합니다.

옷과 신발, 장난감을 정리합니다
아이가 아무 데나 옷을 훌러덩 벗어 놓지 않고 정해진 곳에 가져다 두는 습관을 들이도록 합니다. 외출하고 돌아오면 현관에서 신발을 가지런히 정리하게 합니다.
놀고 난 다음에는 장난감을 정리하게 합니다. 아이가 다 논 것 같으면 "자, 이제 장난감 담기 놀이를 해 볼까?" 하고 장난감을 정리할 수 있도록 유도합니다.

> **TIP** 장난감 정리정돈을 잘하려면!
> - 두세 살 아이는 장난감을 상자에 넣는 정도만 가능합니다. 서랍을 여닫는 일이나 각 칸에 분류해서 넣는 일은 하기 어렵습니다.
> - 아이가 너무 많은 장난감을 꺼내 놓지 않도록 합니다.
> - 정리할 수 있는 수납 공간이 넉넉해야 합니다.
> - 어떤 장난감을 어디에 넣어야 할지 아이에게 알려 줍니다.

청결 습관 들이기

손을 깨끗하게 씻습니다

밖에서 놀고 들어왔을 때나 외출에서 돌아왔을 때, 밥이나 간식을 먹기 전에는 반드시 손을 씻게 합니다. 손을 씻을 때 대충 물만 묻히는 것이 아니라, 비누칠을 하고 20초 이상 씻게 합니다. 손을 씻은 다음에는 수건으로 물기를 완전히 닦아 내게 합니다. 손 씻기는 성인이 된 뒤에도 질병 예방에 중요한 역할을 하므로 어릴 때부터 손 씻는 습관을 길러야 합니다.

식사 후에는 양치질을 합니다

식사 후에는 반드시 양치질을 하게 합니다. 양치질을 싫어하는 아이에게는 아이가 좋아하는 캐릭터 칫솔과 아이가 좋아하는 향의 치약을 사용하게 하고, 이 닦기 노래를 함께 부르는 등 양치질에 대한 거부감을 없앨 수 있게 해 줍니다.

예절 습관 들이기

공공장소에서 예절을 지킵니다

지하철역이나 음식점 같은 공공장소에서는 큰 소리로 떠들거나 뛰어다니면 안 되고, 기침이나 재채기가 날 때에는 입을 가리고 하고, 쓰레기는 쓰레기통에 버려야 한다고 반복해서 알려 줍니다.

어른에게 존댓말을 사용하고 공손한 태도로 인사합니다

세 살 이하의 아이는 양육자 외의 어른을 보면 양육자 뒤에 숨어 경계하기 쉽습니다. 아이가 어른에게 공손하게 인사하게 하려면 양육자가 아이와 함께 다니면서 아이도 알 만한 친근한 사람들에게 인사하는 모습을 자주 보여야 합니다. 아이가 어른을 보면 공손하게 인사하고, 존댓말을 사용하도록 평소에 모범을 보여 주세요.

도움을 받으면 감사 인사를, 실수를 하면 사과를 합니다

아이가 다른 사람의 도움을 받았을 때에는 "고맙습니다!", "고마워!"라고 감사 인사를 하고, 실수를 하거나 남에게 피해를 주었을 때에는 "미안합니다!", "미안해!"라고 사과를 하도록 합니다.

바른 화장실 사용 습관 들이기

아이가 규칙적으로 배변하는 습관을 길러 줍니다. 화장실을 사용할 때에는 안에 사람이 없는지 확인하고, 화장실을 깨끗이 사용하게 합니다. 배변 후에는 물을 내리는 것을 잊지 않아야 하고, 손을 깨끗이 씻도록 합니다.

Ready! Set! Go!

- **욕실 놀이**: 그림책과 욕실 놀이 교구를 활용하여 재미있게 놀면서 자연스럽게 배변 훈련을 하고, 손을 깨끗이 닦는 습관을 기를 수 있습니다.

▲ 〈블루래빗 욕실 놀이 세트〉, 블루래빗

- **식사 놀이**: 아이 스스로 손에 쥐고 식사 놀이를 할 수 있는 교구를 활용하여 편식하기 쉬운 채소, 과일, 고기 등 음식의 재료를 친근하게 받아들이고 바른 식습관을 기를 수 있게 돕습니다.

▲ 〈잘 먹겠습니다!〉, 블루래빗

- **바른 생활 습관**: 아이와 재미있는 그림책을 함께 읽으며 자연스럽게 바른 생활 습관과 사회적 규범, 예절 등을 배울 수 있도록 이끌어 줍니다.

▲ 〈듣고 보고 느끼는 생활 사운드북〉, 블루래빗

Part 7 튼튼하고 바르게 키우기

아이를 제대로 칭찬하고 꾸짖기

아이는 칭찬을 먹고 자란다고 합니다. 하지만 아이를 키우면서 칭찬만 할 수는 없고, 때로는 엄하게 꾸짖을 일도 있습니다. 아이를 올바른 방향으로 이끌어 갈 칭찬과 꾸짖기 기술에 대해 알아봅니다.

아이를 어떻게 칭찬할까요?

일관성을 지킵니다
칭찬은 상식적이고 합리적인 수준에서 일관성 있게 해야 합니다. 같은 행동에 대해 누군가는 칭찬하고 누군가는 혼내는 식으로 양육자 사이에 상의 없이 마구잡이로 하는 칭찬은 아이에게 혼란을 안겨 줄 뿐입니다.

❗ 일관성을 지키는 것은 칭찬뿐 아니라 꾸짖기에서도 마찬가지로 중요한 원칙입니다.

아이 수준에 맞는 상을 줍니다
아이가 칭찬받을 만한 일을 했다면 상을 주세요. 이때 주의할 점은 양육자의 기분에 따라 과하게 상을 주는 게 아니라, 아이의 수준에 맞는 적절한 상이어야 한다는 것입니다. 만약 상으로 장난감을 사 줬다면 사 주는 것에 그치지 말고, 아이와 함께 가지고 노는 것이 더 중요합니다.

다른 아이와 비교하는 칭찬은 금물입니다
친구나 형제 등 다른 아이와 비교하는 칭찬은 '나는 잘났다', '내가 이겼다'는 우월감과 자만심을 심어 줄 수 있어 교육적으로 바람직하지 않습니다.

"아주 잘했어!"보다는 "점점 좋아지고 있네!"라고 합니다
결과보다는 노력과 과정을 칭찬하는 것이 좋습니다. 아이가 노력했지만 결과가 나쁠 수도 있고, 노력하지 않았는데 결과가 좋을 수도 있습니다. 노력하는 모습을 보였을 때 결과와 상관없이 과정을 칭찬해 주면 아이는 노력의 가치에 대해 다시 생각해 보고 더 잘하려는 마음을 갖게 됩니다.

칭찬은 구체적으로 합니다
구체적이지 않은 칭찬은 효과적이지 않습니다. 아이가 자신이 무엇을 잘한 건지, 왜 칭찬을 받는지 납득할 수 있어야 합니다. "장난감을 잘 정리했구나!", "동생과 사이좋게 나눠 먹었구나!"처럼 구체적으로 짚어서 칭찬해 주세요.

하지 말라는 것을 지켰을 때 더욱 칭찬합니다
대부분 하지 말라고 한 일을 아이가 하지 않고 잘 넘어갔을 때는 당연하게 여기며 그냥 지나가는 경우가 많습니다. 하지만 이런 경우 아낌없이 칭찬해 주어야 합니다.

> **TIP 아이의 자존감을 높여 주는 칭찬법**
> - 칭찬은 뭉뚱그려서 하지 말고 부분으로 나누어 구체적으로 합니다. (예: "장난감을 스스로 정리했구나! 정말 멋지다!")
> - 꾸짖음은 비밀스럽게, 칭찬은 공개적으로 합니다.
> - 아이의 행동에 대한 칭찬에 더하여 그에 대한 부모의 긍정적인 감정을 표현합니다. (예: "방금 네가 정말 좋은 의견을 말해서 엄마는 감동했어.")
> - 아이의 과거를 떠올리며 칭찬합니다. (예: "넌 어릴 때에도 블록을 잘 쌓았어. 일단 시작하면 엄청 집중하지.")
> - 아이의 미래를 부모가 같이 상상하며 미래 지향적으로 칭찬합니다. (예: "어쩜 말을 그렇게 기분 좋게 할까! 넌 나중에 어려운 사람들에게 힘이 되어 주는 어른이 될 거야.")

아이를 어떻게 꾸짖을까요?

감정적으로 화를 내지 않습니다

몇 번이나 주의를 주었는데도 아이가 같은 잘못을 반복하면 부모도 당연히 화가 납니다. 하지만 화를 내고 소리를 지르면 분노의 감정이 아이에게 전달되어 아이는 부모가 자기를 미워한다고 생각하고 마음에 상처를 입습니다. 아이를 꾸짖기 전에 감정을 가라앉히고 아이에게 차분히 말하도록 합니다.

이유를 충분히 설명하고 꾸짖습니다

꾸짖는 이유를 충분히 설명하지 않고 무조건 "그렇게 행동하는 건 나쁜 거야!"라고 꾸짖으면 아이는 자신이 무엇을 잘못했는지 깨닫지 못합니다. **아이가 잘못된 행동을 했을 때 그 행동이 나쁜 이유를 아이가 이해할 때까지 자세히 설명해 주어야 합니다.**

다른 사람들 앞에서 꾸짖지 않습니다

아주 어린 아이도 자존심이 있기 때문에 다른 사람들 앞에서 혼나면 수치심을 느끼고 감정적으로 반발하게 됩니다. 아이를 꾸짖을 때에는 아무도 없는 곳에서 일대일로 해야 합니다.

엄부자모보다 일관성 있는 양육자!

엄부자모(嚴父慈母)는 아버지는 자식을 엄격히 다루고 어머니는 자식을 사랑으로 보살핀다는 전통 육아 방식을 이르는 말입니다. 하지만 현대에는 이처럼 양육자의 역할을 구분하기보다 양육자가 두 가지 특성을 다 갖고 있는 것이 바람직합니다. 아이가 잘못했을 때는 단호하게 꾸짖고, 그 뒤에는 따뜻하게 안아 주며 다독여 주세요. 무엇보다 중요한 것은 양육자가 일관성이 있어야 한다는 겁니다. 누군가는 꾸짖는 일을 누군가는 칭찬한다면 아무런 훈육의 효과도 기대할 수 없습니다.

그 자리에서 바로 꾸짖습니다

꾸짖을 때에는 잘못한 그 자리에서 바로, 그리고 짧게 해야 합니다. 예전에 잘못한 행동까지 한 번에 몰아서 꾸짖거나 한 가지 잘못된 행동을 중언부언하며 길게 꾸짖는 것은 아무런 효과도 없습니다.

Doctor's guide 꾸짖기 전에 마음을 읽어 주세요!

아이가 잘못된 행동을 할 때 대뜸 꾸짖기보다는 먼저 아이의 마음을 읽고 공감해 주세요.

아이가 방을 어지럽힐 때에는 "누가 이렇게 방을 어지럽혔어?"라고 하지 말고, "엄마와 함께 정리하면서 방을 깨끗하게 만들어 볼까?"라고 말하며 정리하는 일에 참여하도록 격려해 주세요. 아이가 정리를 잘하면 칭찬해 주는 것도 잊지 마세요.

아이가 말을 더듬으면 "말하는 게 바보 같잖아. 똑바로 말해야지."라고 하지 말고, "서둘지 말고 조금 천천히 말해 볼까?"라고 하며 아이가 편안하게 말하도록 격려해 주세요.

계속 떼를 쓰거나 엄마한테만 매달리면 "귀찮게 왜 이래! 좀 저리 가 있어."라고 하지 말고, "네가 이렇게 울면서 이야기하니 엄마가 알아들을 수가 없어. 마음을 가라앉히고 다시 이야기하면 네가 무엇을 원하는지 엄마가 더 잘 알 수 있을 것 같아."라고 하거나 "네가 엄마랑 같이 있고 싶은 건 잘 알겠어. 그런데 이렇게 엄마 옆에만 있으면 엄마가 다른 일을 할 수가 없어. 엄마가 지켜볼 테니 잠깐만 혼자 놀고 있어."라고 하세요.

아이가 사소한 일에 화를 내거나 짜증을 내면 "겨우 그런 걸로 화를 내니?"라고 하지 말고, "지금 네가 화가 나 보이는구나. 무슨 일로 화가 났는지 자세하게 말해 줄래?"라고 하며 아이의 감정을 읽어 주세요.

출처: 분당서울대학교병원 건강상식

초판 1쇄 발행 2025년 11월 15일
글 K&BOOKS | **일러스트** 임광천
감수 김유미
장소·사진 협찬 올리비움 산후조리원
발행처 (주)블루래빗 | **발행인** 임재운 | **편집인** 이순영
편집 K&BOOKS 김미숙 김주희
디자인 한은주 김가람 이송이 K&BOOKS | **제작** 이정 박정미
주소 서울특별시 강남구 논현로 144, 블루래빗 빌딩
홈페이지 www.brbooks.co.kr | **도서문의** 1899-4146
신고번호 제2014-000176호 | **등록일자** 2012년 1월 6일

ⓒ2025 (주)블루래빗
ISBN 979-11-352-0886-7 74370
ISBN 979-11-352-0884-3 74370(세트)

* 이 책을 저작권자의 동의 없이 무단으로 복제하거나 다른 용도로 쓸 수 없습니다.
* 교환 및 환불은 구입처에서만 가능합니다. 사용 중 발생한 파본은 교환 및 환불이 불가능합니다.